本成果荣获广东省第九届教育教学成果（基础教育）一等奖

语文课堂立体教学课型

孙春成 著

山西出版传媒集团
山 西 教 育 出 版 社

图书在版编目（CIP）数据

语文课堂立体教学课型 / 孙春成著. — 太原 ：山西教育出版社，2018.2
ISBN 978-7-5440-9694-2

Ⅰ. ①语… Ⅱ. ①孙… Ⅲ. ①中学语文课-课堂教学-教学研究 Ⅳ. ①G633.302

中国版本图书馆 CIP 数据核字（2017）第 302765 号

语文课堂立体教学课型
YUWEN KETANG LITI JIAOXUE KEXING

责任编辑 孙 宇
复　　审 杨 文
终　　审 康 健
封面设计 孙 超
内文设计 薛 菲
印装监制 蔡 洁

出版发行 山西出版传媒集团·山西教育出版社
（太原市水西门街馒头巷 7 号 电话：0351-4191526 邮编：030002）
印　　装 山西三联印刷厂
开　　本 720mm×1020mm 1/16
印　　张 15.5
字　　数 270 千字
版　　次 2018 年 2 月第 1 版 2018 年 2 月山西第 1 次印刷
印　　数 1—3 000 册
书　　号 ISBN 978-7-5440-9694-2
定　　价 45.00 元

序一

于　漪

孙春成老师的专著《语文课堂立体教学课型》即将付印出版，来函嘱我为之作序。鉴于孙老师数十年辛勤耕作在语文这片沃土上，兢兢业业，积极进取，令人尊敬，故而不揣浅薄，欣然应允。

孙老师寄来书稿，有幸先行阅读。如何上好语文课，如何师生主动性、积极性双调动、双发挥，如何营造课堂上语文学习的磁场，充分展现语言文字的表现力、生命力，让学生深受其益，许多教学一线的教师悉心研究，不懈追求，希冀语文教学的理想境界得以实现。其中有些人不畏艰难，奋然前行，探求语文教学真经，积累了丰富的经验，孙老师就是此行列里的性情中人。

阅读书稿，我常为其中蕴含的探索精神所感动，择其要而言有：

三十四年如一日，孙春成老师研究语文课堂教学如何立体化，使学生的兴趣、思维获得更好的发展。他认为："'立体教学'，就是指教师运用教学艺术，营造开放性的课堂教学环境，激励学生乐学；在开放性的课堂教学环境中，师生相互质疑，通过多角度、多侧面的立体探究，促进学生思维发展，从而发展学生智力，教会学生思考与学习，培养学生的创新精神和创新能力的教学活动。"这里有两个要素给人以启迪，一是营造乐学的环境，二是多角度、多侧面的立体探究。

语言文字本就具有巨大的魅力，它蕴含着人类独有的情和意，蕴含着浓郁的民族情结。教授、诗人郑敏说得好：每一个汉字都是一张充满了感情的、向人们诉说生活的脸。按常理说，学生学语文应该兴趣盎然，心灵感应，但为何不少人兴味索然，甚至十分厌倦？须研究，须破解，须寻觅良策，改进现状。

语文课堂教学中多线性思维，平面展开，有的甚至是“单打一”，纯粹为应考而进行支离破碎的机械操练，语文丰富的吸引力荡然无存。为此，孙老师悉心研究，如何使教学多角度、多侧面展开，促进学生思维处于活跃状态。众多教学经验证明，课由平面到立体，知识覆盖面就广，能力训练的角度就多，思想情操相应也受到熏陶，学生可多方面获得培养。这样，课的容量比较丰富，教学效率也随之大大提高。

为了建立“立体教学”课型，孙老师从两个方面寻找支撑。一是理论，二是实践。为了探索立体教学课型是艺术与科学的完美统一，他沉下心来，认真学习、阅读、思考，学习教育学、心理学、信息论、系统论，研究语言艺术、造型艺术、表演艺术，教学中选择与语文教学紧密相关的灵活运用，激发学生的学习兴趣，吸引学生注意力，给学生以感染。感觉得来总觉浅，须分析、比较、判断、推理，上升到理性思考，才能接触到文本的核心价值所在，学生才能真正体悟到语言文字的表情达意功能，受深邃的思想、高尚的情操熏陶感染。为此，要研究撬动学生思维的问题，语言是思维的反映，抓语言推敲，促思维发展；要研究师生互动交流、生生互动交流的机制，质疑、问答、讨论、碰撞，思维活跃，各抒已见，语言获得锻炼，智力获得发展，师生积极性双发挥。

为了验证认识的正确性，孙老师进行了大量的教学实践。无论在教学一线当教师，还是当教研员，他都上课。这其实很了不起。脱离课堂，只动动嘴，时间一长，话就很难说到点子上。对这一点，我深有体会。年龄大，退休，不上课了，生命似乎萎缩了。上课，每天都有新情况发生，都会冒出新思考、新认识，生命活水流淌。有人怕上课，不爱上课，最好脱离课堂第一线，那是由于未沉浸其中，未体会到辛苦中蕴含的成长与甘甜。孙老师上课是有备而来，希望在各类文体教学中实现课型的转换，验证“立体教学”的科学性、可行性，查找不足，积累经验，使之不断完善。而且，这种实践并不局限在某个学段，而是涵盖整个中小学，小学、初中、高中均有涉猎，前后比较，上下衔接，有助于对课型的创立与改进，使课型研究一直在路上，保持了发展的内在动力。

语文教学改革切入点很多，课堂教学中课型的改进是值得深入探讨并切实落地的要点之一，它需要厚实的理论指导与丰富的实践经验验证，孙老师的著作是此项研究的阶段性成果，祝愿孙老师的此项理论能在改进教学中发挥积极的作用。

2017 年 4 月 27 日于上海

序二

魏书生

去年我刚给孙春成老师的著作《语文教学十大创新课型》写了序言，今年孙春成老师又找我给他的专著《语文课堂立体教学课型》写序，他说上一本是以文体为基点创建的单一课型，这一本是以立体教学理论为指导思想创建的复合型课型，两本学术著作基本上完整地构建了语文课堂教学课型体系，旨在追求语文课堂教学的最优化，极大地提高语文教师的课堂教学质量与水平。回顾和孙春成老师三十多年学术上的交往，我们建立了深厚的师徒情谊。我对孙春成老师有几点基本的认识，这也是我们师徒情谊日渐深厚的原因。

一是怀揣理想，挚爱教研。理想就像火把，可以照亮一个人前进的方向，也可以激励人们沿着既定目标勇往直前。孙春成老师 1984 年大学毕业执教语文，1986 年就发表了第一篇教学论文《立体教学初探》，从此便爱上了教研，并和“立体教学”结下了不解之缘，立志献身语文课堂教学本质与规律的研究。我看了中国教育电视台《中国教师》栏目对他的采访，知道了他治学的艰难，不得不为他胸怀教育理想并为之不懈奋斗的精神所感动。孙老师最初的治学条件很差，父母年过七旬、体弱多病需要照料，孩子又小，孙老师每日还得承担家务，家里的责任田需要耕种收获，再加上教学和班主任的工作，几乎困扰得他难喘一口长气。真正属于他思考和总结教学的时间，只能是夜深人静之时，妻儿入梦以后。每当此时，他便进入了另一种境界，心随笔涌，铺开稿纸，爬格耕耘。假日里才是他的收获季节。暑假，天气炎热，他脖挂湿毛巾，身穿短裤，反锁房门，挥汗笔耕；寒假，只是大年初一和父母团圆半天就回校教研了。功夫不负有心人，孙春成老师三十四年如一日，不断学习，不断钻研，不断总结，执着追求，一篇篇论文的发表，一本本专著的出版，一发而不可收，终获大成。

二是博采众长，厚积薄发。积累便是学问，只有站在巨人的肩膀上才能够看得更远。刚就教席，只因他是综合类大学毕业，没系统学习过教育学和心理学，于是，他就恶补教育理论知识。他如饥似渴地向凯洛夫、乌申斯基、苏霍姆林斯基、巴班斯基、赞可夫、洛克、布鲁纳、卢梭、杜威、布鲁姆、陶行知、叶圣陶、吕叔湘、张志公、章熊、刘国正、于漪、钱梦龙、宁鸿彬、李吉林等古今中外的著名教育家学习，阅读他们的著作，体会他们的思想，感受他们的情感，广泛汲取营养，仅教育教学笔记就记了30本2000余万字。有的教育名著，他索性抄下来，至今还珍存着《教育过程》《给教师的建议》的手抄本。钱梦龙老师1998年在《语文课堂教学艺术漫谈》一书的序言里也称赞孙春成老师已经形成了“T”型知识结构。有了这样深厚的知识背景，孙春成老师拥有了敏锐发现问题的能力、深刻思考问题的能力、超凡研究问题的能力以及科学解决问题的能力，他才能够厚积薄发，不鸣则已，一鸣惊人。

三是善于思考，探幽发微。我思故我在。罗迦·费·因格说：“拥有创造力的人留意自己细小的想法。”孙老师的确是一个善于思考的人，而且还善于把自己的灵感随时记录下来。他在晚上睡觉时经常起床记下自己的所思所想，甚至在公交车上或上厕所时他都会迫不及待地把自己的思想火花记下来，只怕它们稍纵即逝。孙老师养成了关注一闪念灵感的良好习惯，他的许多新颖独到的观点都是这样形成的。他发现语文课堂教学的立体性规律，最初就是从艺术上得到的灵感。他发现凡是艺术都有立体感，语文教学是艺术也应该具有立体感，于是他就从艺术的角度探究语文课堂教学的立体性。后来他感到仅从艺术的角度来解释语文课堂教学的立体性是不够的，课堂教学是时空领域进行的实践活动，是不是可以从时空的角度探究一下语文课堂教学的立体性呢？于是，他经过反复推敲论证，逐渐充实，又从科学的角度探究了语文课堂教学的立体性，从而诞生了他的立体教学理论。这对于我们普通老师认知语文课堂教学的规律，可谓大开脑洞。

四是独树一帜，追求创新。追求原创，是孙老师永恒的追求。孙老师在本书阐释了教学艺术论、教学思路三坐标论、教学结构二重性论、信息双反馈论、教学思路同步共振论、教学最优化论、艺术与科学完美融合论等新颖独到的见解，形成了系统完整的立体教学观。在这种教学理念的指导下，他又构建了语文课堂立体教学课型，极具操作性，在理论与实践之间架起了一座桥梁，使广大语文教师运用立体教学理论提高课堂教学质量与水平成为可能。尤其是书中所涉及的课型教学方法，不仅具有创新性，而且实用性极强，教师一看就会用，一用就有效。从《语文教学十大创新课型》到《语文课堂立体教学课型》的出版，从以文体为基点的单一课型的创建到以立体教学理论为指导思想的复合型课型的创建，深刻揭示了语文课堂教学的本质与规律，实现了语文课堂教学的最优化，形成了独树一帜的“孙氏语文课型理论”体系，是一部鲜活而深刻的语文课堂教学方法论，堪称经典。这是孙春成老师对我国语文课堂教学研究的重大贡献，在我国语文教学理论研究领域具有里程碑的意义，可谓开一代先河，树百年丰碑。

五是锐意教改，坚韧不拔。搞教改需要坚韧不拔的意志和毅力，需要过人的胆识和勇气，需要强烈的责任感和使命感。我看了深圳电视台《人物》栏目对孙老师的专访，特别敬佩他痴迷教改、矢志不渝、百折不挠的精神。他最初搞教改，许多人不理解，甚至认为他是个神经病，但他都抛之脑后，而是潜心钻研，达到了忘我的境界，可谓语文教坛的拼命三郎。当时，连学校领导也认为他搞教研是不务正业，多次找他谈话，批评他：“你要把业和余分开呀！”曾有一位老教师指责他：“你那就不是理论！你说的教育学、心理学里都有！”后来，孙老师在给我的信中也谈到了他搞教改所遇到的阻力和苦闷，我回信激励他亘古及今凡成大事者必有坚韧不拔之志，并鼓励和安慰他要学会在夹缝中成长。2000 年元旦我特意寄信祝福他：“潜心工作处处可成净土，忘我科研时时能在天堂。”正如李白诗云：“长风破浪会有时，直挂云帆济沧海！”事实证明，孙春成老师在教研的道路上是一个彻头彻尾的强者，他没有辜负我对他的殷切期望，不惧嫉妒、不惧讽刺、不惧谩骂、不惧打击、不惧任何困难，顽强拼搏，终于在教研的康庄大道上取得令人骄傲的成就，可喜可贺，可嘉可奖！

孙春成老师是第一个系统论述语文课堂立体教学思想的人，是第一个创建语文课堂立体教学课型的人，也是第一个在课堂践行立体教学的教研员。孙春成老师用他非凡的智慧、坚韧的意志、辛勤的笔耕、忘我的精神和丰硕的成果，谱写了语文教坛里的一个传奇！衷心祝愿孙春成老师继续谱写语文教学研究领域里的传奇！也祝愿孙春成老师在语文教学研究领域里取得更大的成就！

2017 年 3 月 6 日于北京

目　录

第一章

立体教学的内涵

第一节　教学是一门艺术

一、教学是一门艺术

什么是艺术？所谓艺术有两种理解。一是“用语言、动作、线条、色彩、音响等不同的手段构成形象以反映社会生活，并表达作家、艺术家的思想感情的一种社会意识形态”。（见《简明社会科学词典》第83页）例如，音乐、舞蹈、绘画、雕塑、建筑、文学、戏剧、电影、曲艺等都是艺术的形式。二是指富有创造性的工作方式、方法，如谈话艺术、领导艺术、管理艺术等。克莱德·E. 柯伦认为：“达到了某些要求的创造性工作便是艺术。”按照上述理解，教学则是一种两者兼有的艺术。它既采用艺术的手段，如语言、动作、音响、图像等进行教学，用以表达特定的教学内容，完成特定的教学任务，又是极富创造性的工作方式、方法，它时时有创造，处处有创造。

教学之所以被称作是一门艺术，是因为它与艺术具有以下四个相似之处：

其一，教学的对象和艺术的对象相似。艺术的对象是丰富多彩的整个现实世界，但注意的中心是人，是人的精神世界，人对自然和社会的态度，人的喜怒哀乐的丰富情感。教学的对象也是人，而且是思想感情富于变化的青少年一代。他们的学习态度、精神世界、理想爱好、感情变化等，无一不是教育者应悉心了解的。只有深入生活、了解人，才能创作出一流的艺术作品。为此，教学中提出了“因材施教”“循序渐进”的教学原则。艺术了解人、描写人的目的，在于端正人的思想，陶冶人的情操。而教学永远具有教育性，其目的不单是为了传授知识，也在于提高人的思想觉悟，塑造人的灵魂。

其二，教学运用的手段与艺术运用的手段相似。艺术主要运用语言、动作、线条、色彩、音响，以及形象、声音、感情的手段表达作者的思想感情，反映社会生活。根据运用的手段和表现形式的不同，艺术分为语言艺术（文学）、造型艺术（绘画、雕塑、建筑）、表演艺术（音乐、舞蹈）、综合艺术（戏剧、电影）。教学同样也离不开语言、动作、图像、色彩等手段，尤其是现代教学，图像、色彩、音响等直观因素得到更多的利用和发展。因此可以说，语言（声）、动作（形）、图像（色）等是构成教学艺术的基本要素。这些要素按照一定的规律进行创造性的结合，就会体现出教学艺术及其风格。语言用于传授知识，交流感情；动作用于传情达意，课堂管理；图像（图表、教具、实物）用于感性直观；色彩、音响用于调动视觉、听觉和一切注意力。虽然教学要重视科学性，但科学性与艺术性的完美统一，才是立体教学追求的最终目标。

其三，教学与艺术的功能相似。艺术在社会中起着巨大的作用，它表现为三大功能：认识功能——使人们借助于艺术认识到许多关于周围世界的过去、现在和将来的情况；教育功能——使人在精神上感到充实，提供一种强大的精神武器；审美功能——使人与作品中的主人公产生共鸣，随其喜悲而喜悲，从中受到真善美的熏陶。教学也具有这三大功能，只不过发挥的领域有所区别。通过教学，学生掌握了知识，从对客观世界的无知到充分认识，打开学生通往认识客观世界的大门，这可谓教学的认识功能。通过教学授人以知识，发展其智力，树立辩证唯物主义世界观、培养共产主义道德品质，这可谓教学的教育功能。教学要讲究语言美、教态美、板书美、风度美等，使学生每听一节课如同欣赏一件艺术作品，并沉浸在美的感受之中，这可谓教学的审美功能。

其四，教学与艺术的特征相似。艺术本身具有三大特征：形象性、情感性、创造性。形象性是艺术的基本特征。形象性是借助于语言、动作、图像等，对外部世界和内心世界现象进行描绘、塑造。情感性是艺术的魅力所在。艺术总是通过激情去感染读者，影响听众。创造性是艺术的生命力。艺术贵在创造，最忌模式化、脸谱化。教学同样具有这三大特征。教学也要借助语言、动作、图像等，把抽象的知识、概念讲得形象化。教学不仅是知识的传授，而且贯穿着情感的交流，只有营造出和谐的情感氛围，师生双方才能融洽。教学贵在创造，没有固定的模式，教必有法，但无定法；大法必依，小法必活。

二、教学艺术的特殊性

教学与艺术的相似反映出教学与艺术的相通，说明教学是一门艺术。但教学作为艺术更有特殊之处。

首先，教学艺术的创作、表演、欣赏环节都具有特殊性。教学艺术的创作具有特殊性，表现在：创作的主体是教师；创作的手法是传授、培养和发展；创作的构思主要体现在备课之中；创作的内容是表达教学内容的方式、方法，如语言的运用、板书的设计等；创作的产品是有效的教学过程。教学艺术的表演具有特殊性，表现在：教学表演是外观行为的综合表演，含有一切言语的和非言语的因素在内；教学表演要考虑伦理价值，即教书育人；教学表演还要采用学生可接受的方式。教学艺术的欣赏具有特殊性，表现在：教师在教学中不仅作为学生欣赏的对象而存在，同时，他本身也是教学艺术的欣赏者、感受者。教师欣赏的对象是有效的教学过程，欣赏的成果“就是孩子们增强了对文学的敏感，就是少年们增进了对自我和伙伴的认识，就是青年们发展了批判和思考力”（见周南照译《教学的美学》），就是学生掌握了知识，发展了智力，懂得了如何做人。

其次，教学艺术比一般艺术更复杂和高超，具有特殊性。教学艺术比一般艺术更复杂和高超，主要表现在它的效益性和综合性上。教学艺术是讲效益的。拿审美这一点来说，一切艺术都讲审美，教学艺术也不例外。但对教学艺术来说，审美仅仅是手段，它从属于教学效益、并以教学效益作为取舍的标准。在实际教学中，不讲提高教学质量的“美”，只是流于形式的花架子。而其他艺术，如音乐、舞蹈、工艺美术等则是把效益性放在次要地位，仅考虑审美。教学艺术是综合性的，它的表现手段熔各种艺术表现手段于一炉，既有音乐表现手段的音响节奏，又有绘画、文学、建筑等表现手段的线条、语言、造型等。这是其他艺术不能比拟的。教学是一种高度综合的艺术。

通过以上我们对教学是一门艺术的认识和论证，可以概括出教学艺术的含义：所谓教学艺术，就是教师运用语言、动作、表情、色彩、音响、图像（包括文字、符号、图表、模型、实物、标本）等手段，遵循教学规律，运用教学原则，创设教学情境，为取得最佳教学效果而组合运用的一整套娴熟的教学方法、技能和技巧。教学艺术具有广义、狭义之说。广义的教学艺术指凡是涉及教学的一切环节和范围所运用的艺术；狭义的教学艺术则是指在课堂教学中运用的艺术。我们侧重从狭义的角度，探讨课堂教学艺术。

三、教学艺术与教育学和心理学

倘若我们找到了教学与教育学和心理学的必然联系之后，就会明白，从艺术的角度来探索教学规律，是有其理论依据的。

第一，艺术具有形象性。教学要求教师利用学生的多种感官和已有经验，通过各种形式的感知，丰富学生的直接经验和感性认识，使学生获得生动的表象，从而比较全面、深刻地获得知识。这一点与教育学的“直观性”教学原则相吻合。

第二，艺术具有审美性。教学是一种运用多种艺术手段的综合性较强的教学艺术。所以，它能使学生受到艺术的审美教育，提升学生的审美素质，培养学生具有正确的审美观点和鉴赏美、创造美的能力。这与教育学的“美育”原则是一致的。

第三，艺术具有生动性和感染力。教学要求教师充分调动学生学习的主动性，引导他们生动、活泼地学习，使他们经过自己的独立思考，融会贯通地掌握知识，提高分析问题和解决问题的能力。这一点十分符合教育学的“启发性”教学原则。

第四，由于教学艺术性的存在，所以，教学以其形象性和生动性而见长，最能感染学生，激发学生兴趣，吸引学生的注意力，增强学生的无意识记忆。所有这些，都是符合心理学的基本规律的。

四、“立体教学”概念的产生

我们最初是从艺术上得到了启迪，提出了“立体教学”的概念。艺术同源。各门艺术形式之间常常存在着某种有机的联系。电影艺术上讲“立体声”，摄影艺术上讲“立体摄影”，绘画艺术上讲“立体图”，建筑艺术上讲“立体感”，音乐艺术上谈“立体感”……教学艺术是否也应具有“立体感”呢？其实，“立体感”正是教学艺术与其他艺术形式之间的焦点。所谓“立体教学”，是指课堂教学具有一种“立体感”。或者说，能给人一种“立体感”的教学便是立体教学。这个定义包含两方面内容：其一，指出了“立体教学”的效果是“能给人一种‘立体感’”；其二，指出了“立体教学”是一类教法，是一种方法论，即凡能给学生一种“立体感”的教学策略体系都属于“立体教学”范畴。这便揭示了“立体教学”的复杂性、多变性和统括性。难怪罗素慨叹道，教育是一种很难传授的艺术。不过，教学必定是有规律的。教学的“立体感”究竟是什么呢？很显然，仅从艺术的角度来探究这个问题，其理论营养是极为不够的。

艺术在教育科学中起着不可忽视的作用。教学实践中常常会出现这类情况，甲、乙二人的知识水平相当，同给一个班授同一门课，学生却十分喜欢甲的教学，而不喜欢乃至于厌烦乙的教学。究其原因，多是由于甲的教学艺术性极强，而乙的教学缺乏甚至于没有艺术性。从这一角度而言，一个优秀的教师不仅要具备丰富的知识，还必须具备艺术地传授知识的才能，努力使自己成为一名教育艺术家。然而，相当多的教师不注重教学艺术，备课仅仅备到将知识理解了、弄懂了为止，并不多在教学艺术上费心思和下功夫。有一种观点，排斥教学的艺术性，认为教学是科学。我们认为，教学的科学性和艺术性并不矛盾，只重视教学的科学性而排斥或忽视教学的艺术性的认识是片面的。不论是现在的教师，还是未来的教师，都必须注重教学艺术基本功的锤炼，这样才不会导致科学的内容枯燥化、科学的方法僵硬化、科学的手段机械化。

五、语文教学艺术的特点

考察众多的语文教学实践，蕴含在语文教学艺术中的主要特点是：

第一，教学艺术具有新颖独创性。艺术贵在独创。艺术作品创作成功的秘诀就是具有艺术表现的新颖独创。从人们普遍的审美心理看，人们总是希望时时都有新鲜奇异的事物出现。爱迪生说："凡是新的不平常的东西，都能在想象中引起一种乐趣。"为了满足学生这种审美心理，教师围绕课文内容所采用的表现手段也应该是新颖独创的。魏书生老师在课始让学生大喊三声"我能成功！"，在学习课文结尾让学生变换各种语调朗读课文。这些新颖独创的手法，可以强烈地刺激学生大脑皮层，造成优势兴奋中心，使他们兴致盎然地去追踪老师创设的艺术境界，获得了心理上的满足，由此激发创造的热情。获全国首届中青年语文教学观摩课一等奖的杨淑芬老师，讲《中国石拱桥》一课，在学生初步了解了说明文语言要准确的基础上，有意在朗读课文时漏读、错读某些关键性词语。如漏读"只""在当时"这样对范围、时间限制的词语；将突出说明赵州桥特征的短语"没有陡坡"错读为"没有坡度"。这别具匠心之举引发了学生的创造欲望，学生争先恐后，各抒己见，发言十分踊跃。新颖独创的教学技巧将课堂推向了高潮，学生的知识和能力也在这种艺术境界中得到了提高。

第二，教学艺术具有灵活巧变性。教学艺术是博学和灵活的艺术，离开了博学和灵活，教学就失去了生命。生理学启示我们，单一重复的刺激，对被刺激对象将产生抑制反抗。如此，教学则应根据不同的教学内容、特点和学生的需要，采用灵活多样的表现手法。比如当学生发愤求知，又不能立刻解决问题，思维处于困惑状态时，就可采用点拨开导的表现手法，如讲解某些语法知识；对一些概念较抽象的课文，可采用形象导入，如一些科技类说明文等；对难度较大的课文，则可采用激情鼓励，引发兴趣，如学鲁迅的杂文等。此外，还可采用巧设悬念、投石激浪、旁敲侧击等灵活多样的表现手法。课文的内容、特色各异，讲课的表现技巧就不能一成不变。不管采用哪种方法，只要“依乎天理”“因其固然”就能达到目的。

教学艺术技巧的灵活巧变，还表现在教师相机相势的应变方面。教学是个流动的过程，即使是精心设计的教案，在实施过程中，也不可能不“节外生枝”，而这“节外生枝”还往往是学生在教师主导作用下，撞击迸发出的智慧火花的闪现。面对这种情况，教师就要善于捕捉“亮点”，相机相势地应变。黑格尔说：“艺术家应该从外来材料中抓到真正有艺术意义的东西。”魏书生老师教学《反对自由主义》一课，他请学生谈谈自己反对社会上哪些不良现象，“我反对打饭加塞”“我反对大声喊叫”“我反对重男轻女”，学生七嘴八舌，气氛十分活跃。魏老师引导学生从这些见解中筛选出大家有话说而又有现实意义的“反对重男轻女”的观点，作为学生当堂练习作文的题目。在课堂中学生不仅学习了议论文的写作方法，还对社会上“重男轻女”的这种陋习有了一定认识。可想而知，对这一做法的设计是有“弹性”的，但也绝不可能囊括学生的全部思维，及时地捕捉有艺术意义的“亮点”，相机相势地应变，才是他所追求的。

当然，灵活巧变的教学技巧是依据教材实际、学生实际而采用的“以不变应万变”的手段。那种在课堂上脱离教材、脱离学生实际的漫无边际的随意性，是不能与灵活巧变的艺术技巧相提并论的。

第三，教学艺术具有情感感染性。语文教学艺术作为一种审美活动作用于学生，在审美活动中，情感作为一种内驱力，影响甚至制约着其他因素。作家为了表现自己的情感，努力寻找情感对应物，把感情寓于美的形象中，使抽象的情感活动可感可见，营造某种情绪氛围，主宰读者的心灵，支配读者的审美，左右读者的理性思维。教学也是这样，教师在教学中将自己具有一定强度的真挚浓烈的情感寓于整个教学过程中，每一个艺术技巧细节上，创造出特定的情绪氛围，支配左右学生的情绪和思维。湖北高级教师胡明道老师教学《果树园》，就是用情感感染学生的极好例子。胡老师问：“请注意，原来沉默寡言的李宝堂，怎么一下子变得这么爱说话了？你能用旁批来说说变化的原因吗？”在思考、操作之后，同学们开始发言：“我旁批的是：因为他当了主人。”“我旁批的是：土改使他由奴隶变成主人。”老师不断点头，肯定同学们的发言。又一同学高高举起手：

“我旁批的是：性格的巨变取决于昔日社会的巨变。”此时教师心头一热，跨前一步，紧握住这位同学的手，说：“这个批语凝练、深刻。你比我批得好!”也就在此时，教室里骤然响起热烈的掌声。教师的情点燃了学生的情，进而发展为积极的探究活动，产生了意想不到的艺术效果。

第四，教学艺术具有和谐审美性。和谐是美的最基本属性，它能使人在柔和宁静的心境中获得审美享受。和谐是指审美对象（美的现实事物与艺术品）各部分之间处于矛盾统一之中，相互协调、多样统一的状态。教师所采用的艺术技巧，在教学流动的过程中，使教师与学生以及教学内容等矛盾达到高度的协调统一，形成一个和谐的美的氛围。众多的教学实践证明，这种和谐的美的氛围，可以使师生双方同处在精神高度亢奋的状态之中，也可以把两者导入智慧的交流中，从而使教学达到最佳的效果。于漪老师教学《周总理，你在哪里》这课，她在指导学生诵读课文之后，抓住学生思念之情充盈脑际的时机，启发学生倾吐对“周总理，我们的好总理”的“好”的新感受、新体会。学生全神贯注，思维活跃，遍寻美词佳句进行歌颂。如“横眉冷对千夫指，俯首甘为孺子牛”“文能治国，武能安邦”“功高盖世，万古流芳”等等。师生通过教学内容这个艺术媒介，演奏出了高度融洽协调的旋律，形成了和谐的美的氛围，进入了令人神往的艺术境界。

语文教学艺术不仅应具有一般艺术的特征，如形象性、情感性、审美性、独创性等，更应有它自身独具的特征。第一，教学艺术是手段，通过它提高教学效果。俄国作家赫尔岑讲得好：“一个人通过阅读体验了时代，不像在科学中，在科学中他只摘取最后的、得到澄清的成果，而是像那种一同举步、一同走上曲折道路的旅伴。”语文教学要借助形象或感性形式通过审美体验进行语文知识学习和语文能力训练，不是直接告诉学生一些现成的结论。第二，其他艺术也讲交往，如艺术家与鉴赏者之间的交往，但远没有课堂教学师生之间的交往密切，有组织、有计划、有固定的形式。教学中的交往，教师负有“引导”的职责，要善于进行显微阐幽的心理分析，在交往中授业、激趣、解惑、传情。学生不是装知识的口袋，语文知识和能力要在交往中开启他内发性的动机，才能吸收消化，养成能力和习惯。所以，交往艺术应当是语文教学艺术的一个审美特征。第三，语文教学艺术是运用语言艺术、影视艺术、表演艺术、造型艺术等多种手段，将时空艺术、视听艺术等铸为一体的综合艺术，但它并非各种艺术元素的拼盘，而是多种元素化合的结晶。例如讲读文学作品中的对话艺术，可以配乐、配画、表情朗读、讨论，也可以改编转化为戏剧中的台词，指导学生进入角色，当众表演。这样使词句、色彩、声音、动作俱出，比原来的课文更生动形象。所以，综合艺术性是语文教学艺术的又一审美特征。

风格即人。教学艺术风格是教学过程中的表现，它是教师教育观、语文观、艺术观、个性心理等因素的集中反映，着重体现在教材处理、教法运用和教学形式的构筑等方面。教学艺术风格因不同个性差异而异彩纷呈，但又因同时代、同地域、同师承而具有相似性。教学艺术风格的独创性是发展教学艺术的动因，教学艺术风格的相似性是形成教学艺术流派的本源。总之，风格是流派的基础，流派是风格的发展。不少研究者借鉴文学、文章风格研究理论，根据语文教学艺术的个性特征，提出从高尚的师品、敏捷的思维、新颖的教法、精妙的语言、优美的教态方面去探讨教学风格的成因。发展教学艺术风格流派的关键在于提高教师自身的素质。

语文教学艺术的各自特色是显著的，但在运用过程中却又是融会在一起，难以将它们严格区分。灵活巧变中体现了新颖独创，而情感则贯穿于教学过程的始终，这些美的现实事物协调统一，呈现出和谐的审美效应。

六、语文教学是一门语言艺术

语文教学是一门语言艺术。教师是以语言为手段来传授知识、激发学生的创造性思维，并引导他们迅速进入理性的思考，继而获得领悟。苏霍姆林斯基指出：“教师的语言修养在极大的程度上决定着学生课堂上的脑力劳动效率。”语言表达能力的强弱，是考查教师基本功深浅的重要方面。这种语言艺术的基本功直接影响教学效果和学生语言、语感的训练，因为教学语言本身就是示范。

什么是教学语言的主要特征呢？它必须具备准确性、简洁性、针对性、逻辑性，以显示其说服力量；必须具备比喻性、节奏性、形象性，以显示其生动感人；必须具备含蓄性、哲理性，以显示其思想的深沉；必须具备真实性、亲切性、幽默性，以唤起学生的热情。

准确性。准确性语言是教学语言的生命。传授知识必须善于选择最能表现事物本质特征的语言，必须善于用分寸适度的语句对事物作出合乎逻辑的判断。教学的力度、信度、效度就表现在这里，教师是否称职也表现在这里。如当学生问《狂人日记》都写了狂人的什么时，教师就必须作出斩钉截铁的回答：“写了狂人的所见、所闻、所感、所想和他的斗争精神。”“所见、所闻、所感、所想”，缺一就构不成准确。

简洁性。对一个教师来说，简洁性的语言是一笔令人羡慕的巨大财富。“剪不断，理还乱”的问题，一经简洁性语言处理，就能清澈见底，有条不紊。简洁性语言是透明的，高效率的。有位教师讲《拿来主义》，头两句是这样说的：“今天这一节课我们准备讲讲《拿来主义》。《拿来主义》这篇文章是鲁迅先生写的。”这短短三十一个字，虽文通字顺，语言也不芜杂，但很不简洁。其实只用十个字“今天讲鲁迅的《拿来主义》”就行了。

针对性。课堂语言最忌游离。语文知识如浩瀚的海洋，教师只有在抓住课文重点的前提下，针对性语言的选择才有可能。就像针灸一样，要先找准穴位，然后才能扎针，达到治病之目的。我们常说的“精讲”，不单单指内容，而且也指形式，即准确性、简洁性、针对性语言的使用。有的教师不善于使用“咬定青山不放松”的针对性语言，而是接近一触即发的实质问题，就游离了，就转弯抹角岔到枝节问题和旁及其他内容了，致使学生茫然无所获。不能“做功”的无针对性语言，是教学语言的大忌。

逻辑性。假如说形象性的语言像火，使人激动，那么逻辑性的语言就像冰，使人清醒。逻辑性语言能以无可辩驳的事实和无懈可击的论证，准确地表达自己的理想，并得出令人信服的科学结论。它的毋庸置疑的威力，清楚地显示在教学效果上。逻辑性的语言是力与理的合金，是雄辩力与征服力的混合体。

基于严密的逻辑思维之上的准确性、简洁性、针对性、逻辑性的语言，是教学语言的基本要求与特征。

比喻性。比喻性语言是巧妙的，它是教学语言的重要特色。从纷繁的事物中找出人们喜闻乐见的、恰当贴切的喻体来比深奥艰涩的本体，使学生洞若观火，心领神会，这确实是一种教学语言艺术。比喻性语言不仅能激发起学生的形象思维，增强学生的记忆，而且更能加深对本体的理解。比喻性语言在教学语言中的作用实在不可低估。刘鹗的《明湖居听书》把白妞的声音比喻得多么具体、形象、生动，而我们后人正是通过这些比喻性语言才了解到当时说书人的艺术造诣的。

节奏性。节奏性的语言富有弹性，富有音乐美。语言声调的高低、强弱，语言节奏的快慢、长短，直接影响语气和情感的表达，直接影响知识信息的传递和接受，直接影响思维的进行和记忆，直接影响教学语言的艺术效果。经验丰富的教师善于根据文章内容的变化，通过语言的抑扬顿挫，去体现不同的感情色彩，或侃侃而谈，像大江奔流；或娓娓道来，如小河淙淙，使内容与感情达到完美和谐、有机统一。假如不管文章的内容是喜是悲、是哀是愁，或者扯开嗓子“高八度”，从头到尾一个调；或者像和尚念经，自始至终一个节拍，学生听起来，或心烦意乱，或昏昏欲睡是无疑的了。节奏性语言是教学语言的脉搏。

形象性。形象性的语言是语文教学语言的个性。一套语文教材，荟萃名家名篇。没有形象，就没有小说；没有意境，就没有散文；没有生动形象的语言，语文课就是沙漠。值得深思的是，为什么一篇文学作品，学生课前看一遍还津津乐道，饶有兴味，但经过教师分析，反而索然无味，没有多少激情了呢？道理很简单，教师不是以形象性的语言使文章中的形象活生生地动起来，而是用干瘪的、毫无色彩的老一套术语，什么“肖像描写”“心理描写”“场景描写”等，使文章中的形象支离破碎。苍白的语言是教学语言的大忌。

语言的比喻性、节奏性、形象性是教学语言活力之所在，而正是它们才使教学语言放射出异彩。

含蓄性。含蓄性语言隽永耐嚼。培根说：“交谈的含蓄和得体，比口若悬河更可贵。”含蓄性语言是以委曲婉转为特征的，以婉转性语言来烘托或暗示，让学生思而得之，其咀嚼不尽的含义就更具有吸引力和感染力。我在《路标》一课结束语中，把激昂的声调降下来，用低而沉的声调说：“这就是雷锋。雷锋的伟大就在于他的默默无闻而又勤勤恳恳地劳作。正是有千千万万个像他这样的人才构成了人民，创造了世界。”但是，含蓄性语言不能超出学生的知识范围，不能超出学生的想象力和理解力。因人、因时、因地而宜是使用教学语言的原则。

哲理性。所谓哲理，是人们对世界、对人生的看法的高度概括和总结。它能使人沉思并引起发散性的联想。它比一般性道理更深刻、更凝练、更有吸引力。哲理性的语言能震撼人的心灵，它所释放出来的能量是难以比拟的。有个学生在演讲时说了这样一句话：“我们深知，每项社会改革都会遇到强大的阻力，但是，改革的洪流，恰似滚滚长江，咆哮万里，奔向东方。”我在总结时指出，这句话的后半截只是讲了长江流动的形态，而没有从流动的形态中揭示出实质。如果改为“但是，无论如何，长江毕竟向东流”，就显露出新生事物不可抗拒的哲理的光辉。可惜，我们的教师还没有充分利用它的这个特点来随时随地启迪和揭示人生的真谛。

含蓄性、哲理性语言是教学语言中“文以载道”的主要体现，它能使学生的精神生活在理性的思考中得以满足、陶冶和重新铸造。

真实性。列宁说："我们的力量在于说真话！"真实性的语言具有奇特的魅力。不能坦率地与学生交谈的教师不是成功的教师。只有用纯真的感情，才能感染学生；只有用坦露胸襟的语言，才能叩开学生的心扉，从而才能使学生心悦诚服地接受你所教授的知识和传递的信息，才能达到感情与语言的交流和共鸣。感情共鸣是心理学的一条不可忽视的原则。所以，在教学活动中，教师不仅要理解这一课的内容，而且要把这一课所表达的思想感情变成O型血液，滚动到自己的血管里。

亲切性。心理学家告诉我们，学生的学习效果不但与他们的智力水平和学习方法有关，而且也与其心理状态有关。正因为如此，教师才应当为创造最佳的学习心理状态而努力。遗憾的是，目前仍有相当一部分教师并没有认识到这一点。他们以长者的姿态出现在讲坛上，又以智者的身份吐出每一个音节，其语言和语调本身就使学生敬而远之。非亲切性语言总在有意无意地破坏着学生听课的心理定式，阻塞着师生双方的知识交流和感情交流，导致教学的低效性。可以说，诸如一句"请坐"的非亲切性语言所起的作用和一句"坐下"的亲切性语言所起的反作用，至今仍不被有些教师所理解。

幽默性。幽默性语言是思想、学识、智慧和灵感在语言运用中的结晶，是一瞬间闪现的光彩夺目的火花。课堂上适当使用幽默性语言，既不离教学轴心，又可调节学习情绪。它对发展学生的智力，增强教学的生动性和亲切性，起着微妙的作用。这叫寓情理于笑声之中。难怪列宁说："幽默是一种优美的、健康的品质。"可见，国外把"有幽默感"作为评价教师教学好坏的标准之一，是很有见地的。

真实性、亲切性、幽默性的语言是"磁性"的语言。它能使冷变热，使远变近，使平常的一天变成欢乐的节日。在暖融融的气氛中登山去寻觅真理的踪迹，是严峻的，然而是愉快的。

教学语言作为一门艺术，它与个人的道德、学识有着不可分割的关系，它也是个人能力、气质、性格的自然流露和反映。古人所说的"文如其人"，大概就在于此吧。所以，要掌握语言艺术，首要的是根据自己的学识、能力、气质、性格的实际情况，扬长避短，发挥优势。在遵循教学语言基本要求的前提下，经过长期的实践活动，就能逐渐形成自己的教学语言风格。

教学语言作为一门艺术，它又与教态、神情等紧密配合，相得益彰。红花虽好还得绿叶配。教态的举止稳重，神情的和蔼端庄，都会使教学语言的美锦上添花，并得以充分发挥。

教学语言作为一门艺术，它还与普通话分不开。美的语言首先是合乎规范的语言，普通话是全国通用的规范化语言。教师只有说普通话才能朗朗上口，学生只有听普通话才能声声入耳。用普通话朗读是语文教学的重要手段。教师能读出味来，学生才能听出味来、品出味来。有感情地朗读本身就是对文章的生动分析。

所以，教学语言作为一门艺术不是孤立的，它与其他因素一起形成一个有机的整体，而只有整体的美才是和谐的、永恒的、真正的美。

第二节　教学是一门科学

一、教学是一门思维科学

教学是一门思维科学。思维是人脑对客观现实的本质和事物内在规律性的概括的、间接的、有目的的反映，这一反映是以已有的知识经验为基础，以语言为中介进行的活动。语言是思维的外壳。思维依靠语言来进行，思维通过语言表现出来，也通过语言固定下来。

（一）语文教学过程是语言和思维统一发展的过程

语文教学过程是语言活动的过程，又是思维活动的过程，这也是由语文学科的性质所决定的。语言和思维互为表里，因此，语文教学过程应当是语言和思维统一发展的过程。语文教学过程本质上是学生在教师的引导下对语言规律的认识过程、习得过程，因而，语言和思维统一发展的过程便表现为以语言为对象的思维流程。作为一个思维流程，语文教学过程应当是阶段性和连续性的统一。也就是说，它不仅表现为一个个的阶段，而且表现为各阶段的有机联系。

然而，目前一些程式化的教学往往只重视教学过程的阶段性而忽视各阶段之间的有机联系。例如“生字词—段落大意—主题思想—写作特点”的模式，就是这样一种程式化的教学过程。教师孤立地讲结构、主题这些要素，学生孤立地记这些要素。对于写作特点，他们只知道几句套话，而不清楚内在的、实质性的奥妙，更不懂得为什么要这样安排结构，为什么选用这样的材料，为什么这样处理详略。

我们认为，要使语文教学过程成为一个有机的思维流程，就必须打破这种机械的模式，而教师必须首先改变僵化的思维方式。首先，对文章要素的认识不能僵化；其次，对文章要素的教学内容选择不能僵化；最后，对文章要素的教学方法不能僵化。以结构为例，不能认为结构就一定是几大部分，鲁迅《论雷峰塔的倒掉》最后“活该”两字另起一段，同样是结构问题。不能认为结构的全部内容都要教给学生，有的课文甚至可以不管它分几部分。不能认为结构教学就一定是分段，概括段意。于漪老师教《晋祠》时，让学生听写《中国名胜词典》中

“晋祠”的词条，然后分析词条中每个句子与课文哪些自然段对应，这就是一种很好的方法。不能认为结构教学的目的只是为了让学生孤立地记住这种结构，而应当让学生懂得为什么这样安排结构。比如《论雷峰塔的倒掉》中“活该”两字另起一段，是为了加重这个词的分量，以表达作者对封建卫道士法海倒行逆施的极大义愤和对其可耻下场的无情嘲弄。

我们认为，不妨将上述机械模式的几大块“打碎”，按照教学的规律，重新组织教学环节，形成一个思维的链条。当然，这个思维链条应当是因文而异的。这种差异主要在于“内容—形式”的第二阶段。这种差异首先在于要根据不同的课文、不同的具体教学目标选择第二阶段的突破口，然后是怎样合乎逻辑地、巧妙地向纵深发展。

这个思维链条是学生的思维链条，因为学生是教学的主体。只有当学生的这根思维链条形成了、完整了，语文教学的目标才能实现，语文教学的过程才能完成。这个思维链条又是教师的思维链条，是教师备课时预先设计的、教学时现场调控的思维链条，因为教师是教学的主导。这个思维链条在教学前只存在于教师的头脑中而不存在于学生的头脑中，教学过程就是将教师头脑中预先设计好的思维链条转移到学生头脑中的过程。当然，在这个转移的过程中，这个思维链条可能发生某些变化，这是正常的，因为教师设计的思维链条可能与学生的思维基础有某些不适应。教学水平的高低往往在于这种设计的适应程度和教学过程中调整不适应的程序。教学设计的艰辛就在于教师需要在学生可能的思维道路上往返多次，以发现学生可能的思维歧路，并为此准备和采取不同的措施。教学过程的创造性，就在于及时地、恰当地、巧妙地、高效地引导学生的思维按照预定的基本轨道顺畅地运行。

语文教学作为一个思维流程，应当是教师不断启发学生的过程。因此，教师应当设计一系列富有启发性的问题来构成思维链条的基本环节，因为思维的发展往往是从问题开始的。当然，问答式并不等于启发式，没有启发性的满堂问也不见得比满堂灌好。关键在于要问到点子上，在于问题的启发性。比如教《茶花赋》，有的教师问：“‘普之仁愣了愣，立时省悟过来。’普之仁省悟了，你省悟了没有？谁省悟了，省悟到了什么？”这样的问题就是有启发性的，因为它可以启发学生对童子面茶花的象征意义有更深入、更丰富的理解。又如教《晋祠》，有的教师问：“文章开头说明‘悠久的历史文物与优美的自然风景浑然融为一体’，下面分别说明自然风景和历史文物。那么文章又是如何说明‘浑然一体’

的呢?”这样的问题是有启发性的，因为它可以促使学生认真地钻研课文，看出字里行间的微妙之处。

问题还应当形成一个系列。例如《背影》教学的第二个阶段可以从体裁切入：这篇文章的体裁是什么?（叙事散文）那么它主要写了一件什么事?（车站送别）这件事的起止在哪里?请同学们找出来。这件事情写得非常生动、有感染力，关键在于有许多成功的描写，那么谁能找出这些人物描写?人物描写有哪些种类?谁能对这里的人物描写分分类?在这些描写中最感人的是什么?（肖像描写）写了一个什么样的肖像?（青布棉袍、黑布马褂的肥胖的背影）作者写肖像为什么不写正面，而写背影?（文章立意所在。这个背影饱含着父亲半生的艰辛和沧桑，饱含着父亲对儿子的挚爱）……

富有启发性的系列问题应当是灵活的。一个问题提出，学生回答正确了，如何深入下去；学生不能回答，如何换个角度或降低一些难度；学生回答错了，如何引导他作出正确的回答；回答中既有正确的成分，又有错误的因素，如何抓住教学契机，使学生的思维产生飞跃，这些都是需要教师在教学前精心设计，在教学中精心控制的，这些都是教学过程成败得失的重要因素。

（二）语文教育要关注学生思维素质的培养

教学是一项思维活动，衡量教学的成败归根结底是看其对学生智力开发的程度。而学生智力的高低，则主要取决于其思维能力的强弱。语文教学观念、知识系统、教学内容、教学方法都要以发展学生的思维能力为核心，其内涵是思维习惯、方法、品质的培养，最重要的是创新思维的培养。

是否关注学生思维素质的教育，是应试教育和素质教育的一条分界线。应试教育虽然也关注学生的思维，但关注的重点不在提高思维素质，而在于建构适应考试需要的被动的思维方式。由应试教育训练出来的被动的思维方式，年复一年地消损着学生正在生长着的好奇心、求知欲、自信心和创造力，严重地阻碍了人的全面发展和健康成长。全面推动素质教育，就必须首先变学生被动学习为主动学习，变学生被动思维为主动思维，进而帮助学生建构起符合时代要求的辩证思维系统，提高思维素质。思维素质，包括思维方式和思维能力两个主要部分。不断地优化思维，不断地提高思维能力，是思维素质内在的趋向性要求。由于思维素质对人的思维效率、思维的创造性、思维成果在实践中的施行具有关键性的作用，所以，旨在提高人的综合素质的诸方面的教育便不能不关注学生思维方式的改进和思维能力的提高。语文教育要关注学生思维素质的培养，主要有三点依据：

1. 素质教育的指导思想

素质教育的本质就是创造性教育，目的是提高学生的全面素质，开发潜能，发展个性，培养创新精神，为学生终身学习、进行创造性劳动提供知识、能力、心理（包括创新心理）上的准备。近百年人类社会发展的速度和成果大大超过过去的几千年，根本原因是全新的教育理念带来了一系列的教育变革，培养出无数杰出的科学家和富有创造力的生产劳动者。素质教育的理念应该渗透在一切学科包括语文学科的教学中。

2. 语文教学的本质

思维教学是语文教学的本质。语文教育的功能在于陶冶情意（思想、道德、情感、审美），传授知识（语、修、逻、文），培养能力（听、说、读、写），发展智力（分析、综合、想象、创造），提高学力（动机、意志、方法、习惯），这些都离不开思维习惯、思维方式、思维形态和思维品质。语文教学就是培养学生运用民族语言进行思维，并通过思维（本）来指挥语言实践活动（标），最终提高学生的语文素养。在语文教学中，思维习惯应注重探究性思维的培养；思维方式应注重形象和抽象思维相结合的培养；思维形态应注重发散性、求异性思维的培养；思维品质应注重个性化和创造性思维的培养。

3. 语文教学的优势

创造性教学是语文教学的优势。培养道德、情感、审美情趣是语文的教育功能之一，文以载道，美能育智。审美教育要培养学生的想象力。没有想象就没有创造，没有创造就没有文艺（包括教材中的文学作品），也就没有审美。想象是审美的心理活动。语文具有模糊性、综合性、间接性特点，阅读教学需要学生去感觉、想象、领悟，从而理解课文的言外之意、弦外之音、文外之画、字中之情。而这种想象和创造不求同而求异，不求最终而求无限。

比如写作教学，也是要培养学生的创造性思维和创造能力，要运用创造心理，启发每个学生写出篇篇不同的你、我、他。1999 年高考作文试题《假如记忆可以移植》是一个符合时代要求、科技含量高、难度较大的试题。报上曾刊登两篇立意相反的佳作，一篇大意是如果记忆可以移植，人类将变得更为聪明，科技、经济、社会将发展得更快，世界会变得更美好；另一篇则“反弹琵琶”，说如果记忆可以移植，人类社会将会变得单调乏味，因为世界之所以丰富多彩，就在于有差异，也就有竞争和创造，最终就会有发展。如果人类的思维都在同一水准，社会将发生另一种形态的危机。后一篇作文没有遵循常人的思维方式去正面写，而是以逆向思维方式去思考，因而有创见。写作教学指导，要鼓励学生敢于说真话、实话、别人没有说过的话，要创新，不要守旧。

二、教学结构的立体性

黑格尔说，“规律就是本质的关系”，即事物内部固有的必然联系。教学的规律则是教师、学生和教材在教学过程中某种本质的必然联系。规律是可知的，只是由于人们考察事物的角度不一，得出的结论也就不尽相同。探究教学自身的立体性，是“立体教学”的核心所在。教学是艺术，又是科学。整体的课堂教学结构是系统的空间结构和过程的时间结构的统一，它不是线形的，而是立体的。

（一）从几何学得到的认识

辩证唯物主义告诉我们：教学是一项实践活动，是一种物质运动的现象，是属于物质范畴的。因此，我们认为，教学作为一种特殊的物质也是有“体”的。虽然教学的“体”我们看不见也摸不着，但是，倘若我们要进一步地认识教学规律，就必须明确而牢固地树立起教学有“体”的观念，这正是我们从几何学的角度来认识教学立体性的哲学支点或依据。马克思说：“只有当数学进入了某一门学科的研究领域时，这门学科才能成为真正的科学。”自然科学研究的最基本的标志就是进行定量分析。我们不妨从几何学的角度来探究一下教学所固有的本质结构。

《近世几何学》（孙泽瀛著）据其“维”的观念把几何学分为：1. 一维几何学（直线）；2. 二维几何学（平面）；3. 三维几何学（立体）。

“普通我们说一维空间、二维空间、三维空间，也就是空间有维的观点。”“空间是点所组成的，也可以说空间是点自由活动的范围。范围有大小，于是就有不同范围的空间。一维空间包含在二维空间里，二维空间包含在三维空间里。因此，我们可以说空间的‘维’是构成空间的基本元素，点的活动的自由度，更明确地讲，是点的坐标数目。例如说，点活动的自由度是一维的话，就得到一维空间，也就是直线；点活动的自由度是二维的话，就得到二维空间，也就是平面。”以此类推，教师、学生、教材好比立体坐标的三个坐标一样，构成了教学的三维空间，即立体空间，而师生相互所传递的信息正是自由活动在这个立体空间的“点”（或者说是“维”）。这就告诉我们一个结论：教学本身就是立体的。所谓“立体教学”与人们普遍所谈的教学之区别，仅在于认识教学这一物质的角度不同而已。

由三维空间的理论我们不难推知：教学的三个立体坐标轴都应像坐标系的轴一样呈有序状态，即教师有教序，学生有学序，教材有编序，而教学过程的最优化，则是这“三序”合理的、有机的、和谐的相互立体交叉运动。所以，我们必须努力找出“立体教学”序列间相互立体交叉的“线性方程式”。

当然，我们只是在简单地和机械地借助几何学来解释教学，十分肤浅和蹩脚。未来我们是否会运用几何学来定量地分析教学，这自然是一个伟大且带有十分浓厚的科学色彩的研究课题。如我们的语文教学时常说“精讲多练”，这个概念本身就是很模糊的。究竟讲课“精”到何种程度之后，知识便会被学生掌握了呢？是不是越“精（少）”便越好呢？究竟“多练”到何种程度之后，学生便会将知识转化为能力了呢？是否能够产生一个数学公式，科学而准确地计算出这种“量”的多少呢？我们认为，起码这个“量”要受“教序、学序、编序”合理的、有机的、相互立体交叉的运动规律所制约。

（二）动态式立体型最优化结构

按照系统论的观点，客观世界中一切现实对象都是由内容丰富的各组成部分（要素）通过各种方式集合在一起（结构）所组成的具有特定功能的有机整体（系统）。因此，要素是系统的“物质”基础，而结构又是系统功能的内在根据。对于“要素—结构—系统”这三个环节的认识和把握，是最优化研究的一项基本内容。

课堂教学是在时间和空间两个领域中进行的一种有目的的活动。苏联教育家巴班斯基最早把最优化理论运用于课堂教学研究中。他强调指出：“必须分清什么是系统的成分，什么是过程的成分。”这就启示我们，要从时间和空间两个方面探究教学的要素及其运动的规律。

从空间上看，课堂教学系统最基本的要素是教师、学生和教材（即通常我们所说的教学的三要素）。这三个要素立体交叉形成复杂的多边关系。要使课堂教学结构达到最优化，必须使这三者充分协调，因此，它既不是“教师中心”“教材中心”，也不是“学生中心”，而是课堂教学的“系统中心”。这种“系统中心”的三要素协调结构，我们可表述为：以学生为学习主体，以教师为教学主导，以理论知识为教材主线。

倘若我们用辩证唯物主义作指导来研究教学过程，我们就会发现，教师、学生、教材的本质关系是客观的、辩证统一的规律运动。

教学是教与学相互制约、相互作用的过程。在教学中，教师是指导的主体，与此相对，学生是被指导的客体。这个客体有其自身活动发展的规律。教师的指导，时刻也不能脱离学生活动的规律。因此说，教制约着学，学也制约着教。另一方面，学生是学习的主体，是学习教师和教材的主体，这里教师则变为客体。学生在学习活动中必须有大量反馈信息出现，学生在这里是主体，教师则是承受信息的客体。此时，教师要分析和处理信息，据之以调节学习活动的施教活动，那么，教师在这时就是主体，学生则是客体。由此可见，在教学过程中主体与客体是相对的，两者必须相互转化，随时易位。因而我们说，教学过程是教师和学生两个主体相互依存、相互转化、相互作用的过程。只有这样，才可能产生教学发展的上升式良性循环。

科学的教学结构的前提首先是科学的知识结构，这就涉及教材的科学编制。教材在教学过程中起着举足轻重、不容忽视的重大作用，从某种意义上讲，教材制约着师生的双边活动，这当然取决于教材本身编制的内在结构是否符合教与学的运动规律（主要是须符合学生的学习心理和状态）。现代认知心理学的研究表明，学生的认知结构总是与教材的知识结构密切相关，只要将学科的基本知识的客观结构变成学生的内在结构，就形成了学生的智力。

上述三要素的相互作用和有机融合，使系统结构达到最优化。

从时间上看，课堂教学总是由若干阶段组成的独立段落。根据马克思关于任何有目的的活动都有目的、手段、结果三个成分的原理，我们可以把教学目的、教学手段和教学结果作为教学过程最基本的要素，至于教学内容的选择、教学方法的运用等都可以包括在教学手段里面。教学目的是一种给定信息，教学结果则是一种输出信息。但教学过程不是一个线性的因果链索，所以，一次性地教学往往不能直接得到与目的完全一致的结果。这就需要运用反馈，使教学进行合乎目的的运动。反馈是使教学过程走向有序和保持结构稳定性的必要条件，最优的教学过程就是通过反馈实现结果与目的的同一；采用多向立体式课堂结构，信息便能得到即时反馈和评价，确保教学结果与目的的同一。这里需要着重指出的是，只有教师掌握目的，而不让学生掌握目的的错误做法，并不能体现师生之间的相互作用。因此，我们对只是教师学习“教学大纲”，而不让学生也学习它的做法，持否定的态度。

总之，作为完整的时空统一体的课堂教学结构，应该是一种动态式的纵横交错的交叉立体型结构，且在课堂教学的任何发展阶段上都存在着教师、学生和教材围绕教学目标的有目的的协同作用。

（三）立体式群体信息交流网络

课堂教学结构直接制约或规定着教师、学生和教材在教学过程中的运动形式。

“注入式”的教学方法之所以存在严重的弊端而要予以废除，其主要原因就是它的信息传递是单向的，仅仅是“教师→学生”（说明：文中与图表中的“→”表示信息传递的方向），不能即时地、全面地获得反馈信息，因而“教”得不到及时调节；学生在课堂中的地位是被动的，活动是静止的，因而“学”的积极性是被抑制的。“问答式”的教学方法优于前者，它开辟了教师、学生之间信息传递的双向轨道，但获得的反馈信息是有限的，仅来自于少数或部分学生。由于学生在课堂中处于被动应答的地位，因而，“学”的积极性仍然得不到充分调动。

与以上两者相比较，“立体交流”就显出它的优越性，它不仅有教师、学生之间的信息传递，而且有“学生⇌学生”之间的信息传递。它有助于教学双方充分地进行信息反馈，能使学生从被动的接收信息状态转变为富于强烈的参与意识的主动、灵活的接收和即时地处理信息的积极状态，最大限度地调动了全体学生的学习积极性。这种“立体交流”的反馈信息网络的形成，有赖于实现教学的民主性原则，使教学呈开放性，变“一言堂”或“几言堂”为“群言堂”。在这里，教师要注意两点：一是设问要具有诱发作用。在课堂教学中，针对精确领域的设问固然需要，但针对模糊领域的设问更富有诱发作用和开发智力的意义。二是情感的媒介作用。教师亲切和蔼的教态，对学生的尊重、肯定和鼓励，会使整个课堂处于和谐状态，从而减少信息流通障碍。

“立体教学”最典型的教学模式是“讨论式”教学。全班讨论，在议论中让学生之间进行广泛的信息交流，形成一个多向立体式群体信息交流网络，指导学生在这个交流过程中自己去分析问题，获取知识，培养能力。“讨论式”教学最忌教学过程与教学目的的游离，所以，必须重视教材在教学过程中对教学活动的制约作用，这也是保障教学具有整体性的基本条件。（见《三种教学方式比较图示》）

三种教学方式比较图示

项目	教学方式	信息交流方式	信息交流图示	所属教学类型	信息交流量	主要特点	与其他教学方式之间的关系	所属教学层次
内容	注入式	单向	教师→学生	线形教学	最少	（略）	无	低级层次
	问答式	双向	教师⇄学生	平面教学	一般	（略）	包括“线形教学”	中级层次
	讨论式	多向		立体教学	最多	（略）	包括“平面教学”	高级层次

现代课堂讨论法是在教师的指导下，让学生独立地阅读教材、收集资料，并进行群体性的讨论，借以交流信息，深化认识，发展智能的教学方法。

现代课堂讨论法，脱胎于传统的课堂讨论法，但又不同于后者。传统的课堂讨论法主要以记忆的再现功能为基础，达到熟记教学信息、理解已知结论为目的，是一种复现型的教学法。

现代课堂讨论法也不同于“谈话法”。谈话法，不论是“相谈式教学法”（即问答式教学法）还是“启发式谈话法”（即苏格拉底教学法），都是教师在学生的参与下，以对话或谈话方式来叙述知识，它确有促进学生积极思维的作用，但都没有离开教师传授的主轴，是一种传授型的教学法。

现代课堂讨论法是一种研究型（或创造性）的教学法。它至少有这样几个特点：

第一，学生不是被动地接受知识，而是主动地、独立地去获取知识。这就是获取知识时的独立性。

第二，学生不仅通过观察、阅读了解客观事物的表象，而且趋向于通过探索，揭示事物之间的因果联系及规律性。这就是探索知识时的深刻性。

第三，教学信息的输出与反馈，不仅在教师与学生之间进行，而且形成多维的态势，这就是交流信息时的多维性。

苏霍姆林斯基曾经高度评价这种“研究性学习法”，并称之为“真正的脑力劳动”“独立的脑力劳动”。他认为：“在这样的脑力劳动过程中所获取的知识，能在记忆中保持得更加牢固和深刻，而且更为重要的是，能使学生养成一种在日后实践中更完善地运用这种知识的志向。”

综上所述，“立体教学”必须符合系统论的有序原理（系统由较低级的结构转变为较高级的结构，叫作有序；反之，系统由较高级的结构转变为较低级的结构，叫作无序）。教学就是要从无序走向有序。有序原理要求教学系统是一个开放系统，没有开放，与外界无信息交换的封闭系统，要使之有序是不可能的。课堂教学如何实现开放，走向有序呢？关键就是变单向灌输为多向立体式群体信息交流，在教师与学生、学生与学生这种立体式信息交流中实现信息交换。通过师生共同的讨论、争辩、探究，尽量撷取有用的信息，使知识的获得由低级至高级，由感性至理性，强化学习和记忆的过程，就能走向有序。

三、思维的立体性结构

钱学森指出：“教育工作的最终机理在于人脑的思维过程。”因此，我们必须掌握教学过程中思维活动的客观规律，培养和发展学生的思维能力。

总体来讲，教学过程有三种思维在发挥作用：一是教材编者的思维，二是学生的思维，三是教师的思维。这三种思维在教学过程中都有其特定的目的性，所以又称三种思路，它们仿佛立体坐标的三个坐标一样，构成了教学过程中思维的空间立体结构。这种立体结构是相对静态的，而其功能则是动态的，因为教学不仅是空间领域进行的一项思维活动，而且是在时间领域进行的一项思维活动（即是过程的）。在教学过程中，教材编者、学生、教师三者的思路处于立体性的结构和运动状态——这便是“立体教学”对教学过程中思维活动的客观规律的基本认识（或称“基本观点”）。

在教学过程中，这三种思维既彼此联系又相互作用。教材编者的思维具有人为的规定性和针对性，是一种相对静态的给定思维信息，它明显地融入教材这个信息载体里面，是师生思维加工的重要信源。教师的教学思维是一种使教材的知识信息按照学生的思维实际重新加工组合，使静态信息变为动态信息的过程，并采用适宜的传递方式传输给学生。学生思维发展的现实性和可能性，制约着教材选取内容的广度和深度以及内容排列组合的结构，制约着教材编者的思维和教师的思维；换言之，就是指教材的编制难易度与教师施教的深浅度，皆受到学生思维接受能力的强弱度的制约。教师的教学思维既以发展学生的学习思维为目的，又以学生的学习思维发展的现实性和可能性为依据。

在具体的教学过程中，教材编者、学生和教师三者的思维彼此联系和相互作用，由平衡到不平衡，再由不平衡达到新的平衡。如此循环往复，不断向前运动，学生的思维便在这一运动过程中不断获得发展和提高。“立体教学”研究和掌握教学过程中思维活动的客观规律，目的就在于求得这三种思维的最佳的、相对稳定性的立体组合，从而达到发展和提高学生思维能力的最优化境界，实现教学过程中思维结构的整体性效能。然而，这三种思维相互间的作用总是处于不平衡状态：有时，在此情况下，此过程中，某一二种思维的作用体现得特别明显；有时，在彼情况下，彼过程中，另一二种思维的作用体现得特别明显。因此，教材编者、学生和教师三者思维的相对稳定性的最优化结构，总是寓于这三种思维的绝对性的运动之中。

在教学过程中，除教材编者的思维处于相对静止的状态以外，教师和学生思维的运动则是绝对的，是最活跃的——静止和运动是相对的，是不可分的，而静态的结构总是以动态的形式而出现。那么，如何在三种思维的绝对性的运动之中实现三种思维的相对稳定性的最优化结构呢？这就需要进一步探讨一下教学过程中三种思维的最优化运动。

四、思维的最优化运动

倘若我们把课堂教学过程中的思维结构看作是一个大系统，那么，组成这个大系统的三要素就是教材编者的编辑思路、学生的学习思路和教师的教学思路。系统论的整体性规律告诉我们：系统在整体水平上的性质和功能不等于其组成要素的叠加。根据系统论的这一原理，我们认为，要使教学过程中的思维结构达到最优化，就必须使这三要素充分协调，有目的地和谐运动，保持课堂教学思维立体结构的整体性。通俗而言，关键就在于处理好这三要素之间的关系，谨防顾此失彼，畸轻畸重，或者不加调节，盲目自流。例如，拿教材编者的思路来说，如果这一思路不符合学生思维的客观实际，使教材内容的编排难易失当或者主次颠倒，就会降低学生学习的积极性，丧失“教材为我”的指导意义，削弱教学效果。为了培养学生的思维能力，就必须要求教材能根据学生学习课文的思维实际做控制和调整，实现教材编者的思路与学生思路同步运行，获得教学效率的提高。矛盾更为突出的是，学生学习的思路与教师施教思路关系的处理：倘若教师只考虑自己的施教思路而不顾学生的学习思路，那么，就会否定学生的主体作用，使教学变为填鸭式、牵牛式；反之，倘若只顾学生的学习思路而无视教师自己的教学思路，就会走向另一个极端：取消教师的主导作用，教学就会成为放羊式，这两种情况都会损害教学的效果。

以上我们阐述了教学过程中三种思路都不可偏废，是不是说这三种思路应是一种并列关系的罗列，备课与施教时必须面面俱到，对它们平均使用力量呢？这不可能，也不科学，更没有必要。因为这三种思路各具不同的性质，属于各不相同的范畴，各自在特定的阶段显示其重要性。这三种要素之间的不平衡性必然导致这三种要素的富于变化性。如在学期开始时，提示与单元部署时，突出课本编者的思路就很有必要；在自学、讨论、迁移应用时，学生的思路发展就显得十分重要；在引导、点拨、纠错、小结时，教师的思路就要起主要作用。在各个教学阶段里，对这几项都要求做到并行不悖，但并不是要求平均使用力量，使教师备课与施教时穷于应付。

如何才能做到既不穷于应付又能并行不悖呢？解决问题的金钥匙便是分别明确各种思路不同的性质、作用及其相互关系。教材编者的思路显然处于从属地位，它可以为学生学习提供优质的程序和合理的理论知识结构，使师生从中获得基本的知识信息。由于我国中小学使用统编教材，一两套课本很难做到适合各个地方学生的学情，所以，必须由广大教师根据自身特点予以灵活运用，才能做到为学生主体培养思维能力服务。教师的施教思路不是在局部阶段中起作用，而是贯穿于教学活动的全过程；它不是处于从属地位，而是起主导作用的思路，即对学生的思路起主导作用。如，如何安排自读，何时提问质疑，怎样组织讨论，怎样点拨，怎样反馈，布置什么作业等等。教师负责贯彻国家教育方针和学科教学大纲，其思路在教学过程中是十分重要的。教师思路对学生思路的主导作用，不同于教师思路对教材编者思路的支配作用。比较一下，就可看出两个明显的区别：第一，教材编者的思路，在成为学科的教学内容之后，它是已经完成了的，是静止的，封闭的，所以可听由也应该听由师生的支配；而学生的思路，是正在进行的，开放的，更是迅速变化的。在正常的教学秩序中，学生的思路往往会反过来制约教师的思路。所以，在重视学生反馈信息的同时，教师思路要随学生思路的变化而变化。这就要求教师必须切实了解学生思维能力的实际，做好课堂教学思维的有效调控。第二，我们的主要目的是培养和发展学生的思维能力，教材是为培养和发展学生的思维能力而编制的，教师思路对学生思路的主导作用也正是为了加速达到培养学生思维能力这个目标。一言以蔽之，教师思路就是利用教材思路为培养学生的思维能力而效劳。从这个意义上说，教师思路与教材思路处于同一个地位：从属的地位；起着同一个作用：辅助的作用。只不过，教师思路的辅助作用是通过主导的形式表现出来。从教学过程实践上说是主导，从教学目的任务上说是辅助，所以，也可以说是辅助性的主导作用。这并非抹杀或降低教师思路的主导作用，而是强调教师思路的主导作用必须为优化学生思路这个主体思路而发挥作用。主导得好与不好，也得由学生思维能力培养的实际效益来检验。教师思维与教材思维要对学生思维这个主体起到最佳的辅助作用，就必须令其符合学生思维发展的规律，这是至关重要的。

试就教师施教思路的各个组成部分做一剖析，可以看出，无一不以学生的学习思路为旨归。如教师制订课时或单元教学目的，固然要依据教学大纲、教材特点，但更重要的是依据学生的思维潜能；教师部署教学环节力求简明，其用意就在于为学生思路的进展创造活泼主动的场合和条件；在教学过程安排中力求为学生提供思维支点，其用意也在于开发学生的思维潜能；至于设计教学方法、教学艺术时，教师倾全力于启发式，培养学生自学，目的更在于调动学生思路主体的积极性。所以，从备课与施教的操作实践上看，教师思路包孕着学生思路，这正意味着教师思路在起主导作用；但从备课与施教的本质意义上看，学生思路始终处于主导地位，其他种种要素都是为优化学生思路服务的。这正是教学实现最优化、走向科学化和现代化的真谛。为什么有的教师的教案形式十分完整，内容头头是道，但在施教时却不能收到理想的效果呢？原因就在于没能拨动学生思路这根弦。为什么有的教学设计、教学节奏似行云流水，行乎其所当行，止乎其所不得不止，课堂上时刻透出一股活气来？这种种奇迹的出现，全在于教师的思路与学生的思路紧密结合，产生共鸣，把学生的思维潜力充分发挥了出来。

明确了三种思维的性质、作用和相互间的辩证关系，我们便得出了一个结论：备课时，施教时，编制教材时，主要应抓一种思路——即学生思路这个主体。唯其如此，这三种思路便会呈现出立体式的协调运动，在不平衡中不断发展，在三种思维的绝对性的运动之中实现三种思维的相对稳定性的最优化结构。明确了这一点，我们备课和施教时，火力就可以高度地集中，效率自然就会提高。

五、师生立体思维的形成与发展

既然我们已经明白了教学过程中三种思维的立体性结构和最优化运动规律，那么，究竟这三种思维立体性的最优化运动对师生的思维有什么直接效用呢?

立体思维是人类思维发展的高级层次，它要求反映认识对象一定时间、空间或物体内部的结构、位置、网络及其运动变化。立体思维不仅反映事物的局部，而且反映事物的整体，揭示认识对象的本质、规律，形成多路思考的立体结构。这种思维的特点是既具有纵向思维性，又具有横向思维性，这种纵横交错的立体思维也叫立体思考。实现思维方式的改革和创造性思维的建立，关键在于克服学习过程中思维方式的单一和呆板，由单向的思维方式过渡到多样化、多视角的思维方式，即立体的思维方式。在教学过程中，教材编者、学生、教师三者思维的立体性最优化运动，必然导致师生立体思维的形成和发展。具体表现在以下四个方面：

1. 从平面型的思维方式转变为平面型和立体型相结合而以立体型为主的思维方式。平面型思维方式有利于把握认识对象的横向联系和并列关系，因而普遍适用于对基本原理的学习。但如果把这种思维方式固定化，就使我们对于对象的考查只限于静止状态，从而形成思维方法的片面性和封闭性。

2. 从收敛性的思维方式转变为收敛性和发散性相结合而以发散性为主的思维方式。发散性思维有利于把思维的触角伸进前人未曾涉足的领域，探索新的奥妙，这是创造性思维的重要表现。但如果思维投放点过多过散，有如蜻蜓点水，我们的思维只能停留在知识的表层。因此，在学习过程中，收敛性思维是必要的、应当强调的，从某种意义上说，它是发散性思维的基础。

3. 从顺向性思维方式转变为顺向性和逆反性相结合而以逆反性为主的思维方式。顺向性思维在许多同学的学习过程中主要表现于从正面到反面，从理论到实践，从现在到未来，这虽然是重要的，但在思维路线上还应该有一个逆反过程，即从反面到正面，从实践到理论，从未来到现在，这样才能使我们的思维方式多样化，思维开阔，视野宽广。

4. 从局部性思维转变为局部性和整体性相结合而以整体性为主的思维方式。局部性思维有利于我们循序渐进地了解认识对象的各个方面、各种联系，但局部性思维必须在整体性思维驾驭下才能取得效果。如果只局限在局部思维，就将导致只见树木不见森林。

因此，可以说，“立体教学”给师生开辟了广阔的思维领域。它可以使学生冲出传统思维方式的樊篱，多渠道地另辟蹊径，在自己的想象世界中驰骋，从而充分发挥自身的思维潜能，去寻求诸多合理而又异乎寻常的知识坐标点。“立体教学”是培养学生立体思维的摇篮。

培养学生的思维能力，应该注意以下四点：

一要培养思维的能动性，使学生乐于思维。要善于激发学生的兴趣，诱导学生的好奇心，使它转化为探索追求，充分调动他们思维的积极性。

二要培养思维的方向性，使思维有一定的目标，沿着一定的逻辑轨迹发展。这点在青年学生中尤为重要。青年学生开始用独立的眼光来观察社会，但是，复杂的社会现象与他们还没有成熟的思考能力发生了矛盾，于是，经常会出现思维中心的迁移。这对形成良好的思维品质显然是不利的。

三要培养思维的创造性，以及思维的广阔性、灵活性和批判性。要激发学生的求异思维，鼓励他们敢于提出问题，表明不同意见，敢于标新立异。平时应注意进行发散性思维训练，养成多角度观察问题、认识问题和解决问题的能力。

四要培养思维的条理性，也就是思维要清晰、准确。对纷繁的现象（或材料）能加以分析综合，按照其内在逻辑线索理出顺序来。所以应该十分重视学生逻辑思维能力的训练，这种训练无疑对思维的创造性、丰富性是很有益的。

美国教育家 T. J. 伯根有一句话，能概括“立体教学”对教师的要求：“一个人如果要成为优秀教师，那他就必须是一个具有创造力、向前看的人，是一个进步并且富有新思想的人。”如果课堂教学所提出的问题能够将师生难倒，就能进一步激发师生的求知欲，这正说明了教学达到了探究知识真谛的境界。布莱希特强调：“最主要的是要教会人们思考。”我们坚信：探究教学过程中思维的立体性结构及其最优化运动，将对培养创造性、开拓型人才有着现实的指导意义，并会推动教学论向纵深发展。

我们再次强调：我们需要的是会思考的一代！

六、语文教学是一种再创造

以读者的阅读活动为中心的接受美学理论，从 20 世纪 60 年代初以来，产生日益深广的影响。接受美学重视读者的能动创造作用，并给予这种创造以充分的肯定。接受美学理论认为，文学作品不是由作家独创的，而是由作家和读者共同创造的。读者不仅是鉴赏家、批评家，而且也是“作家”，鉴赏、批评的过程本身就是对文学“文本”的继续创造，因读者的积极接受而使文学作品的价值得到最终实现。依据上述基本论点，故有人称接受美学为“读者学”。

在系统学习接受美学家尧斯、伊瑟尔的理论著作后，我们就接受美学的一部分论点与语文教学的实践体会产生了一系列联想。在语文教学中，如能恰当地借鉴和引用接受美学理论的部分观点和方法，指导教师的“教”与学生的“学”，提高学生的学习兴趣、欣赏能力及写作能力，提高教学水平和效果，那么，这种借鉴和引用无疑是非常值得探索和尝试的。

接受美学理论指出，任何文学文本都具有未定性，都不是决定性的或自足性的存在，而是一个多层面的未完成的图式结构。它的存在本身并不能产生独立的意义，而意义的实现要靠读者通过阅读使之具体化，即以读者的感觉、知觉和经验将作品中的空白处填充起来，使作品中的未定性得以确定，最终达到文学作品价值的实现。依据此理论来推论分析阅读教学，可以这样认为，在教师指导下的学生对范文的阅读分析，则是有目的、有计划的“创造性生产”。教材提供给学生的每一篇范文，都预先设计出许多“未定性”的东西，有待进一步“具体化”的东西（如重点、难点、内容、形式、主题、写作手法等），通过阅读分析，课文多层面的图式结构会逐渐呈现在学生面前。教师按照一定的目的、方法、步骤，选择一定的分析角度，引导学生对课文的“未定性”予以“确定”，对“未具体化”的予以“具体化”，对诸多的“空白”去分别“填充”，在充分发挥学生“积极接受的主体”作用的基础上，教材的“再创造”任务才得以完成。在课堂教学中，教材（范文）提供了多少信息并不是最重要的，重要的是学生完成的量化程度。教材（范文）在学生的积极参与和创造中实现了它的价值和意义。

要使每个学生能够在课堂教学中成为“积极接受的主体”，教师就得在激发学生的兴趣上下功夫。充分发挥学生的接受才能与积极性，使之在优化的课前预习、课堂学习和课后复习诸环节中完成学习任务。在教学过程中，教师不能轻率地否定学生的积极发言，哪怕发言者的回答有极少的合理性，也要对其合理成分给予肯定。课文中有些内容所反映的问题具有多重性，个人经历和情感体验存在着差异，所得出的看法、结论也会不同。如果仅以教参为准绳，对不合乎“标准答案”的回答一概贬斥否定，势必会挫伤学生的学习积极性。在日常教学中，有些教师仅仅把学生看作是“教育对象”，不注重启发学生的积极思维，不善于采取合作的态度，使学生在课堂上变成教师灌输下的记录工具，被动地记录字、词、句、段、篇、中心思想以及写作特点等。长此以往，学生的“吸收消化功能”愈来愈弱，认知力、想象力、理解力以及发现问题、解决问题的能力日渐衰退。使学生“积极”起来的办法是，把学生看成是与自己一样的读者，所不同的是：在讲解前，教师的读属于精读研读，不仅自己读，还要考虑如何“导”学生读。故在教学中，教师应以“奇文共欣赏，疑义相与析”的合作态度，通过课堂教学，开阔学生的思维视野，使学生的思维呈发散状态，产生出一种渴求知识、急于领悟并掌握知识的冲动。只有读者自己开始生产，才能产生快感。愈是注意发展学生的兴趣和个性，发挥学生的积极性，学生在全面发展方面进步就愈大；而学生能力的普遍提高，对课文内容的“具体化”处理和“未定性”的掌握也就愈准确、深刻。在课堂学习中不仅限于教师的单一传授，更需要在多种教学方法启发下的“百家争鸣”。这是因为学习个体经过积极思考后的知识掌握和表述，不仅使自己加深了对知识的巩固，同时也成为启发他人知识领悟的契机。“所见略同”“不谋而合”的共识在学习群体中越多，审美趣味一致的成分就越多，知识的整体合力就体现得越充分，课堂教学效果也就越显著。

教材的全部意义是通过学生的积极接受去实现的，作者的表现意图、编者的编写意图以及学生的接受意向，应力求在课堂教学中最大程度地趋于一致。三者之间的调节者是教师。教师是实现其殊途同归的中介。作者所表现的，编者所要求实现的，要通过学生在阅读分析中发现、领悟并掌握，介于表现、实现、发现三级之中牵引地位的教师，应采取启发、引导的方法，让学生在有限的课堂时空中按照你所启示的思路去领悟。“举一反三”是教师追求的目的。教师所处的地位是领路人的地位。通过引导、启发、示范，使学生在积极地思考后，对所寻觅的知识产生一种“山重水复疑无路，柳暗花明又一村”的感觉，“真”（知识的功利作用）、“善”（知识的道德作用）、“美”（知识的魅力）在此获得高度统一，才算真正实现三级的合璧。在讲《驿路梨花》时，让学生用“心”追随着“我们”去一站站寻找梨花姑娘，在建立悬念、释去悬念的波澜起伏中逐渐领会文章“驿路梨花处处开”的深刻主题。而梨花姑娘自始至终没有出场，她的感人事迹却犹如目睹般生动展现，其间接描写的妙用，通过阅读分析，定会给学生以深切体会。《最后一课》的结尾，韩麦尔先生“转身朝着黑板……使出全身的力量写了‘法兰西万岁’”。此时没有主人公面部表情的文字描述，让学生接着自己的想象对韩麦尔先生作肖像“填充”，必会各不相同。侧面描写揭示人物形象的艺术感染力，通过教师的点拨，会使学生的感受更深刻、具体。不突出人物肖像而突出“法兰西万岁”，更有利于表现文章爱国主义的主题。通过阅读分析，学生对主题的理解更趋于完整、准确。

在语文教材中，有不少文学作品把人们日常生活中习以为常、视而不见的事物写得非常清新感人（如朱自清的《春》《绿》《荷塘月色》，冰心的《樱花赞》等），接受美学的观点认为，这是作者运用了文学的“陌生化”的“技巧”，“复活”并丰富了读者的感觉。对于类似文章的教学，教师的目的就不仅仅是让学生对这些生活场景依据内容去做规定性的“玩味”和“复苏”，更重要的是让学生去发掘这种“熟悉的陌生化”，分析作者是如何把我们熟悉的景物、事物写得如此情趣盎然，生动感人的。为什么作者用音乐的旋律来形容光影和花香？何以将荷叶用“田田”“袅娜”“脉脉”“羞涩”来形容比喻？同是日本樱花，何以在不同的时空中风姿迥异，或“悄然独立”，或“争妍斗艳”，或“璀璨庄严”，或“溢彩流光”。阅读分析，会引发学生仔细“玩味”，使学生逐步领悟作者的“熟悉的陌生化”技巧。“春风又绿江南岸”“红杏枝头春意闹”，“绿”与“闹”，作为文字符号，本是学生所十分“熟悉”的，为什么在特定语言环境中变得“陌生”了？这些正是我们在课堂教学中应引导学生去认真感知和体味的。不仅需要结合诗句体味，而且需要结合全篇去“咀嚼”，经过含英咀华，学生深刻领悟了作品描绘的情景交融、物我皆忘的审美意境。体味领悟的过程，就是由“陌生化”走向“熟悉化”的过程。“文似看山不喜平”，在语文教学中千篇一律的阅读分析套路，往往把文章的“曲”与“折”破坏殆尽。学生常谈这样的感受：初读课文时，尚能被作者所描绘的事物吸引，但经过老师不厌其烦的分析，预习时的新鲜感全没了（这和接受美学理论中所指的读者在审美客体出现后的“张力消解”不是同一概念）。原因在于教师往往以自己的思维捷径取代了学生认知、感受、探求的具体过程，教师的“先验”驱散了学生的兴趣。如果在组织教学中让学生在教师的启发下自己寻觅，在接近“具体化”时适当引出教师的体验，更能使他们感受到“曲径通幽”的妙境，知识的魅力（美感）便由此生发。对于一篇课文的分析，能否出新出奇，多取决于教师的分析角度。“横看成岭侧成峰”，是“攀岭”还是“登峰”，那要看“峰”是否“险”，“岭”是否“秀”，教师的启示角度是新的，学生的体会、感受方能是新的。启发的目的是激发兴趣，引起注意；启发的最佳效果是引人入胜。成功的课堂教学，应力求使学生在接受知识的过程中达到“忘我”“无我”，使学习的功利目的溶解于审美快感中。惯常的“主题思想”的归纳，教师总习惯沿用“通过……表现……反映……”的程式套语，篇篇如此，不免腻味。笔者在上《琵琶行》一课时，尝试着用了别林斯基《论文学》中的一段名言代“跋”：“眼泪的渊源越是广阔和深邃，哀歌的内容也就越丰富和重要，而我们也更深刻地同情那眼泪。‘个人的悲哀’可以是哀歌作品的主题，但是以‘众人共同的悲哀’为主题的哀歌作用，却有更多的意义。”读时申明“仅供参考，可以不作笔记”。但读后，全班同学一致要求以记录速度“重播”。由此方悟出：是“熟悉的陌生化”方法调动了学生的接受积极性。

根据接受美学理论的分类，在文章的接受过程中可以从多层次的“视点”来选择分析角度，常用的有“叙述者视点”“人物视点”“情节视点”“读者自设视点”等。在语文教学中引导学生从哪一种视点对课文进行拓展分析，既取决于课文所给定的条件，又取决于教师的启发角度的选择。以第一人称表述内容的课文（如《一面》《茶花赋》等），应从“叙述者视点”去跟踪审视；写人物形象见长的课文（如《守财奴》《故乡》等），应从人物形象的对比变化中寻找视点；以情节取胜的课文（如《党员登记表》《我的叔叔于勒》等），则应从“情节视点”入手按情节发展的过程进行分析；以题入文或在文章开头就开宗明义的课文（如《花儿为什么这样红》《谁是最可爱的人》等），则应由学生在阅读课文开始时设立视点，并根据设立的视点在阅读中释疑补白。

在阅读学习某篇课文时，视点的确立不是一成不变的，也不是呈单一性发展的。应引导学生根据内容的拓展而及时“游移”其阅读“视点”，在“延伸与加强的辩证法”运用中加以全面理解。如《我的叔叔于勒》，如果说文章以第一人称“叙述者视点”引导学生开始阅读分析的话，那么随着情节的展开，围绕着于勒的出走和复归，众人粉墨登场，“人物视点”又成为文章分析的主要视点。于勒叔叔为什么过去是“全家的恐怖”，而现在则是“全家的希望”呢？这个令人关切的问题作为“读者自设的视点”也很快占据学生的心扉。于勒的“赚钱来信”把“我”的一家的闹剧推向高潮：“福音书”给姐姐的婚事带来了成功，由婚事的喜悦引出了全家的旅游，在游船上牵发出穷愁潦倒的卖牡蛎者于勒，又由于勒的出现带出“父亲”和“母亲”恐慌而气急败坏的表演……动人心弦的故事层层展开，“情节视点”紧紧抓住了学生的感情思维。由此，各种视点或交叉，或转换，或复合，不断矫正着学生的“期待视野”，经过几番“出”“入”

（时而进入作品产生幻觉，时而跳出幻觉与内容情节分歧背离），在“制造幻觉和打破幻觉”的交替中，在“介入与旁观之间的摆动”中，使学生获得多方面的感受。这样的阅读分析，使学生对资本主义社会人与人之间唯利是图、冷酷自私的金钱关系有了更深刻的认识。由此可以看出，教师只有对一篇课文作全方位透视后，确定阅读分析过程中的视点介入方式，通过启发、提问、质疑等手法，方能自始至终地抓住学生的接受心理，保证课堂教学任务的圆满完成。

第三节　教学结构的二重性及其作用

如果我们进一步深究一下，不难发现，“立体教学”在其三种思维的立体交叉运动过程中，具有“二重性”。“立体教学”作为一个系统，是由“教学艺术”和“教学科学”两大支系统构成的。这两大支系统的功能则具体体现在“立体教学”的“表层结构”和“深层结构”上。

结构是系统中各部分的组成形式。系统不是部分的简单相加，是按一定规则组织起来的。系统对要素的制约是通过结构起作用的。课堂教学特别要处理好表层结构与深层结构的有机结合。所谓“立体教学”的“表层结构”就是指注重教学艺术，创设开放性的教学环境，激励学生乐学，启发和培养学生的形象思维，发展学生的想象力。所谓“立体教学”的“深层结构”就是指注重教学设计，使教学过程呈有序性，显示出其极强的逻辑梯度，有助于培养学生的逻辑思维能力。“立体教学”系统结构的这种“二重性”，对发展学生的思维能力，对进一步认识教学反馈的层次性，都具有重大的意义。

大脑是人的创造才能的物质基础。近年来，有关大脑结构和功能的研究取得了新的进展：大脑左半球主要从事抽象思维、言语、计算、书写、分析细节等活动；而右半球则具有具体思维能力、对空间的认识能力、对复杂事物的理解能力、整体综合能力、自觉能力和想象力。“立体教学”关于课堂教学“表层结构”和“深层结构”的理论十分符合大脑的结构学说，并为大脑左、右两半球的结构功能作了生动的注脚。有的学者明确指出，大脑两个半球的和谐发展与协同活动，是创造力发展的物质基础。“立体教学”追求科学主义思想与人文主义思想的结合，追求教学科学的艺术化和教学艺术的科学化，为大脑两个半球的和谐发展与协同活动创设了最优化的教学环境。

反馈是使“立体教学”三种思维呈现出立体型、上升式良性循环运动的重要调节手段。在教学过程中，要发展学生智力，必须通过反馈渠道来检验、调节和巩固。信息输出，反馈，再输出，再反馈，以至无穷，智力才能不断地发展和提高。“立体教学”的“表层结构”和“深层结构”的立论，为教学必须作“艺术反馈”和“科学反馈”提供了充分的理论依据。所谓“艺术反馈”，是指教师通过察言观色，洞察学生的信息接收情况，把握学生的注意力，调节教师的施教活动和学生接受知识的方式，从而控制学生情绪的一种技能。所谓“科学反馈”，是指教师通过科学考察手段，对学生的学情和思维接受能力进行周密研究，并获得准确的材料和数据之后，调节施教活动的手段。

有经验的教师，一定既善于发挥“立体教学”的“表层结构”效能，充分调动学生思维的积极性，培养学生思维的主动性，增强学生思维的探索意识和创造价值；又善于发挥“立体教学”的“深层结构”效能，潜移默化地培养学生思维的方向性、条理性和逻辑性，增强学生思维的分析能力和综合能力。只有这样全面地启迪和开发学生的思维潜能，才能形成学生优良的思维素质。

第四节　立体教学是艺术与科学的完美统一

艺术与科学的完美统一，是立体教学的最高境界，也是我们对教学的哲学思考。

人们从事任何一项活动，都必须自觉和不自觉地受一种哲学思想的支配。目前，世界上教学论的研究主要有两大流派。一派强调学生学习行为与结果，以教学目标牵制教学各个环节，并达到管理整个教学过程的目的。另一派并不把学生行为与学习结果放在首位，而把眼光投注在强化教学过程、优化教学环境以及美化教学语言上。教学论研究中的这两种观点都有其相应的合理性，并且都有其相应的哲学思想基础。当今世界哲学思维方法也有两大流派，一种是科学主义，一种是人文主义。科学主义的思维方法对周围客观事物的观察往往是理性的、逻辑的、分析的；而人文主义的思维方法则重视感知、灵感和综合。这二者观察世界的出发点是迥然不同的，归宿自然也不相同。前者力图依靠自然科学的力量把机器变成人，而后者则凭借展开丰富多彩的生活画面，以避免人变成机器。教学论研究中的两种不同观点，以至对教学现状及其未来发展趋势的两种不同思考，实际上是两种不同的哲学思想的反映。

以科学主义哲学思想指导的教学与以人文主义哲学思想指导的教学能否结合，关键就在于它们之间是否有相似的“基因”。客观事实告诉我们：事物之间之所以产生相似现象，是因为有相似的“基因”、环境和条件。这些所谓“基因”，是指构成相似关系的那些因素，而且主要是指微观结构与动态过程的相似。双方在客观上自然有许多相似之处，其作用的对象都是21世纪的新一代，途径基本都还是通过班级授课的形式等等。在教学过程中，二者是否具备动态相似的因素呢？持人文主义态度的教师，几乎都十分重视学生的情感发展，认为在整个教学过程中自始至终充满着情感作用。主张教学必须走上科学化道路的教师，也已经注意到制订教学目标仅仅停留在认知结构上是不完全的。他们从教学心理的角度研究发现，学生在学习、生活中有两个心理过程：一个是感觉—思维—知识—智慧（包括运用）的过程；另一个是感受—情感—意志—性格（包括行为）

的过程。智能在获得和运用知识的过程中形成和发展，它的心理过程产生着情感和智慧。因此，知识、智慧和情感三者是不能截然分开的。

现代教学发展的趋势，必将是科学主义思想与人文主义思想的结合，以实现教学科学的艺术化和教学艺术的科学化——这正是我们研究教学立体性的出发点和终极目标。

所谓“立体教学”，就是指从教学艺术和教学科学两个角度所揭示的课堂教学高境界的时空特征，是教学艺术和教学科学的完美统一 ——教学艺术在于营造氛围，创造共振，激励乐学，做空间的文章；教学科学在于发展思维，鼓励创新，追求效率，做时间的文章。通俗而言，“立体教学”就是指教师运用教学艺术，营造开放性的课堂教学环境，激励学生乐学；在开放性的课堂教学环境中，师生相互质疑，通过多角度、多侧面的立体探究，促进学生思维，不断产生共鸣，从而发展学生智力，培养学生的创新精神与创新能力的教学活动。

第二章

语文课堂立体教学课型体系

第一节　“四环节”语文教学艺术课型的构建

一、“四环节”语文教学艺术课型的指导思想

（一）改革旧的教学方法

教学方法受教育思想的制约。教育思想陈旧，不可能运用与素质教育要求相适应的、灵活多变的教学方法。下面五种常见的教学方法严重地影响了语文课堂教学效率的提高。

1．一讲到底，满堂“灌”。

叶圣陶先生说：“语文教师以讲解为务者尚不乏其人，以为学生鲜能自览，必为之讲解始能明晓。”这种情况至今仍然如此。讲得过多，讲得过细，面面俱到，学生没有思考的余地，没有自己学习、自己消化的时间。难怪有学生向教师呼吁：“还我自读权，授我自读法，留我自读时。”有的课堂上虽有点缀性的提问，其目的是服务于讲，其本质仍然离不了一个“灌”字。

2．一练到底，满堂练。

有的教师又由一个极端走向另一个极端，由一讲到底变为一练到底，美其名曰强化训练。教师的教学工作成了备课找题单，上课甩题单，讲解对答案。学生对这样的教学编了一个顺口溜：“不是灌，便是串（串讲），要不就是满堂练。”而所练习的内容，往往未经精心设计，精心选择，多为信手拈来，缺乏明确的目的，不是安排在合理的教学过程中的、必不可少的练习，而多为可有可无的机械重复的练习题目。一练到底，满堂练的结果，自然是白费时间，徒耗学生精力。

3．一问到底，满堂问。

强调要发展学生思维能力，要运用启发式教学，有的教师又把“满堂灌”变为“满堂问”。往往把一句意思完整的话截成几段，老师问上半句，学生回答下半句，“是不是”“对不对”“怎么样”之类的毫无启发性的问题充斥课堂。名为“启发式”，实为“提灌式”，用提问的方法去“灌”，直到学生钻进教师事先设计好的套子里，使之“就范”，才肯罢休。

4. 一看到底，满堂看。

强调把读书的时间还给学生，有的教师上课便让学生自己看书，没有指导，没有提示，没有具体要求，看得如何没有检查，没有反馈，由学生一看到底，满堂看。学生没有圈点勾画，没有动笔批注。有的如小和尚念经，有口无心；有的既不动口，也不动脑动手，开卷茫然，闭卷亦茫然。名为“自学式”，实为“自由式”。

5. 一乱到底，满堂乱。

有的学校，个别班级的教师缺乏组织课堂教学、驾驭课堂教学的能力，课堂上纪律松弛，管理混乱。课堂如“放羊”，没有正常的教学秩序。

我们构建“四环节语文教学艺术课型”的目的，就是要改革这些陈旧的教学方法，使教学方法上升为教学艺术，营造和谐、愉悦、民主的教学氛围，从而增强学生学习的积极性和主动性，以提高课堂教学效率。

（二）将教学过程艺术化

将教学过程艺术化，激励学生想学、乐学、爱学，是教学方法的最高境界。

我在拙著《立体教学初论》里讲过：“我们不仅要以每一篇‘教材’为研究对象，而且要把每‘一堂课’当作一件完整的艺术作品来看，并加以研究和创作。成功的单位时间里的教学，本身就是一篇完整的艺术品，必须有主笔与陪笔之分，详略之别。详则精雕细刻，略则取其神似，陪笔为主笔服务。”既然我们把“一堂课”视为完整的艺术作品，那么，一堂课应如何开始，如何承接，如何过渡，如何推进，如何收束；何处设悬念，何处求照应，何处巧穿插，何处做重复，何处甩包袱，何处放投影，何处掀波澜，何处起高潮，等等，都必须费一番心血，有所构思，有所讲究，独具匠心，达到一种艺术的境界。很多教师经常忽视这一点，只满足于把知识讲清楚，备课也只备教学内容，从未把一堂课当作一个系统有机的整体加以科学地规划设计，从来不注重锻炼自己艺术地传授知识的技能，导致课堂教学效率不高。

教学是过程性的，课堂教学则是由一个个的教学环节组合构成的流动的艺术作品。在许多课堂教学的艺术环节中，有一些环节是最基本的教学艺术环节，比如课堂教学的开头、过渡、高潮和结尾。所谓“四环节语文教学艺术课型”，就是指在课堂教学的开头、过渡、高潮和结尾四个环节上，要系统设计，艺术处理，优化整合，启思开智。

二、“四环节”语文教学艺术课型的教学目标

课堂艺术区别于其他艺术的根本点，在于课堂艺术有明确的、系统的、定量的教学任务。这包括知识的传授（或称信息的传递）、能力的培养、情操的陶冶等。因此，课堂艺术只是一个必要的“载体”，它必须“装载”一定的教学任务，使之从“此岸”达于“彼岸”。根据这一特点，我们认为，语文课堂艺术应追求如下艺术效果或称教学目标。

（一）诱发兴趣

兴趣是认知活动的第一个也是最重要的一个发动力。从行为科学的观点来看，兴趣是行为的重要“内驱力”之一。学习是一种持久的、主动的认知行为。如果没有兴趣，怎能期望人们长久地、自觉地进行这种活动呢？

兴趣是一种情绪激发状态。在这种状态下，脑细胞的活动加快，神经紧张。因而，感知力、理解力和记忆力都处在最佳发挥状态，在这样的状态下学习，其效率肯定要比其他状态下高得多。

现在的学生是“凭兴趣办事的一代”，他们的主动意识很强，要强迫他们做自己不感兴趣因而不愿做的事，而且要长期做下去，那是不可能的。

因此，诱发兴趣已成为课堂教学艺术所追求的第一个也是最基本的一个艺术效果。

（二）调集注意

注意是自觉的学习活动的真正开端。在通常状态下，人的注意力是分散的。当某一方面的兴趣被诱发以后，注意力便开始集中到这一方面。这时，课堂艺术家应不失时机地抓住这个机会，更进一步地调集注意力，把它们集中到主攻的目标上来。

（三）启迪心灵

兴趣有了，注意力调集了，心理发展到这个层次，它已不再满足于这些，心理的进一步的需要是“颤动”，即心灵受到启迪。人们对于自己感兴趣的东西，正是心灵的一种潜在的或者显现的需要，兴趣的被诱发，正是这种需要被牵动。如果事情的发展不能给予心灵一种暂时的、一定程度的满足，那么，这种需要就将受到抑制，就不能构成一个完整的心理过程。这样的次数多了，这种需要就会消失。

（四）给予享受

有了前三个层次，心理上获得享受是必然的。享受有三个方面："求知欲""自我实现欲"和"审美欲"的一定程度的满足。对于这三种欲望，我们以往较注意的只是"求知欲"，为了满足求知者的这种欲望，而把知识教给他们。其实，在前述三种欲望中，"自我实现欲""审美欲"比"求知欲"更基本，更深。人们为什么要求知？因为要"审美"，要"自我实现"。如果学生在学习活动中，每上一堂课都能在精神上得到某些方面、某种程度的享受，那么，他怎么会不喜欢学习呢？

总而言之，更通俗地讲，教学艺术的核心目标就是激励、启发和引导学生"乐学"。

三、"四环节"语文教学艺术课型的基本结构和程序

（一）开讲的艺术

良好的开头就等于成功了一半。一堂课只要有了一个引人入胜的开头，就会为这堂课获得成功奠定坚实的基础。语文教学开讲的艺术必须遵循两大原则：一是切题，即教学的开头要从属于教学内容，为完成教学任务服务，不能故弄玄虚，为艺术而艺术。二是激趣，即每堂课的开头要能够激起学生对学习内容的兴趣，紧紧地吸引住学生的注意力，唤起学生强烈的求知欲望，引导学生积极思维、活泼愉快地学习。

语文教学开讲的艺术大致有以下几种形式。

1. 切题式。从文章的内容、主题出发开讲。

例如《藤野先生》这篇课文，内容十分丰富，关于这篇文章的主题也有一些不同的看法。但不管怎么说，怀念藤野先生、赞扬藤野先生的高尚品质是主要的。1935 年，日本岩波文库要出《鲁迅全集》时，他们曾经问鲁迅先生，选些什么文章好。鲁迅先生回答："一切随意，但希望能把《藤野先生》选录进去。"可见，鲁迅对藤野先生的怀念之深。纵观全文，也可说浸透了鲁迅的尊师精神。因此，一开始上课我不先介绍时代背景，却从伟大的人物都是尊师来谈起。先简略介绍鲁迅怎样尊敬寿镜吾先生和章太炎先生，接着就转到藤野先生："还有一位对鲁迅影响较大的老师是日本人，就是藤野先生。这是鲁迅在日本仙台医学专门学校读书时教他骨学、血管学、神经学的老师。虽然藤野先生是日本人，但鲁

迅说：‘在我所认为我师之中，他是最使我感激，给我鼓励的一个。’”

然后我举了1935年日本岩波文库出《鲁迅全集》的例子，说明鲁迅对藤野先生的怀念与尊敬。末了，这样引入新课：

“鲁迅在仙台读书是1904—1906年，而写作《藤野先生》是1926年10月，时隔二十多年了，鲁迅对藤野先生的记忆还是这样清晰，这样难忘。那么，鲁迅为什么那样尊敬和怀念藤野先生呢？藤野先生有哪些优秀品质使鲁迅难忘呢？藤野先生给了他什么鼓励呢？鲁迅在仙台读书时思想又有什么变化呢？……今天我们就来学习《藤野先生》。”（板书标题）

这样引入新课，一是从文章的内容、主题出发；二是针对学生实际，进行尊师教育；三是为作文“我的老师”埋下伏笔，引起对老师的崇敬之情。

2. 比较式。由此及彼，或由彼及此，比较引出教学主旨。

如讲契诃夫的《装在套子里的人》，这篇小说最成功之处就是塑造了“套中人”别里科夫这个典型形象。斯大林同志曾在1930年联共（布）中央第十六次代表大会的政治报告中批评那些“左”倾反对派时，引用了“套中人”别里科夫的典型例子。因此，讲授这篇课文一定要让学生明白别里科夫这个“套中人”形象的典型意义是什么。所以，在引入新课时，首先要给学生一个“典型”的印象。于是，我便想到了“阿Q”。上课了，我一开始就向全班学生提出一个问题：“同学们，你们知道阿Q这个人物吗？”果然，这个问题引起了学生的兴趣，学生有的说阿Q很可笑，有的说阿Q落后、不觉悟，有的说阿Q有“精神胜利法”，还有的从小说中的阿Q说到当代的阿Q。最后，我归结出一点：“这说明，文学作品所塑造的典型一旦成功，就会产生广泛的社会影响。”

接下去，我就转入正题：

“同样，在苏联人中间，他们也常常把因循守旧，压制、仇恨新生事物，极力使自己与世隔绝，不求进取的人称之为‘套中人’。这个‘套中人’就是俄国著名作家契诃夫1898年写的短篇小说《装在套子里的人》中的主人公别里科夫。与中国人熟知的阿Q一样，苏联人都非常熟悉‘套中人’别里科夫这个典型人物。今天，我们就来学习《装在套子里的人》。”

从“阿Q”引出“套中人”，这样开头，既突出了重点，印象较深刻，也能引起学生的兴趣。

3. 活动式。充分利用特定场合，巧妙安排学生活动开讲。

如内蒙古通辽市十一中学刘亚军老师在执教《最后一次讲演》公开课时，

是这样开头的：

师：首先，请班长刘洋同学向来自全国各地的近200位专家、学者、老师们致欢迎词！

刘洋：尊敬的领导、尊敬的老师、远道的朋友们……（略）

（对刘洋的欢迎词，全场报以热烈的掌声）

师：刘洋同学的欢迎词说出了我们二年级（5）班全体同学的心里话。这热烈的掌声足以证明他说得很得体，适合今天的场合，也抓住了听众的心理。语气中充满热情，让人感到他是发自内心的真诚！像刘洋这样面对大众发表意见的口头表达方式就叫“讲演”（板书“讲演”）。刘洋的讲演很成功，让我们用掌声再一次向他表示祝贺！

刘老师充分利用公开教学这一特定场合，巧妙安排学生致欢迎词这一活动，一箭双雕：既营造了良好的课堂气氛，增强了学生的学习兴趣，又自然引出了“讲演”的定义，格外切题。

4. 悬念式。制造悬念，诱发学生的学习兴趣。

如教《孔乙己》，北京一〇一中学特级教师程翔是这样开讲的：

师：上课。鲁迅先生是伟大的文学家，他一生写了许多脍炙人口的优秀作品。哪位同学能说出以前学过鲁迅先生写的哪几篇小说？收入了哪本小说集？

生：《一件小事》《故乡》《社戏》，都收入《呐喊》。

师：对。鲁迅先生一生写了33篇白话小说。有一次，鲁迅先生的好朋友孙伏园问鲁迅：“在先生的小说中，你自己最喜欢的是哪一篇？”鲁迅先生说：“是《孔乙己》。”（板书《孔乙己》）

鲁迅为什么最喜欢《孔乙己》，并非为一般人所知，这就造成了悬念，诱发了学生学习本文的兴趣。接着板书课题，引入要讲的内容，非常自然、得体，水到渠成。

5. 抒情式。运用充满激情或哲理的语言感染学生。

如讲《在马克思墓前的讲话》，可以这样开讲：同学们，友谊是人类情感中非常珍贵的感情。比如李白和杜甫的友谊被传为佳话，鲁迅和瞿秋白的友谊也闪耀着光芒。在人类的历史上，有两个人的友谊被列宁称为“超过了古人关于人类友谊的一切最动人的传说”，这两个人就是马克思和恩格斯。今天，我们来学习恩格斯为马克思所写的悼词，看一看恩格斯是怎样评价他最亲密的战友的。

6. 故事式。用讲故事的方法激发学生的学习兴趣。

如教《桃花源记》，教师空着手走进教室，同学们对教师的异常表现十分奇怪。“这节课我来讲故事。”教室里立刻活跃起来。“讲故事前老师想了解一下谁知道‘世外桃源’这个成语?”举手的同学不多。我接着说：“那现在就请大家查查这个成语的意思。”

一阵快速的翻检之后，我继续说：“今天我就是想给大家讲‘世外桃源’的故事。”于是我便依照课文内容，加入自己的发挥，以讲故事的形式把课文内容讲给学生听。讲完后我说：“老师是从哪里听来这个故事的呢？它呀，就是我们教科书的第20课，是篇古文。”话音刚落，学生便迫不及待地翻书。这时我趁热打铁，拿出书来引导学生朗读、翻译、讲析。

可喜的是，开头的故事不仅激发了学生的学习兴趣，而且对学生独立理解文言实词也很有帮助。翻译、复述以至背诵都非常顺利，学生不觉得像以往学习古文那样艰涩。可见，像《桃花源记》《狼》这类故事性较强的古文，都可试用这种开讲的方法。

7. 联系式。通过对学生已经学过的与本课相关知识的联系开讲，以引起学生的兴趣。

如教《绿》，一上课，我在黑板上板书了“日出江花红胜火，________________。________________，明月何日照我还”请同学们填空。学生填完后，我告诉学生其中的“春来江水绿如蓝”“春风又绿江南岸”两句诗中每句都恰好包含了一位现代作家两篇散文的题目，待学生指出是朱自清的两篇文章，我又擦去其他的字，并用书名号框起《春》和《绿》。接着便与同学们复习《春》中对“绿”的描写：“小草偷偷地从土里钻出来，嫩嫩的，绿绿的”，“树叶儿却绿得发亮，小草儿也青得逼你的眼”。继而又说：“今天我们要学的散文《绿》，并不是写春之绿，而是写秋之绿（边说边擦去‘春’字，只剩下课题‘绿’很醒目），写潭水之绿。下面就让我们跟着作者到梅雨潭作一番游览，尽情地品绿、赏绿吧！”

如此开头，由《春》导《绿》，过渡巧妙，联系比较，温故知新，新鲜有趣，出人意料，较好地调动了学生学习的积极性。

8. 提问式。提出问题，启迪思维，引起学习的强烈愿望。

如教《向沙漠进军》，可以这样导入课题：当今世界，人与自然的关系日趋紧张，森林被毁，耕地被侵占，河水遭到污染，臭氧层被破坏；大自然也向人类展开了近乎疯狂的报复，洪水肆虐，水土流失，土地干涸，气温升高，沙漠扩大。人类的生存环境面临种种难题，人类应该怎么办？卓越的科学家竺可桢给我们指明了方向，这就是我们今天要学的一篇说明文《向沙漠进军》。

运用设问，吸引力强，发人深省。

9. 配乐式。借助音乐这种特殊的“语言”形式，帮助学生理解课文，并使之引入作品的意境。

如上鲁彦的抒情散文《听潮》。作者在《听潮》中，把表现大海的美景，落实在一个“听”字上。根据这个特点，我们在教学开头运用相应的音乐手段，调动学生的听觉器官，使听觉（音乐）和视觉（书面语言）同时发生作用，以达到对课文理解、意境体会和引人入境的目的。为此，根据作者创作这部“伟大乐章”的精心构思，整理出这样五个乐段：前奏—梦幻—奏鸣—狂想—回旋。然后精选出理查德《海边的阿狄丽娜》、舒曼的《梦幻》、贝多芬的《热情奏鸣曲》、圣桑的《回旋曲》、中国钢琴协奏曲《黄河》五个乐段，录制完后播放讲解，会收到意想不到的良好效果。

10. 表演式。或唱一首歌，或根据课文内容编排一个节目，设置情境，使学生进入角色。

如教《周总理，你在哪里》，开堂与学生同唱一曲《周总理，你在哪里》，唱出了内心对总理无限怀念的深厚感情，有助于学生理解这首感人肺腑的诗篇，增强学生的学习劲头。又如教《雷雨》，我让几个学生分角色朗读课文片段，学生根据自己扮演人物的性格和思想感情，努力读得有声有色。这不仅让学生入了戏，熟悉了课文思想内容，而且像给学生注入了兴奋剂，学习情绪高涨，课堂气氛情趣盎然。

11. 看图式。一幅美丽的图画，可以给学生一种美的享受，陶冶学生的情感，启迪学生积极思维。

如讲《梅雨潭》一课，教师首先出示一幅风光绮丽的山水画，画中拔地凌空的亭，像苍鹰展翅浮在天宇；深深的水潭，像一颗闪光的绿宝石；绿油油的青草，白而发亮的水……学生看后情不自禁地说：“多美的画啊！”教师接着说：“这就是我们要学的《梅雨潭》。”

12. 引用式。可以引用与教学内容相关的名言、警句、诗词、成语、对联或典故导入新课，激发学生的兴致。

如教《送东阳马生序》，我是这样设计导语的：“同学们熟悉这么一副对联：

‘书山有路勤为径，学海无涯苦作舟。’此联妙在通过形象的比喻，阐明了苦学对于求知的重要性，堪为青年学生的座右铭。然这毕竟是短短一联，容量有限，很难通过具体事实把勤学为求知之本这个道理阐发得更深刻、感人。今天，我们所要学习的新课《送东阳马生序》正好可以弥补其不足。”

又如讲《廉颇蔺相如列传》可以用成语引入。一上课，我就在黑板上写了五个成语的意思，要求学生根据意思填写成语：

①比喻把原物完整无损地归还本人。（完璧归赵）

②因怒而头发直竖，把帽子都顶起来了，形容非常愤怒。（怒发冲冠）

③表示主动向对方承认错误，请求责罚。（负荆请罪）

④比喻同生死共患难的朋友。（刎颈之交）

⑤比喻老百姓之间或贫贱之间的交往。（布衣之交）

我告诉学生写不出可以看看书，但没说是哪课，学生做这个练习很有兴趣。等学生做完了，我就引入新课：“这五个成语全是哪篇课文中的？（大部分学生已找到了）对，都可在《廉颇蔺相如列传》这篇课文中找到。今天我们就学习这篇文章……”

引用与课文有关的诗词、名言、成语和典故等导入新课，既形象生动，又能使学生积累一定的知识，还可把新旧知识联系起来，容易激发学生的兴趣。

13. 演示式。做一个演示，可以使学生获得直观的感性知识，加深对学习对象的印象。

如教《中国石拱桥》时，我出示自己做的教具，让学生前来架桥，有的学生架的是拱桥，有的架成梁桥。通过两桥外形比较，学生得出：拱桥比梁桥形式优美。我用100克的砝码放在拱桥和梁桥上，让学生比较，学生又得出：拱桥比梁桥坚固。这样的演示如磁铁一般吸引了学生。

14. 绘画式。以画开讲，可以把学生的思维带入一个奇妙的世界里，诱发学生的好奇心，点燃他们求知情感的火花。

如讲《宇宙里有些什么》一文，上课时我先在黑板上画了两个少年乘火箭在星空上遨游的简笔画。这幅画引起了学生的好奇心。画后我开口便讲：“同学们，你们是否也想乘火箭去宇宙旅游观光呢？”同学们异口同声地回答：“想！”我说：“那好吧，我们一起乘上想象的火箭飞向那广袤的穹宇，探索宇宙的奥秘吧！”画和老师的语言，把学生思维带到想象的宇宙与课文里描写的宇宙融为一体的世界里。画面点燃了学生想象的火花，语言做了思维的导游，想象促进了思维的发展，并使学生迸发出新颖的创造性思维。在绘画和老师语言的感悟下，学生便会迫不及待地去课文中摄取知识营养，有利于培养学生探索宇宙科学奥秘的精神。

总之，开讲犹如发动机，直接影响着整台机器的正常有效运转。它是一门艺术，更是一种创造。它是挖掘学生求知思维的钻机，是打开学生求知欲大门的金钥匙，更是架起教学目标的认知领域与情感领域的金桥。它既培养了学生的审美情趣，又培养了学生高尚的道德情操及探求科学知识的兴趣。教师只有按照美的规律，不断创造新颖的开讲艺术，持久地拨动学生求知心灵的乐弦，才能使开讲艺术具有旺盛的生命力。开讲的艺术形式多种多样，或渲染一种气氛，或创设一种情境，或高唱一首歌，或竞猜一个谜语，或播放一段乐曲，或表演一个小品，或朗诵一首小诗，或做一个实验，等等，不一而足。其方法贵在灵活自如，不拘一格，全赖教师的匠心独运，巧妙设计，以期达到拓宽学生思路、陶冶学生审美情感、激发学生兴趣、提高教学效率之目的。

（二）过渡的艺术

每堂课都是由一个一个的问题或一层一层的意思编织、连缀而成。由这一问题向另一问题转换，由这层意思向另一层意思发展，中间需要“过渡”。没有“过渡”，课堂显得散乱断裂，气血不畅；有了“过渡”，课堂才会脉络贯通，气韵流动，浑然天成。

一节课的教学，无论是从课题到课文，从此段到彼段，从这个环节到那个环节，都涉及“连”的艺术——过渡。教学过渡是课堂教学中必不可少的中间环节。它不仅是为了教学形式的美观、教学语言的流畅，更重要的是为了学生思维的流畅。常常听到一些教师用“题目的意思讲完了，现在讲第一段”；“第一部分就分析到这里，下面我们分析第二部分”之类的话来衔接过渡，有的甚至干脆不用过渡语，结果一节课下来，给人的总体感觉是：整个课堂教学显得断断续续，甚至支离破碎。有经验的教师都十分重视“过渡语”的设计。

教学中过渡艺术的运用，一般有以下几种类型或方式。

1. 串珠型

在教学中，始终围绕文章的中心线索、中心论点等主线来设计过渡语，串联各教学环节。比如教《变色龙》一文，应注意到“变”的文眼。在教读课文时，就可以把奥楚蔑洛夫有几变、怎么变、因何而变，作为串联段落层次的问题，设计“我们已经领教了变色龙的第一次变色，那么，接下来他还会怎么变呢？又是什么原因引起他变色的呢?”之类的问题，让学生的思维在疑问和求索中逐步推进。

2. 悬念型

在教学中，教师指导学生从课文的一个层面向接续的另一个层面推进，也要有合适的过渡语衔接，以求文气贯通，肌理相连。如教学《蜘蛛》一文，教师从课文的前半部分蜘蛛捉“飞将”的各种高超本领过渡到课文后半部分，分析蜘蛛身体结构的巧妙，设计了如下过渡语：蜘蛛捉“飞将”的本领这样高，这是为什么？它的体内有些什么奥秘？蜘蛛的丝除了织网捕虫，在科学上又有什么用途呢？这些内容正是我们下面要学习的内容。如此过渡，不仅预示了下面的教学重点，对学生的学习起了定向作用，而且使课文前后两部分的教学过渡自然，衔接巧妙。

3. 转换型

从一个环节向另一个新的环节过渡，或从一种思路向另一种思路变换时，教师要用适当的过渡语来过渡，使教学得以顺利深入。如教《短论两篇》，教师为了把学生的思路从《失败是个未知数》一文转换到《起点之美》一文上来，设计了如下过渡语：“‘失败并不尽是最终结果’也好，‘失败是个未知数’也罢，‘失败是个岔道口’也行，总之，我们不能把失败当作终点，而应该从失败中振作起来，把失败作为新的——（生答：‘起点。’）很好！下面我们就学习刘心武写的《起点之美》一文。”这样一引，就把学生的阅读方向从一个层面转换到另一个层面了。

4. 抒情式

运用充满激情的语言诱发学生的学习情趣。如讲完《长江三峡》，转入《雨中登泰山》的学习，教师说：“我们伟大的祖国历史悠久，山河壮丽。长江黄河一泻千里，气势雄伟；三山五岳巍峨秀丽，孕育了中华文明。想到它们，民族自豪感便油然而生。昨日，我们观赏长江，饱览了母亲河的风采；今天，我们登临泰山，领略这崇高伟大的象征，透视我国文化传统的缩影。让我们告别刘白羽，跟随李健吾，冒雨攀登雄奇高耸的泰山，体会雨中登山的意趣吧!”这样过渡，承旧启新，既激发了学生的情趣，又交代了学习本文的目的、要求，效果很好。

5. 描述式

用描写句把学生引入佳境，使学生获得美感，受到濡染。如《明湖居听书》一文，讲完侧面描写，转入正面描写的研习时，教师说：“作者以三分之二的文字对人物进行侧面描写，铺垫可谓厚实，渲染可谓浓烈。然而我们知道，渲染愈浓烈，正面描写便愈难，我们不禁为刘鹗捏把汗。然而刘鹗，被鲁迅誉为‘叙景状物，时有可观’的刘鹗，却是不慌不忙地差白妞姑娘在观众的急切企盼之中踏着这厚厚的铺垫姗姗而来。出场后，又让她‘半低着头’，这真是‘千呼万唤始出来，犹抱琵琶半遮面’。就在这半低头之际，白妞做了两个极其精彩的动作。现在请同学们看课文，回答白妞做了哪两个精彩动作。”这样过渡，不知不觉地由侧面描写转入正面描写的讲读，学生从中既明确了上下文的关系，又受到艺术的熏陶，可谓一箭双雕。

6. 说明式

以说明性的语言交代不同内容或知识点的意义，使其间有一个逻辑顺序。如讲《景泰蓝的制作》，为引导学生借鉴本文写法，研讨以下几个问题：（1）注重顺序，有条不紊；（2）抓住特征，重点详写；（3）说明方法，综合使用。讲完第一个问题时，教师说：“注重了顺序，可以使读者获得清晰的印象，但要使读者准确认识某一事物，就必须‘抓住特征，重点详写’（边说边板书）。”讲完第二个问题时，教师又说：“注重了顺序，能使读者获得清晰的印象；抓住特征，能使读者准确认识某一事物。但是要给读者留下深刻的印象，还必须‘说明方法，综合使用’（边说边板书）。”这样过渡，使各个知识点之间层层递进，富于逻辑性，很有吸引力。

7. 评述式

对一篇文章或文中的人物、事件作出评价，激发学生的求知欲望和学习热情。如讲《阿房宫赋》，解题完毕，导入正文研习时，衔接处的语言是：“前人说，‘古来之赋，此为第一’，现在我们就共同欣赏这篇天下第一赋。”这样过渡，引起学生的“有意注意”，提高了研讨的积极性。

8. 设问式

设计问题，启迪思维，引起阅读下文的强烈欲望。如讲《警察和赞美诗》，谈到苏比六次犯罪不得入牢时，教师说道：“假如我们是作者，行文至此，将会如何处理？（学生答后）大概会让苏比快快地走回麦迪生广场，从此文绝意尽。欧·亨利不愧为描写巨匠，幽默大师，他在此却是宕开一笔，使情节出现‘意料之外、情理之中’的高潮。这一高潮是怎样组合起来的？它在文中有什么作用？请同学们看下文，准备回答！”这样过渡，使学生饶有兴味，注意力集中，课堂气氛很好。

总之，过渡语是课堂教学环节的“筋节”。它不仅保证课堂教学的前后衔接，转换自如，结构上完整严谨，不留下生硬的跳跃，还起到内容上承上启下，思路上前后贯通，学法上忆旧探新，心理上迁移接续等作用。从一堂课的整体来看，它是教学内容与教学思路的优化组合。当然，“过渡语”的设计也绝非上述几种方式可以涵盖的，一定要因人因文因课型而异，这样才能起到它应有的作用。课堂过渡不仅是各个环节的“黏合剂”，也是教学内容的有机组成部分。它从属讲授内容，有时肩负着交代教学要求的任务，有时承担着说明知识点的责任，有时履行着表述各层关系的职责。它服务于不同的教学目的，表达方式应该灵活多变，使用的语言应当生动活泼。课堂过渡自然引入是教学艺术的表现。

（三）高潮的艺术

一堂课最忌平平淡淡，最好能掀起一两个高潮。所谓教学高潮，是指在教师的引导下，学生的思维或情绪处于高度兴奋的状态之中，求知欲得到最大满足的时刻。

语文课堂教学，教师与学生之间、学生与学生之间的信息交流、思想交流、情感交流，以及学生为完成学习任务而自身进行的各种思维活动，始终不断地进行着，可以说，它是一个动态的流程。

既是流动的，其前后的流势不可能处于同一水平面上：或层层推进，水到渠成；或山环水绕，突兀显现。如万里长江，初为涓涓细流，聚而成河，汇而成江，江河蜿蜒，直逼峡口，似夔门激流，波浪汹涌，雷霆万钧……创造性思维的浪花跳跃、奔腾、四溅……

那么，“高潮”是怎样一种境界呢？

1. 教学高潮的两种境界

一个偶然的机会，我读到作家丁宁《愧疚》一文，其中写了“父亲”的背影，当我再一次教朱自清《背影》“父亲”买橘子那一段时，我向学生读了《愧疚》中的一段文字：

> 那时，我爹在朝鲜手头拮据，为了把路费节省下来，给家多捎几个钱，已经三年不回家了。所以母亲谈及，格外伤心，母亲的眼泪，使我也想起爹的背影，并且在以后的多年，不断忆起那个背影：一个中等个儿，头戴褐色毡帽，身穿深灰色的粗布夹袍，上罩着线呢马褂，肩上背着一个土色帆布旧钱褡子，出了家门，脚步匆匆……
>
> 自我四五岁的时候，爹每次离家，我都一路小跑，追在他的身后，一直

过了东河大桥，喊道：“爹！过年你可回来呀！”爹仍然头也不回，大声回答：“回！你赶快回家吧！”那背影，那土色的钱褡子，直到变得很小很小，然后看不见了，我才扭转头哭着回家。

爹的这个背影，长久不变，直到他接近六十岁的时候，我仍追着他过大桥，不过那时，那背影已不是那么挺直和硬朗，脚步也蹒跚起来了。唉，那是多么悲凉的背影！当我懂得一点人生以后，我常想，有谁能够把我爹的背影写出来啊！

此时此刻，课堂出奇的静：学生或悄然动容，或黯然伤心……是的，有时你用不着花太多时间作太多烦琐的讲述，只要动情地朗读一段文字，学生就已沉浸在一种人生况味的体验之中。他们沉思，感悟，回忆，联想，思维的潜流在内心激荡、奔涌。由此，我想到，有些人强调的“高潮”情绪体验的表象特征：激动不已、高兴万分、跃跃欲试、奋力向前……其实，万马奔腾，豁然开朗，固然是一种令人心驰神往的艺术境界；然万籁俱寂，心领神会的“静场”，也不失为一种艺术创造的极致。白居易写《琵琶行》，那琵琶女演奏的“银瓶乍破”，水浆奔迸，“铁骑突出”，刀枪轰鸣，固然是她心潮激荡起伏的高峰，然而，对于听众来说，那“东船西舫悄无言，唯见江心秋月白”的寂寥，才真正显示一曲虽终，而回肠荡气、惊心动魄的音乐魅力。

是的，“此时无声胜有声”的“静场”，也是教学高潮的一种境界，它是情的体验，境的融合。

“高潮”也有其另一种境界。

课堂里，教学气氛热烈亢奋，学生群体情绪生动活泼，参与意识浓郁活跃，注意力、思维力、想象力和创造力迅速进入一种积极状态。记得教鲁迅《拿来主义》一文，在明确文章的主体部分的比喻本体内容之后，我进行了如下设计：

我问：“鱼翅、鸦片、烟枪、烟灯、姨太太这些事物，同学们见过没有？”（学生回答：“没见过！”）

又问：“真的没见过吗？”（制造惊奇）

再问：“我觉得大家是见过的，想一想？”（略作停顿）告诉学生：“同学们看过时间背景是20世纪二三十年代的一些电影：那些达官显贵吃的是山珍海味，吃完后就吸鸦片，吸鸦片就要用烟枪，而旁边就站着一位姨太太！”（学生情绪高涨）这样，把抽象的概念组合成一幅形象生动的画面，学生看得见，摸得着，思路开阔，兴趣盎然。

“鲁迅先生如此善用比喻，同学们同样能用。下面我们共同创设一个比喻，说明我国改革开放，学习外国的东西有些选择‘拿来’，好吗?”（再次激发，学生跃跃欲试）

“假如把我们国家比成一间大教室，我们要开放学习，可用什么作比?”（“打开门、窗。”）

“打开门窗的目的是什么?”（“为了呼吸新鲜空气。”）

“进来的仅仅只有空气吗?”（“还有苍蝇、蚊子。”）

“怎么办呢？大家也学鲁迅先生，先说会有哪些错误做法?”（“有愤然关窗的。”）

“关窗的行为像鲁迅先生批判的什么?”（“孱头、昏蛋。”）

“还有错误的做法吗?”（“有不理睬的，像废物。”）

“那么正确的做法是什么?”（“安上纱窗、纱门，既让空气流通，又防止苍蝇、蚊子进来。”）

最后总结：“运用新颖、形象、通俗易懂的比喻说理，使人易于理解，易于接受。同学们如能运用到文章写作中，定会文采斐然，妙趣横生。”

此时，课堂气氛炽烈昂奋，创造性思维的火花撞击、迸发、跳跃、燃烧……应该指出，喧哗和热闹并不等于教学高潮，作为教学高潮的“常态”，它波澜壮阔，激动人心，但更重要的却是思维力的启动、想象力的翻涌和创造力的勃发。可以说，没有思维品质本质上的提高，就不可能说是高质量的教学。“高潮”作为诸多教学环节中最精彩诱人、最动人心魄的教学环链，其思维能级的要求更为苛刻、直接。它既生动活泼，又神思飞越，是情的激荡，是智的开掘，更是能的升腾。

2．如何把握教学高潮

我们知道，“高潮”所呈现的表象特征是不尽相同的。如何把握教学“高潮”呢?

高潮，讲究一个内容的选择。

一篇课文，内容本身有详略、主次之分。高潮的设置应该是在课文教学的主体部分，是难点、重点、思维点、兴奋点。一句话，是教学的目标、方向。明确方向，层层铺垫，因势利导，全力以赴，直逼高潮。《鸿门宴》一文，刀光剑影，惊心动魄，选取“樊哙闯帐”一节，借助语言音色，神态表现，动作模拟，讲出其“忠”“勇”“威”“壮”“智”，就能在课堂里掀起层层波澜。

高潮，还讲究一个时间的把握。

课堂何时设置高潮，开头处？中间处？结尾处？灵活掌握，合理调控，既要避免过早，又要排除太晚。《威尼斯》一文，景色秀丽，风光旖旎。第一课时，讲读释疑，课时尾声，推向高潮——在作者盛赞圣马克教堂建筑艺术的一段文字中，创设出一种具体生动、令人痴迷的情境，让学生可感可思、可闻可见，沉浸在无边的美的遐想之中。

高潮，更讲究一个方法的处理。

课文内容不同，教学要求相异，高潮的处理方法当然有所变化。既可从课文的悬念、情感、线索、对比、想象、人物、情景、写法、意义等角度启发并创设“高潮”，又要灵活运用角色塑造、情景再现、议论阐述、设问激疑、引入例证甚至思维延展等方法引导和推动“高潮”的出现。人常说“教无定法”，“高潮”的处理，何尝不是如此。

是的，一篇文章没有高潮，如同一个人没有眼睛；一堂语文课没有高潮，如同一个人缺少灵性。高潮是使课堂教学立体的关键，又是课堂教学一定发展阶段的自然显现。高潮处理是否得当，与整个课堂教学的成功与否息息相关。

（四）结尾的艺术

教学的开头十分重要，人们已达成共识，普遍比较重视和讲究。然而，与开讲相对应的每堂课的收束阶段却常常被一些教师所忽视。这显然是不对的。

俗话说：“编筐编篓，重在收口；描龙绘凤，重在点睛。”“收口”和“点睛”，便是结尾的神圣使命。教学的结尾与开讲一样至关重要，也是一种艺术和创造。一个结束往往标志着一个新的开始。一个完整的教学过程应该有课堂小结。课堂教学小结是教学过程不可缺少的组成部分，它对完成教学目标有重要的作用。一堂课的结尾就如一篇文章的结尾一样，有着卒章显志、画龙点睛、总结升华、诱发兴趣等诸多功效。因此，掌握和运用课堂结尾的艺术十分重要，也十分必要。优秀的教学结尾，是巩固课堂教学内容的最佳时机，是衔接新旧知识、贯通前后内容的纽带，是从课内到课外、由知识向能力过渡的金桥，是启迪思考、开发智力的良机，能收到余音绕梁、回味无穷之效。

语文教学结尾的艺术大致有以下几种形式：

1. 归纳式

即从讲述的个别事实出发，经过概括，求得一般结论。学生往往不善于对所学知识进行归纳，这样不利于知识的巩固。因此，一课讲完要引导学生回归到整体上，以理性的高度、以准确简练的语言把握课文的思想内容、作者的表现形式及语言风格等，一方面使学生明确知识重点，由分散的感性认识升华到条理的理性认识；另一方面培养学生的概括能力。这种课堂小结钩玄提要，容易在学生头脑中形成完整的知识结构。如教《荆轲刺秦王》，对荆轲这一人物的分析可以归纳为：他（荆轲）为燕子丹策划，劝说樊於期，易水壮别，特别是秦廷刺秦王，都充分表现了荆轲是一位英雄。他具有勇敢、沉着、反抗强暴的性格，向来为人们所称颂。

2. 迁移式

以练习作结，可以及时了解学生知识的掌握、消化情况，可以及时得到反馈信息，并采取补救措施，学生还可以享受成功的乐趣。

《看云识天气》一文很典型地运用了分类别的说明方法，为了强化运用，完成知识的迁移，我让学生给“人”“鞋”做分类练习，并要求他们先讲分类标准，然后进行分类。学生兴趣盎然，他们按性别、年龄、民族、国籍、肤色、职业等给“人”分类，按鞋的色彩、号码、质地、功能、款式等给“鞋”分类，从练习中体现了知识的迁移、能力的提高。

又如学习《论点和论据》的知识，在课尾设置选择论点和论据的练习，既是对本课目标达成情况的考查，又是对本课知识的理解、巩固和应用；既可以培养学生的技能，又可以活跃课堂气氛。

3. 延伸式

即课内知识向课外知识进行延伸，扩大知识面。

我在教《中国石拱桥》时，设计了想象未来的桥这个环节，而后作小结：“同学们的想象很丰富，未来的桥设计得很新颖。著名的桥梁专家茅以升不但给我们介绍了中国石拱桥，而且还给我们描绘了一幅桥梁远景图。现在把这篇文章发给大家，作为阅读材料，来增加知识，扩大视野。”发了材料之后，又作了总结：“同学们，想象是美好的，但想象的基础是现实，我们如何把现实、想象、理想联系起来？这之间也要架一座桥——知识桥。通过知识的桥梁达到理想的彼岸。”这个结语用桥梁远景图作启发，是课内知识向课外的延伸，同时又使学生潜移默化地受到思想教育。这样的结语余韵悠远绵长，使学生心旌摇荡，获得愉悦。

4. 激励式

在教学讲清道理的基础上，向学生提出某些要求，或发出某种号召，或进行表扬鼓励。

如《故乡》一课即将结束时，我说："同学们，鲁迅先生不愧是伟大的文学家，他用那支如椽大笔栩栩如生地刻画出闰土的形象，通过闰土的变化反映辛亥革命后十年间农村的景象；他更是伟大的思想家、革命家，在风雨如磐的暗夜里，他看到黎明的曙光，于无声处听到社会变革的惊雷，他的关于'路'的哲言睿语，鼓舞着我们在人生的道路上、在社会主义的建设中走出一条光明大道，激励着我们昂首向前！"听了这段结语，同学们的情绪高涨起来，收到了课有尽而意无穷、言虽止而情又发的良好效果。

又如，内蒙古通辽市十一中学刘亚军老师在执教《最后一次讲演》时，是这样结尾的：

师：要想把知识变成能力，需要进行实际练习。现在我们来练习讲演，由闻一多先生的《最后一次讲演》所想到的。给大家几分钟时间小组讨论一下，然后选代表上台讲演，注意场合和对象。

（三名学生轮番进行了讲演，略）

师：好，讲得真够劲。看来我的名字叫"亚军"就对了，因为冠军就在我们的学生中间！（大家鼓掌）

刘老师巧用自己的名字，含蓄而艺术地鼓励了学生的积极性，充分体现了她的教学机智，效果极佳。

5. 评述式

对一篇文章或文中的人物、事件作出评价，引起学生的共鸣和求知欲。

如教《孔乙己》，最后的结束语可以组织为：孔乙己就这样在人们的笑声中死去了，（板书）孔乙己静悄悄地死去了。他的死一点也没有惊动这个社会，他的死就像树上无声地落下一片叶子，就像荒野中死了一棵无名小草。他在笑声中出场，在笑声中度日，最后在笑声中死去。他活着的时候，封建社会的人们公开地侮辱他、损害他，用封建意识毒害他、麻醉他。他盲目地挣扎了一辈子，被别人践踏，也自己践踏自己。这个可悲的下层小知识分子啊，被吃得干干净净，他的人格、尊严、价值被剥夺得干干净净，成了封建教育制度下的一个牺牲品。

教师以饱满的感情，诗一般的语言，对全文作了总结性讲解，深化了意境，升华了主题，可以说昭示哲理，形象感人，动之以情，晓之以理，耐人寻味，意境深远，极易激起学生的共鸣。

6. 解谜式

有些新课既然在导入或教读的过程中，设置了悬念，以激发兴趣，启迪思维，那么，结尾就应揭开谜底。

如我导读《生命的支柱》一文时，以记者采访张海迪的一个故事导课，这个故事中有一句关键的话："你比我想象的还要美!"我问"还要美"的内涵是什么，学生答不出来。课尾，我再以此问让学生解释，学生便纷纷举手，面露"我知道了！我知道了!"的喜悦之色。在这种气氛中结束新课，会给学生以轻松愉快的心境，增强教学效果。

7. 悬念式

古典章回小说在每一回结尾总有"欲知后事如何，且听下回分解"之类的话，它的作用就是要引起人们读（或听）下去的欲望。语文课的结尾也可以如此处理，引导学生对本课知识作适当的延伸拓展，为学习后面的内容作铺垫。

如学习《故乡》一课，在学生明确了少年闰土热情、纯真、聪明、能干的小英雄形象，以及与少年的"我"之间的朋友关系后，启发学生："中年闰土又是一个怎样的形象？他和'我'之间的关系有什么变化？下节课学习。"这样结尾，对下节课的内容作了预告，引起学生对"下节课"的向往，为继续学习作了心理准备。

8. 讨论式

苏联的有关研究表明：下课之前的7—10分钟，学生的注意力逐渐趋于衰退。开展适当的活动调节大脑、减少疲劳，同时强化知识的理解和技能的巩固，可谓一箭双雕。

如学习《故乡》一课，这样处理结尾：同学们，人与人本是平等友好的，但在封建社会里，及至成年便隔膜起来。"我"与闰土这个恶性循环已无法挽回了。水生和宏儿还保持着纯洁的感情：两心相通，两小无猜。但他们的将来会怎样呢？请同学们想象讨论，课堂气氛顿时热烈起来。

9. 抒情式

讲述感人的故事、人物、情节之后，运用充满激情的语言对其精神加以引申性的小结。如教学《祝福》，结语可以这样：在旧中国广大农村里，不只是这一个祥林嫂啊！无数的妇女，都是在那种黑暗可怕的封建社会生活过来的，都和祥林嫂一样被束缚被压迫啊！她们在"吃人"的社会里永远痛苦地呻吟着，这难道不是封建社会给贫苦劳动妇女造成的命运吗？现在苦难的祥林嫂的时代永远过去了，今天我们生活在自由幸福的时代，劳动妇女掌握了自己的命运，做了生活的主人，我们怎能不热爱今天的社会！

10. 理序式

将课文结构、众多的事例，按其规律、逻辑关系整理组编，形成有序的有机整体。

如分析中学课本曾经收录的《别了，司徒雷登》的文章结构：这篇文章共分五段。第一段，说明白皮书的发表和司徒雷登的滚蛋，表明美国侵略政策的彻底失败。第二段，揭露美国侵略计划及其侵略行为。第三段，揭穿美国侵略政策的实质和它采取各种政策的原因。第四段，教育“民主个人主义者”要澄清恐美、崇美、亲美的思想，号召他们向有骨气、不怕困难的民族英雄学习。第五段，勾画司徒雷登迟迟不走的用心和狼狈而去的丑态；指出必须利用反面教材教育那些存有糊涂思想的人，使他们站在人民这一方。

11. 结合式

即读写结合，在对讲读课进行小结时，结合学生作文中反映出来的问题，提出学生应从课文中学习的知识与技能。同样，作文小结课也应结合讲读课的内容，这有助于学生读写能力的提高。

比如讲读《警察和赞美诗》一文，在引导学生理解“欧·亨利手法”时，教师说：“欧·亨利手法幽默、含蓄，脍炙人口，值得学习。但是怎样才能把它学到手呢？我从文中悟出一个诀窍，即作者在精心构思时，使情节中的每一个事件都具有截然相反的两种结局。在展开情节时，他竭尽全力故意把读者的注意力引导到正面结局上，而将事件的另一种结局的可能性隐藏起来，待到结尾，突然出现，于是产生了一种特殊的艺术效果，给人以隽永的意味。比如苏比的六次犯罪，每次都使读者感到被捕的可能性，但结果却是‘不’。通过六个‘不’，读者形成一个印象，即苏比不会被捕，何况他已经决心改邪归正，但结局却不是‘不’，于是辛辣地嘲讽了资本主义社会的法律。我们的习作经常是一开头，读者便能预知结尾。我们应当有所改变，构思时也可以为自己笔下的事件设计两种结局，展开描述后有意地把读者的注意力引导到正面结局上，将所要表现的反面结局隐藏起来，待到结尾，使它爆炸，这样我们都会成为欧·亨利。现在咱们开始练笔，试以欧·亨利手法写人叙事。”

这样教学，读中有写，边读边写，读写结合，既符合阅读心理，引起学生“无意注意”，有利于培养理解能力，又有效地提高了写作能力。

12. 概括式

把讲授的各个问题的共同点归结在一起，形成新的概念。

如对《鱼我所欲也》一文中第二、三段的讲解：根据以上分析可以看出，文章先用日常生活作比喻，说明要以义为重。后用事实厚禄作比喻，说明不义的可耻。通过这两层论述，最后作出结论：不舍生取义，“此之谓失其本心”。

13. 承启式

顾名思义，就是承上启下。一节课或一篇课文的教学小结，可以点出下一节课或下一篇课文内容。也可以从单元教学的要求出发，就篇章和语言特色与同一单元或其他单元已学过的课文进行比较。这样的教学小结，有助于教学内容的衔接，有助于学生阅读能力的提高，也有助于提高单元教学的整体效果。

14. 回忆式

用于说明文、记叙文、议论文的篇章结构及语言特色分析课。这种教学小结，重复教学的思路，可以加深学生对教材的理解与记忆，对学生阅读能力及写作技能的提高起到促进作用。

语文教学结尾的艺术功能大致有以下五点：

一是综合、概括。即把所授知识经过整理归纳、提炼概括，形成新概念。这样会有利于学生理解、沟通，达到举一反三，实现知识迁移。

二是条理、系统。语文教学不像数理化学科教学内容那样集中，它需要教学后的及时整理。一节语文课，阅读分析既要涉及文章的结构特点，又要涉及语言特色，学生的理解存在于阅读分析的过程中，还来不及形成一种系统的、明晰的认识。需要通过小结，使学生头脑中形成系统的认识。“记事者必提其要，纂言者必钩其玄。”（韩愈）按其知识内在规律，有机组合排列，形成明晰的条理，也便于学生记忆。

三是巩固、强化。语文教学要讲求效率，而“及时回忆”是提高教学效率的重要措施。依据教育心理学家的研究，课堂及时回忆要比六小时以后回忆，效率高出四倍。知识的再次重复、深化，会加深记忆。

四是提纲、挈领。语文教学小结便于学生把握教学重点，使学生从复杂的教学内容中简化储存的信息。

五是激趣、开智。有激情的小结会使学生在感情上得到启迪、诱发，领会到新感觉、新情趣。课堂小结的主要思维形式是归纳概括，所以，课堂教学小结有利于学生抽象思维能力的培养与提高。

综上所述，语文课堂教学小结，应该从语文教学的任务、目的出发，内容要实，方法要活，不拘一格，可以朗读作结，可以点睛作结，可以开拓作结，可以归纳作结，可以引申作结，可以抒情作结，可以讨论作结，可以悬念作结，可以解谜作结，可以评述作结，可以鼓励作结，可以迁移作结，等等。这些结语有的如撞钟，清音有余；有的如截奔马，戛然而止；有的含蓄委婉，余韵无穷；有的热情奔放，激烈感人，仿佛给学生注入了兴奋剂，使其学习兴趣有增无减。教学结尾的艺术，就像交给学生一条绳子，把零散的、孤立的知识串联起来，形成网络，使之结构化，以纳入学生的认知体系，搞好信息编制。教学结尾的艺术，对提高课堂教学效率的作用，举足轻重，不可低估，不容忽视。

四、“四环节”语文教学艺术课型的教学方法

将语文教学过程艺术化的方法和手段很多，但是，无论运用哪种方法和手段，都必须能够激发学生的学习兴趣，让学生扎实地掌握知识，培养多种能力。教学是一种综合性极强的艺术，我们应该分门别类地、认真地、具体地研究各门艺术与教学艺术的内在的、必然的联系，研究各门艺术在教学艺术系统中的特殊功用，创造性地综合利用其他各门艺术，创设出富有感染力的教学情境。

（一）绘画法

所谓绘画法，是指把绘画引进语文教学中，让学生在读过课文后，通过自己对课文的深入理解，把课文内容用绘画形象地表现出来，进而培养学生的多种能力。实践证明，这种教学手段充分调动了学生的学习积极性，培养了学生的多种能力，使他们在短时间内获益匪浅。

我在教学《背影》时，就将绘画应用到课堂教学中，促进学生真正理解课文的思想，理解作者朴实的、饱含深情的语言。在讲课前一周，就要求学生先预习课文，看看文中共出现了几次背影，哪次是最主要的。学生经过细心阅读，一致同意第二次背影是全文的重点，因为这次背影刻画得最详细，动词使用得最恰当，而且饱含着深情，表明父亲对儿子真挚的爱。这是全文精华所在。学生如果真正理解了这次背影，也就理解了作者的意图，领会了文章的中心。我们要求学生把第二次背影画出来，学生都很认真。首先学生要弄清 20 世纪 20 年代人们服饰的特点——黑布小帽、大马褂、棉袍等。学生积极查阅资料，留心电视节目，这不仅使学生学到了文化知识，而且还培养了他们细心观察事物的能力。而父亲

爬月台那几个动词如何在绘画中表现出来呢？有些学生为了画好，竟互相当起模特，认真观察，细致构思，都尽了最大的努力。学生在模仿父亲的动作时深深地体会出父爱的伟大，在绘画过程中也加深了对课文内容的理解。下面是几位同学的周记。一位同学写道："画课文太不容易了。我的这幅画受到了老师的表扬，可老师哪知道我已是四易其稿。通过绘画，我深深地体会到伟大的父母之爱，真是可怜天下父母心啊！"又一位同学写道："父亲亲自去为儿子买橘子，不顾年纪大，腿脚笨，这使我想起了我的父亲。我的父亲更伟大，对我的照顾无微不至，可我昨天还跟他顶了嘴，想起来我太后悔了。我这样做真不应该啊！"还有一位同学写道："通过学习《背影》，我被那位父亲深深感动了，同时我觉得社会的发展太快了。我们距那个年代已有许多年了，我们现在的交通多么便利。从铁路上来说，现在站台间都有地下通道，还有电梯，过铁道再也不用攀上爬下，沾泥带土。我觉得肩上的担子很重，我必须努力学习，才能跟上时代的步伐，才能报答父母的养育之恩。"

从这几篇周记可以看出，绘画不仅使学生加深了对课文的理解，同时也受到了思想教育，这也正体现了思想教育和语文教育相统一的原则。

（二）音乐法

所谓音乐法，是指将音乐引进语文教学之中，强化学生的记忆力，强化学生对课文内容的理解和意境的体会，培养学生丰富的想象力。

1．"音乐是一种特殊的语言"。

罗马尼亚音乐家文涅斯库说："音乐是一种特殊的语言。"能否用音乐这种特殊的"语言"，来帮助学生理解课文和体会文学作品的意境呢？我在上鲁彦的抒情散文《听潮》时，作了一些尝试。作者在《听潮》里，把表现大海的美景，落实在一个"听"字上。根据这个特点，我就用相应的音乐手段，调动学生的听觉器官，使听觉（音乐）和视觉同时发生作用，以达到对课文的理解、意境的体会之目的。为此，根据作者创作这部"伟大乐章"的精巧构思，整理出这样五个乐段：前奏—梦幻—奏鸣—狂想—回旋。然后精选出理查德《海边的阿狄丽娜》、舒曼的《梦幻》、贝多芬的《热情奏鸣曲》、圣桑的《回旋曲》、中国钢琴协奏曲《黄河》五个乐段，录制好后配合课文讲解，穿插播放，结果收到了意想不到的效果。

一位同学在周记里写道："我学习了《听潮》一课以后，海潮那动人的音乐声经常在我耳边萦绕。随着那动人的音乐声，我也真想去普陀山领略一下大海的美景啊!”

另一位同学在读后感中写道：“上完《听潮》这堂课，我得到这样的启示：生活也是大海，有时温柔静谧，有时汹涌澎湃。难道我们不应该以积极的态度、进取的精神去迎接战斗的生活，去投入火热的生活吗?”

由此可见，音乐这特殊的语言，在强化学生对课文的理解和意境的体会方面，有着不可忽视的作用。

2. 音乐是想象的翅膀。

音乐还能培养学生丰富的想象力。因为音乐它不像图画是可见的造型艺术，也不像电影、戏剧那样是可听可见的综合艺术，而是由声音运动作用于人的听觉引起联想，从而获得一个仿佛可以感觉到的形象。这种由感觉产生的形象——“视象性”，正是由人们的想象而产生的。根据这个特点，我试将音乐运用于作文教学，以培养学生的想象力。一次，我为学生放两段音乐《在钟表店里》《动物狂欢节》，要求学生根据音乐形象，写一篇想象作文。写什么形式、表达什么内容不作具体规定，只要能合乎情理，自圆其说就行。结果怎样？下面举几个作文片段。

李戟同学写一个场面：“听着‘滴答滴答’的音乐声，我们似乎看到这样一个场面：古老的钟表店里，装饰典雅，琳琅满目。这里有漂亮的大摆钟，也有玲珑的小挂钟，它们都上足了发条，‘滴答滴答’地歌唱着。老板摆着大座钟以招徕顾客，店员们在愉快地工作……紧张而繁忙的一天开始了。”

写《动物狂欢节》的同学更多，如小王同学根据五种动物不同的音乐形象，充分展开想象，巧妙地构思出：(1) 狮王进行曲。(2) 公鸡母鸡奏鸣曲。(3) 大象圆舞曲。(4) 金鱼回旋曲。(5) 百灵鸟合唱。这样五段，写成一篇，既分段可独立，又合段可成一篇抒情散文，真是情趣盎然，耐人寻味!

请读第一段《狮王进行曲》：“……只听得一阵威严的吼声，森林中所有的动物肃然起敬。原来森林之王狮子驾到。只见所有动物迅速而又整齐地排成两列队伍，在雄壮的进行曲中，威风凛凛的狮王从中通过。威震四方的脚步声，不可一世的咆哮声，拉开了动物狂欢节的序幕……”

还有不少同学将《在钟表店里》《动物狂欢节》写成幻想故事、童话寓言、森林音乐会等各种类型的文章，给人耳目一新之感。当然，不能说同学们所写的文章都很完美，但从用音乐的手段来调动学生的想象力，以加强学生多角度思维、求异思维这点看，无疑是对传统的命题作文的突破。九年级（1）班小黄同学在作文的后记里写道："八年级课本里有一幅森林动物园图画，当时也要写想象作文，可我看着图，半天写不出一个字来。这次听音乐写作文，我边听边想，脑子里闪出各种动物的形象，不到半小时，我就完成了《森林音乐会》这篇文章。"小黄同学的体会恐怕代表了大多数同学的想法。

3. 音乐是记忆的魔棍。

教育心理学家桑戴克认为，人的学习能力分为记忆和理解两大部分。柏拉图也曾下过这样一个定义："学习就是回忆。"可见，强化记忆是巩固学习成果，提高学习能力的一个重要环节。利用音乐，同样能起到强化记忆的目的。学生喜欢音乐，而音乐又能创设一定的场景和氛围，引起学生的注意力，激发他们的学习兴趣，这样就将刺激与反应形成联结（即桑戴克的 S—R 理论），从而提高和巩固学生记忆的强度。

在教学《沁园春·雪》一课时，我对（3）班与（1）班用两种不同的方法进行教学。（3）班按传统的方法，主要靠讲解和板书；而（1）班除了讲解分析外，还播放了《沁园春·雪》的歌曲，这样同学们的学习兴趣很高，并能在很短的时间内诵唱这首歌。课后，同样要求背诵这首词，两周后，突击抽查（无准备情况下），书面默写。结果分析表明，运用音乐配以教学的班级比用传统方法教学的班级效果好，学生以唱代背印象深刻，记忆性强。（1）班有好几个同学说，当我默写不下去的时候，《沁园春·雪》的曲调回旋在我的脑际，曲调哼得出，歌词也就忘不了。

音乐对语文教学确实起着不可低估的作用。"音乐包含了比词语大一百倍的力量。"（卢梭语）"让音乐使人类的精神爆发出火花！"（贝多芬语）

（三）包袱法

所谓"包袱法"，就是运用相声的艺术手段甩"包袱"。众所周知，相声是语言的艺术，它以其幽默诙谐的语言，打动听众，吸引听众。而诙谐幽默的语言是通过甩出一系列的"包袱"来体现的。"包袱"是相声塑造人物、推动情节、表现思想内容的重要手段，被相声艺术家视为命根子。我们认为教学和相声有相通之处，它也是语言的艺术，同样也可以设计"语言包袱"来调动学生的积极性，吸引学生，完成教学目的，提高教学效果。

1. "包袱"要点石成金。

语言包袱的设计必须和内容紧密相关，是教学内容有机的整体，在教学中能起到深化教学内容的作用。如《木兰诗》一课中，学生对"东市买鞍马，西市买鞍鞯，南市买辔头，北市买长鞭”理解不到位，只停留在注解中“西魏时府兵制规定从军者要自备从军所需的物品”的表象理解上，为此我向学生发问：“木兰是怎样参军的?”经引导，学生答出“自费参军”。学生对“自费”一词很敏感，不禁都笑了。进而又问：“通过木兰‘自费参军’表现了木兰的什么精神?”“爱国主义精神”，学生都说了出来。“自费参军”揭示了木兰形象的精神支点，也是学生把握这个人物的落脚点。一个普通的姑娘，女扮男装，十年军旅生涯，万里征杀，浴血奋战，逐步成长为巾帼英雄，本身带有浪漫色彩，但仔细想来，她又是根植于中华民族的沃土之中，是中华民族精神的体现，她又是现实的。《乐府诗歌·上山采蘼芜》是选修课，我要求学生用一句话来概括弃妇的品德及为人。学生七嘴八舌，一位学生用了一句大家熟悉的歌词“只要你过得比我好”来概括。同学们笑过之后，一阵掌声，说明学生对弃妇品德及为人的理解到位了。“弃妇”被休后见到故夫无怨无悔，有的是“长跪问故夫”，只关心故夫过得可好。这样一位心灵手巧、勤劳善良的媳妇哪里去寻，竟被当时社会不容、家庭不容。由此，学生从弃妇的形象中一方面了解了我们中华民族劳动妇女的传统美德，另一方面，也对汉代男尊女卑、妇女受压迫、被歧视以及宗教礼法等封建社会的本质有了更深刻的认识，也就达到了教学目的。

2. “包袱”是心理调节剂。

“包袱”在课堂教学中，可起到调节学生心理情绪及思维状态的作用。教育心理学认为，课堂学习时师生同处在紧张注意、积极思维和高度记忆的活动中，很容易疲劳。而学习疲劳的产生，直接与大脑皮层的抑制有关。长时间的学习，会使脑皮层细胞产生强烈的兴奋性，而兴奋的过程即能量消耗的过程。能量消耗，兴奋度降低，进而转入抑制状态，此时应及时地调整心理及思维状态。心理学研究表明，笑能解除大脑皮层细胞的抑制状态，并使之产生强烈的兴奋性。经过精心设计的“包袱”主要是以笑的方式，达到调节学生心理情绪及思维状态的目的，使学生重新处于学习的最佳状态。如学习《陌上桑》最后“夸夫”，经过前段几十分钟的学习，学生有些倦意，于是我选取了《徐九经升官记》中的一句话，既是上段过渡，又是开启下段的钥匙，“外官（地方官）怕内官（中央官），小官怕大官，大官又怕管官的官”。学生跟着边说边笑，其乐融融。这句话一方面起到了调节学生情绪、心理、思维状态，使之重新进入学习状态的作用，另一方面也揭示了封建社会官场中的心理病态，而罗敷正是抓住了封建官僚共有的心理病态，以“夸夫”的方式来彻底击败“使君”。这样，学生再理解

“夸夫”就有了依据，有了基础。

3. “包袱”又是“润滑剂”。

在教学过程中，经常会遇到一些准备不到的情况，如在学生面前讲错话、做错事等。如何应付这种情况呢？我们以为，及时地甩个“语言包袱”解窘是可取的一种方式。一次，有位教师讲完课让学生做作业，他则不由自主地掏出烟吸着。一位女生半开玩笑地说：“老师，您说吸烟不好，可您为什么在课堂上还吸呢?”一句话问得那个老师哑口无言。学生的目光一下子集中过来，一时间窘得厉害，老师灵机一动甩了“包袱”：“是啊，我深受其害，简直成了烟鬼。烟鬼你们是不喜欢的。”接着他掐灭了烟头，坚定地说：“从今以后与烟鬼分家，请你们监督，也希望你们不要与烟鬼交朋友。”学生们热烈鼓掌。几句话摆脱了窘态，而且还对学生进行了教育，融洽了师生关系。

“语言包袱”的设计并非易事，首要的也是最重要的，是要和教学内容紧密相连，以课堂教学内容为依托，适时适量地融于教学中。它不能游离于教学内容，不是“噱头”，也不是教师为了追求某种课堂氛围而平添的一种“笑料”，更不是低级趣味的“调侃”。它是一种高层次的语言精华的提炼，是一种高档次课堂氛围的营造，是教学中必不可少的调味品，是一名教师学识、风度、教学经验的集中体现，是教学语言中的“杀手锏”。

（四）幽默法

“幽默”是一个属于美学范畴的概念。这一概念的内涵和外延，长期以来，众说纷纭，莫衷一是。总的来说，有广义和狭义两种理解。广义的幽默是喜剧艺术（或称“笑的艺术”）的一种总称，它包括一切使人发笑的文字及其他艺术形式（如绘画、音乐等）在内，讽刺、滑稽、戏谑、闹剧、打诨等都是“广义的幽默”大家族中的成员。狭义的幽默仅仅是喜剧艺术中的一个分支，是“笑”所包含的众多艺术形式中比较含蓄、深沉的一种。它往往运用借喻、双关、反语等暗示的手法，机智、含蓄、轻松的语言，借助联想，营造一种充满情趣、引人发笑而又耐人寻味的艺术情境，来肯定美善、真理和智慧，否定丑恶、谬误和愚蠢。能构造成一种情趣色彩浓厚、令人回味无穷的艺术情境，是幽默最重要的特点之一。

幽默运用于教学中，有其特殊的功能和效用。

心理学研究证明，记忆分无意识记忆和有意识记忆。通过生动活泼、富有趣味的材料，学生在不知不觉中记忆，这种记忆叫作无意识记忆。这种无意识记忆是终生难忘的。《美国中学生的讲授法》里说："一些例证说明，幽默并不能影响直接认识的获得，甚至在几个星期之后，学生从讲授时所运用的幽默中却无意识地记住了更多的概念。"这便很好地替幽默能够增强学生的无意识记忆做了注解。

幽默能够启迪人们思考，激发联想，发展学生的智力。正如我国漫画家方成所说，幽默使人在笑声中同时引起联想和推断，领悟其中的含义。杂文家徐懋庸也说："非但可笑，并且令人深思，这是一种上品的幽默。"

教师健康的幽默能够创造出教学的幽默情趣，调节课堂气氛，促进师生之间感情与智慧的交流。从心理学的角度来说，严肃使人紧张，幽默令人愉快，愉快的笑会带来松弛。紧张与松弛有机交替，使学生的神经调节合理，心态能较长时间保持正常，从而有利于发挥脑的潜力，使思维活跃，思路开阔，大大提高学生的接受能力和理解能力。

为了使语文教学富于幽默感，我曾在教学实践中做过一些尝试。

1. 着意发掘教材中的幽默素材。

语文教材中包含着丰富的幽默素材，对它们着意发掘，便可增强语文教学的幽默感。

《威尼斯商人》里关于夏洛克逼索一磅肉的情节，充满了幽默情趣，是整出喜剧矛盾冲突的支柱。我便引导学生具体分析这一幽默情节，发掘其中的深刻意义。同学们经过讨论找到了答案：夏洛克逼索一磅肉的情节，不仅表现了鲍西亚的机智和安东尼奥的善良，而且辛辣地讽刺了夏洛克的贪婪。

同学们看了安徒生的童话《皇帝的新装》之后，颇感滑稽又忍俊不禁。我则因势利导，启发学生：在这篇童话里，从皇帝到官员的一系列可笑行为，尤其是皇帝赤身裸体在大街上游行示众的丑事，乍一看，似乎令人难以置信，只能是作者奇特的想象和艺术的夸张而已。然而，人们读了之后，谁也不会怀疑它的真实性，原因何在？皇帝为什么会受骗出丑？这个故事究竟可笑在哪里？这一连串的问题激起了学生思维的涟漪。同学们积极思考。有个学生说：课文具体描述的是看不见的实际上根本不存在的"美丽的新装"，而深刻发掘的是看得见的皇帝及其大小官吏的丑恶灵魂，所以并不失真。另一位同学补充道：漫画家凭借自己刻画人物表情和性格的敏锐能力，抓住描绘对象的气质特征或表情动作，经过提炼，以夸张变形的艺术处理，达到生动有趣、神态逼真、耐人寻味的艺术效果，甚至可以做到比真实的更真实的艺术境界，给人留下特别深刻的印象。《皇帝的新装》正是运用想象和夸张的手法，揭露和讽刺了以皇帝为代表的统治阶级的虚伪和愚蠢。皇帝之所以会受骗出丑，主要原因在于他的极端昏庸无能和穷奢极欲。这也正是这个故事十分可笑的原因之所在。

我教《小二黑结婚》，为了激发学生的自读兴趣，开堂就对学生说：赵树理在小说里采用白描的手法，给三仙姑画了一幅十分滑稽而又可笑的漫画肖像。请同学们速读全文，看谁最先找出这张漫画像。一个同学很快便找了出来：三仙姑恶习难改，直到四十五岁，“小鞋上仍要绣花，裤腿上仍要镶边，顶门上的头发脱光了，用黑手帕盖起来，只可惜官粉涂不平脸上的皱纹，看起来好像驴粪蛋上下了霜”。我又问学生：这幅漫画肖像收到了过目不忘的艺术效果，原因何在？有位学生回答得较准确：其一，因为赵树理运用了比喻，语言格外形象生动；其二，赵树理不仅刻画了三仙姑的外表，更重要的是通过表象反映了实质。通过刻画三仙姑可恶的神态，反映了三仙姑令人作呕的思想性格，达到了形神兼备的艺术境界。

2. 利用幽默化的教学语言。

（1）口语

我给学生讲解成语“胸有成竹”时，先据字面意思，顾名思义，有意错误地解释为：“胸有成竹是肚子里面有根竹棍的意思。”同学们哗然。我便提醒学生，解释这类词语必须追根溯源。宋代画家文与可画竹闻名于世，后来，晁补之的诗中说：“与可画竹时，胸中有成竹。”这便是成语“胸有成竹”的出处。现在“胸有成竹”比喻做事之前已经有通盘的考虑。这种“有意错误”的幽默，加强了学生对“胸有成竹”这一成语的理解和记忆。

《硕鼠》里用“硕鼠”来比喻贪婪成性的统治者：“硕鼠硕鼠，无食我黍！三岁贯女，莫我肯顾。”只需将这段诗文译成现代汉语，其幽默便跃然纸上。我先请一位学生对这两句诗进行了直译，然后便进行意译：“大老鼠你太猖狂，吃我粮食丧天良，含辛茹苦将你养，你却把我扔一旁。”这种富有民谣特色的意译，不仅不失诗味，而且收到了强烈的、幽默的艺术效果，深化了学生对诗意的理解。

（2）体态语

在每一堂课的开端，如能结合教学内容或教学中心，给学生一个幽默小品，将会产生动人的诱惑力，使学生的思维、情趣与老师的教学意图高度统一，使整个课堂气氛富有和谐的美感，从而取得良好的教学效果。我讲《守财奴》，一跨进教室门就两眼死死盯着讲桌上那个粉笔盒，两臂微举，身子一纵，扑向前去，一把将粉笔盒抓住，说："我抢到了一个金子的梳妆匣。"接着，便一本正经地让学生将课文翻到《守财奴》。从此，葛朗台抢梳妆匣的形象便深深地印在了学生的脑海里。这种出乎学生意料之外，又入乎教材情境之中的教法，用在教学的开端，显出了其特有的"磁性"，一下子就抓住了学生的注意力。又如我讲修辞"夸张"，并没有局限在干巴巴的概念的解释上，而是给学生举了一个京剧《武松打虎》里的情节。武松酒量如海，戏剧家并没有停留在正面描写武松如何能喝酒上，而是这样设计了演员的动作：武松一边喝酒，酒家一边在武松下巴底下仰首用嘴喝武松从嘴角漏出来的酒滴，酒家竟然酩酊大醉了。我一边说着，一边给学生模仿演员的动作神态，格外幽默生动。

有时，教师的体态语也是一种表演艺术，因为教师动了真情，陶醉于教学内容之中了。我的一个同事，在回忆他的老师执教《报任少卿书》时，说道："他用的是讲述法，当讲到'人固有一死……最下腐刑极矣''是以肠一日而九回……每念斯耻，汗未尝不发背沾衣也'时，他两颊挂着眼泪，读讲评析，怒发冲冠，十分悲愤。同学们有如身临其境，看到讲台上的老师已不是平日的老师，仿佛是司马迁站在学生面前进行血泪控诉。如今我的老同学都已年近花甲了，相见时忆及当年听课的情状，又情不自禁地背诵起《报任少卿书》来。"必须明晓，不动真情、不在陶冶学生情感上下功夫，想让学生真正学通课文，几乎是不可能的。

3. 适当补充一些与教学内容有联系的具有幽默效果的内容。

教师讲课围绕教学内容，紧扣教学中心，补充一些资料以充实教学内容是必要的。在补充的资料中，注意选取有喜剧色彩的材料以增强教学的幽默感，提高教学效果。当然，如果单纯用与教学无关的材料，用外在的或强行的方式去开玩笑，那便是为幽默而幽默了。这种幽默就成为低级趣味，失去了应有的意义，甚至会带来副作用，必须坚决摒弃。

我讲《捕蛇者说》，讲至最后一句"故为之说，以俟夫观人风者得焉"。我让学生看课文下面对"人风"的注释："人风"，应作"民风"，唐朝为避唐太宗李世民的讳，"民"字改用"人"字。为了加深学生对"避讳"的理解，我便着意插叙了一个笑话。我国古时对于地位或辈分比自己高的人，依礼不得直呼其名，连名字里的每一个字都不能念出口，谓之"避讳"。五代时有个大官名叫冯道。《籍川笑林》曾记载，冯道的门客讲老子《道德经》开卷第一句是："道可道，非常道。”门客因讳冯道之名，不敢读出“道”字来，只得念：“不敢说，可不敢说，非常不敢说。”这一个笑话的使用，不仅使学生加深了对“避讳”这一知识的理解和记忆，而且对课堂气氛的活跃或调节起到了重要的作用。

《鲁迅的精神》一文谈到鲁迅的“反虚伪的精神”。为了加深学生对鲁迅先生反虚伪精神的认识，我便增加了教学内容，给学生讲了鲁迅的政治讽刺诗《南京民谣》：“大家去谒灵，强盗装正经。静默十分钟，各自想拳经。”短短四句，深刻揭露了国民党反动派上层统治阶级之间貌合神离、钩心斗角和互相倾轧。

逻辑学是枯燥的，学生学习兴趣不浓，利用幽默则能吸引学生的注意力。《伊索寓言》中有一则《狗与海螺》的寓言：“有一条狗习惯吃鸡蛋，看见一个海螺，以为这是鸡蛋，张大了嘴，一大口就把它吞下去了。后来觉得肚里沉重，很是苦痛，说道：‘我真是活该，相信一切圆的都是鸡蛋。’”我给学生读完这则寓言后，提问道：这条狗为什么吃了苦头？请同学们从逻辑的角度来解释。大家都积极思考。一个同学回答得比较好：这个寓言中的狗从“一切鸡蛋都是圆的”这个正确前提出发，而得出了“一切圆的都是鸡蛋”的错误结论。本来，在“一切鸡蛋都是圆的”这一判断中，“圆的”这个概念是不周延的，进行换位，只能换成“有些圆的（都）是鸡蛋”。可是，这条馋嘴的狗却把它换成“一切圆的都是鸡蛋”，结果吃了苦头。

4．利用各种修辞手法。

我给学生讲“古代汉语与现代汉语比较语法”时，开堂说道：“现代汉语是从古代汉语发展、演变而来的，它们之间有着历史的渊源关系，经常‘暗送秋波’。”成语“暗送秋波”将干巴巴的语言文字拟人化，收到了强烈的教学艺术效果。

鲁迅的杂文《“丧家的”“资本家的乏走狗”》里谈到梁实秋之流制造种种谣言，诬蔑鲁迅及其他的革命文艺战士，妄图借反革命暴力镇压无产阶级革命文艺运动，反被鲁迅一针见血地揭露了他们的阴谋，彻底撕破他们的画皮。讲到此处，我便说：“‘狗’想吃肉不成，反倒丢了铁索。”这句俏皮、幽默的话深刻讽刺了梁实秋之流的狼狈丑态。

幽默往往三言两语，既妙趣横生，又鞭辟入里，往往使人拍案叫绝，忍俊不禁。而当人们收敛住笑时，掩卷沉思，又会领悟到其中蕴含着的智慧和哲理。教师健康的幽默，能够激发学生的学习兴趣，使学生感到语文学习有无可比拟的巨大吸引力。因此，我们绝不能忽视幽默在教学中的特殊功用。愿每一位教师都能够提升自己的幽默修养，乃至于使自己成为一位幽默的教育艺术家。

（五）蒙太奇

人民教育出版社新版初中语文教材里增设了一项重要课程——名著导读。我们所说的名著导读是指课前导读。一本名著，少说也有十几万字，多则也有几十万字，面对鸿篇巨制，在学生阅读前上一堂“名著导读”课，怎么上？这实际给老师提出了一个难题：如何在一堂课40分钟内教学一本书？这是一个崭新的课题。深圳市龙岗区教育局早在两年前就深入研究此课题，终于发现一个规律：“蒙太奇”是名著导读教学设计的基本方法。蒙太奇是电影艺术的一个术语。简而言之，蒙太奇就是把剪辑的镜头组接起来的手段。名著导读教学设计运用蒙太奇手法十分有效。

1.“剪辑镜头”与“选择教材”。

电影的蒙太奇就是把“剪辑的镜头”组接起来，那名著导读教学的蒙太奇就是把“选择的教材”（文段）组接起来，这里关键就是选材了。在几十万字的名著里选择40分钟的教学素材，相当于沙里淘金。选材的过程，就是熟悉名著、吃透名著、发掘名著的复杂繁重的备课过程，是对名著再提炼、再重组、再创作的过程。

蒙太奇的意义是，当不同的镜头组接在一起时，往往会产生各个镜头单独存在时所不具有的含义。蒙太奇的组接原则是遵循生活逻辑，推理顺序，作者的观点倾向及其美学原理；我导读名著，则是按照我对作品的理解、讲故事的逻辑，以及课堂教学的艺术原理所确立的“教学的主旨”来组接的。

比如导读《钢铁是怎样炼成的》，我选择了五个片段，一是“遭人歧视”，二是“宁死不屈”，三是“英勇杀敌”，四是“战胜病魔”，五是“革命英雄”。

这五个片段以时间为序组接在一起，基本勾画出了保尔这个人物一生成长的轨迹，从童年贫穷“遭人歧视”，到少年入狱“宁死不屈”，到青年参军“英勇杀敌”，到全身残疾“战胜病魔”，再到革命熔炉锻炼成为一名真正的“革命英雄”，让学生明白了保尔是怎样一个人。又如我导读《简·爱》，选择了“邂逅爱情”“爱情遇阻”“追求真爱”“终获爱情”四个片段，让学生了解了简·爱追求“灵魂平等”“人格独立”的爱情故事。再比如导读《童年》，我则选择了“惨遭毒打”“拾荒度日”“善良勇敢”“赶出家门”四个片段，通过学习探究，让学生了解了阿廖沙童年的苦难和苦难的童年。

2. “教学主旨”与“教学高潮”。

蒙太奇的功能是通过镜头、场面、段落的分切与组接，对素材进行选择和取舍，以使表现内容主次分明，达到高度的概括和集中。这“达到高度的概括和集中”，在电影艺术里是指电影所要表达的主题思想，在名著导读教学艺术里则是指一堂课的“教学主旨”。

《钢铁是怎样炼成的》被誉为“人生的教科书”，其讴歌的就是保尔的革命理想主义以及他一生顽强拼搏的精神，所以，导读《钢铁是怎样炼成的》，我们的教学主旨必须确立为，对学生进行革命理想主义以及人生意义的教育。于是，我在与学生分享了保尔“遭人歧视”“宁死不屈”“英勇杀敌”“战胜病魔”到锻炼成为一名“革命英雄”的非同凡响的人生经历之后，及时地向学生抛出了一个令人深思的问题：你认为人生的意义是什么？学生对这个问题的确感到生疏，因为生活在和平幸福的当代，从未思考过这样严肃而沉重的问题，所以一时语塞，没有答案。我则让学生小组交流讨论，然后每一小组选出一个发言人，与全体同学分享他们的观点。学生的回答总体来看还是比较肤浅。我立即给学生播放了《钢铁是怎样炼成的》电视剧片头的一段视频，画外音是：“人最宝贵的是生命，生命对于每个人只有一次。一个人的生命应该这样度过：当他回首往事的时候，他不因虚度年华而悔恨，也不因碌碌无为而羞耻；在临死的时候，他可以说：‘我的整个生命和所有精力，都已献给了世界上最壮丽的事业——为人类的解放而斗争。’”我告诉学生，这是保尔在家乡养病期间，到烈士墓前凭吊战友，感慨万千，发出了感人至深、振聋发聩的豪言壮语。我让学生反复品读这段话后，饱含激情地总结道：这是奥斯特洛夫斯基一生真实的写照，这是保尔革命理想主义的响亮宣言，这是保尔留给我们最宝贵的精神财富！教学自然而然地达到了高潮，从而突出了教学主旨，学生终于明白了人生的意义。苏霍姆林斯基认为，研究性学习就是“让学生进行独立的脑力劳动”。可以说，这一个问题，犹如一颗石子投进了平静的湖面，激起了学生思维的浪花，让学生进入了独立思考的状态，使学生得到了无意识记忆，这才是真正的研究性学习。

又如导读《简·爱》，当学生了解到简·爱追求“灵魂平等”“人格独立”的伟大爱情后，我则提问学生：“我们应该树立怎样的爱情观？”学生的答案五花八门，我立即投影出“简·爱宣言”：“是否你觉得我贫穷、难以理解、平庸而且渺小，所以我是没有灵魂、没有内心的？我有和你一样的灵魂，一样丰富的内心！如果上帝也赐给我财富和美貌，我将让你难以离开我，正如我难以离开你。我不是用我终会死去的肉体和你说话，我是用我的灵魂在向你倾诉。如果我们的灵魂走出坟墓，一并站在上帝的脚下，我们是平等的，就像现在这样！”和学生欣赏咀嚼，最后，老师的激情演讲把教学推向了高潮：“这是对平等的呐喊，这是对自由的呼唤，这是对爱情的宣言！”这个环节对学生进行了爱情的教育。

再如导读《童年》，当学生了解了阿廖沙苦难的童年之后，教师不失时机地提出问题：“你怎样理解或看待人生的苦难?”一边探讨，一边潜移默化地对学生进行了“苦难”教育，升华了教学的主旨，激发了学生思维的火花，掀起了教学的高潮。

3. “激趣导入”与“悬念收尾”。

出色的电影导演总是千方百计地让电影的开头能够吸引观众的注意力，使观众很快“入戏”。教学也是这样。名著导读教学关键是通过“导入”，激发学生的学习兴趣。初中生还是对形象的事物感兴趣，所以，导读《钢铁是怎样炼成的》，我使用了电影《十月革命》最后的一小段视频进行导入。视频反映的是，列宁领导的布尔什维克武装力量向资产阶级临时政府所在地圣彼得堡冬宫发起总攻。推翻了临时政府后，列宁激情演讲：“同志们！我们布尔什维克的同志们，一向所说必须要进行的这个公众革命实现了！”我先放完这段视频，然后问学生：“这是什么电影?”顺势导入“十月革命”的话题。我则不失时机地给学生讲解了《钢铁是怎样炼成的》故事的时代背景，让学生在这个大背景下来认识和理解保尔这一有血有肉的、鲜活的英雄形象。这样，既介绍了时代背景，又激发了学生学习的兴趣，可谓一箭双雕。我导读《童年》，是从给学生播放歌曲《童年》导入的。听了这首歌，老师问学生：“你们的童年是如何度过的?”学生大都说他们的童年是“游戏的童年”“快乐的童年”。老师则转折说：“今天，我们的主人公就没你们这样幸运了！”歌曲加正反对比导入，激发了学生的学习兴趣。学生急于知道：今天的主人公是谁?他的童年与我们的童年有何不同?

电影结尾留有“悬念”可以收到耐人回味之效，名著导读教学以“悬念”收尾可以激发学生的探求欲望。导读《简·爱》，课尾我问学生：“你们想不想知道简·爱更多的爱情故事?想不想和简·爱进行心灵的对话?”学生异口同声地回答：“想！”我则顺势一转：“那就请你们赶快好好阅读《简·爱》吧！”

电影还有一种“复现式”的蒙太奇：一件普通的道具，如一只烟斗，一把酒壶，一张照片，一朵残花，一句对话，一支乐曲，会在同一部电影里反复出现，以便加深印象，深化主题。我在导读《钢铁是怎样炼成的》时，也借鉴了这种“复现式”的蒙太奇。在课的结尾，重新播放“人最宝贵的是生命”这段片头视频，起到了深化主旨和余音绕梁的艺术效果。又如我导读《童年》，一开始给学生播放了电影《我的童年》里阿廖沙告别小伙伴“到人间”的片段，让学生对阿廖沙有一个具体形象的认识——“这就是阿廖沙！”在教学结尾，讲了阿廖沙被“赶出家门”“到人间”后，接着开课时的视频继续播放阿廖沙“到人间”的片段。这种“复现式”的蒙太奇，突出了阿廖沙苦难的命运。

其实，蒙太奇手法对于篇幅较长的课文都比较适用。

（六）空白术

格式塔心理学“完形压强”理论认为：任何一个事物都可视为一个格式塔（意为“构成整体”或“完形”），是由各要素重新编码构成的一个全新整体。当人面对这一整体中某些不完全或有缺陷或空白的格式塔刺激物时，就会产生一种内在的紧张力、进取的“内驱力”，迫使大脑皮层紧张活动以填补、“完形”，达到内心的平衡。根据这一原理，板书可巧设空白场所，多置缺陷地带，促使学生产生积极进取、追求的“压强”或“张力”，能动地质疑、搜索、探求、联想，从而经过一段由紧张到松弛、由追求到和谐的奋斗历程，体验自我探索的成功愉悦，实现理解教学内容、形成整体认知的“质”的飞跃。

板书又是一个复杂的信息系统，分为输入与输出信息（传输角度）、控制与反馈信息（控制关系角度）、固定与流动信息（应用形式角度）等多种。而在课堂中，教师输出的板书信息，不应是“全息”，不仅是固定信息、控制信息，而应重新排列、组合、匹配若干信息，截留某段信息以形成一种潜伏信息，创设“空白”的教学情境，让学生对相关信息去挑选加工、系统梳理和重新编码，抓住本质反馈出去，从而实现信息的“增殖”，完成能力的培养。如此则一石多鸟，非但降低教师劳动强度，节约信息输出时间，增多学生思考机会，而且使知识信息传递由单向的“教师→学生”通道开辟到“教师⇆学生”的传递通道，并自然走向“教师⇆学生⇆学生”的立体交流通道。

叶圣陶先生认为，教师的作用“不在全盘授与，而在相机诱导，必令学生运其才智，勤其练习，领悟之源广开，纯熟之巧弥深”。接受美学也认为，作品的美学价值是作者在创作过程和读者在接受过程中共同创造的，这创造的基础便是作品的空白，它能避免行文的琐碎、死板、拮据，激发读者的想象力。因此，板书设计也应富有启发性，在课文关键处、激疑处微微闪开一道通往大千世界的缝隙，把某些东西特意空下不写，造成学生接受上暂时“断流”。然而这“没有讲完的东西，就好比给学生思维埋下一段导火线”，能吊人胃口，唤起学生有意注意，促其情绪亢奋，跃跃欲试。这欲擒故纵的板书，便成了调动学生脑力活动的强有力的鼓励者和发动者，交给了学生一把打开知识大门的金钥匙。

要使板书设计具备空白美，唤起学生的参与意识，并非易事。教师课前要苦心经营，精心构思，使板书中每个字词句都成为关键或富有启发性，更重要的是，要注重提高造成空白的那个不完善的格式塔刺激物的设计质量。只有设计合理恰当，有一定的趣味和难度，才能引起学生的注意和紧张，使之产生一种强烈而积极的“格式塔需要”，这才能保证“完形”顺利完成。

1. 于文章重点、难点、特点处设置空白。

板书设计应“三五步走遍天下，七八人百万雄兵”，集“四路”（教材的编排思路、作者的行文思路、教师的导读思路、学生的阅读思路）于一体，熔“三点”（重点、难点、特点）于一炉，而这“三点”正是教师实现教学目标和学生获取新知识的主要内容。因此，于文章重点、难点、特点处设置空白以激疑生思，能督促学生快速进入角色，定向释疑解惑，梳理文章内容，体会作者匠心。如《药》板书（方框处为空白，下同）：

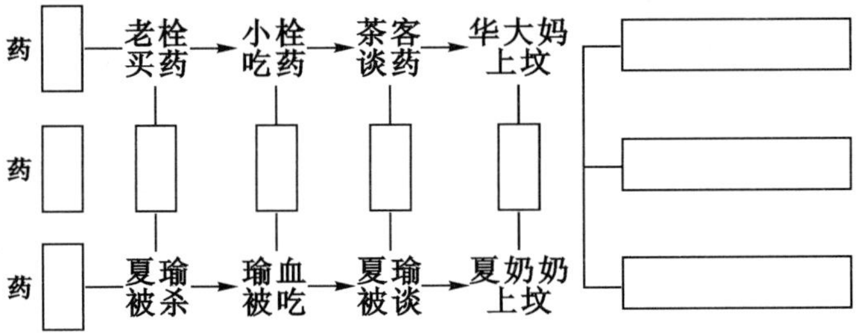

这里在文章结构特点和主旨意义处设置空白，激发学生思考、抽象、评点、“完形”，主要教学目标便得以实现。这类空白设置可训练学生归纳、阐释等能力，适用于线索式、词语式、综合式等类型板书。

2. 于文章关键肯綮处设置空白。

文章的题眼、文眼往往提纲挈领，统摄全篇，是观察的出发点、选材的侧重点、内容的核心点、思想的闪光点、主题的聚焦点。亚里士多德说：“人是推理的动物。”对这些关键肯綮处不必全部呈现，而应由教师“画龙”，让学生搜索原文、推敲词语、推理演绎来“点睛”，以收片言居要、百意烛照之效。如《风景谈》板书：

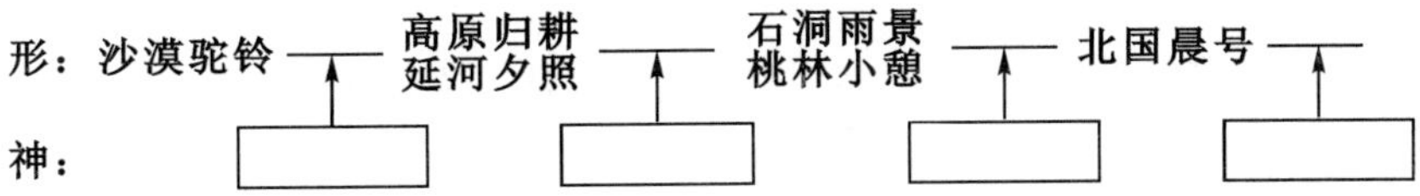

这里把空白处开在“神”眼上，让学生查阅原文，由此及彼进行推导，体味作者“把政治寓于风景之中”的匠意，把握形神关系。另外，空白方框像楔子般插入“形”中，既增添了美感，又便于学生理解文章的表达方式。这类空白设置可培养学生检索、概括等能力，适用于归纳式、解析式等类型板书。

3. 于文章可比处设置空白。

“比较是一切理解和思维的基础，我们正是通过比较来了解世界上的一切的。”（乌申斯基语）随着比较法的广泛运用，板书设计亦应挖掘课文的可比较因素，就一篇内容或多篇之间某一侧面、角度作相类、相关、相反的比较。设计时，教师可明确显示某要素特点，空出其相邻面，让学生或横比或纵比或正反比或交叉比，以掌握诸要素的共性个性。如《祝福》和《宋词二首》板书：

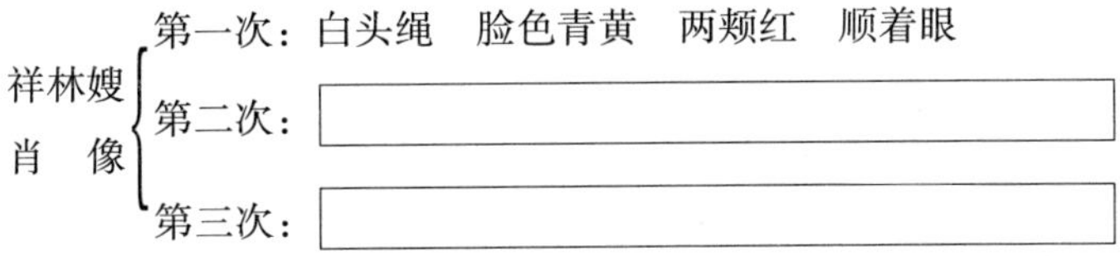

篇　名	同	异				
		思想情感	内容	意境	语言	风格
《雨霖铃》	婉约词情柔韵性	伤感而热烈			长于铺设，善于点染	
《扬州慢》			追怀丧乱，感慨今昔	萧条悲凉		讲究格律，音韵和谐

《祝福》板书可发掘小说本身的对比特点，只呈现祥林嫂第一次肖像描写，学生探讨后便洞悉其变化。《宋词二首》板书，则由教师根据单元教学目标显示可比点和参照物，空白其对比面，让学生分析判断、联系模仿，“完形”后形成系统认识。这类空白设置可培育学生求同求异的能力，多运用于对称式、图表式等类型板书。

4. 于表格处设置空白。

有的课文篇幅较长，可化整为零，列出图表。设计时，先摘取部分关键词语填入表格，再分割错置，巧加组合，留出空格，激励学生去按图索骥，填补“完形”。由于方向明确，参照物具体，难度降低了，后进生也能自觉而快速地“完形”。如《〈呐喊〉自序》板书：

地点	绍兴	南京	仙台	东京	北京
生活经历	侍亲疾				
思想变化	看透世态，想走异路				

这里明确了“索骥”的线索和目标，学生统览全文，观其大略，再钩玄提要，凝精聚妙，从而用最精练、最有代表性的词语填表。这样，“当事物作为整体被掌握时，思维过程使用的能量最少”，“时间最经济”。这类空白设置利于训练学生速读、归纳等能力，适用于表格类型板书。

5. 于联结键处设置空白。

好的板书应用箭头、曲线、圆圈等符号表示不同意念，把学生导入想象天地，使之进行多层次、哲理性、动态思考。所以，有意识地“空白”一下关键处的联结键，指导学生自己用联结键将看似游离的各呈现点重新联结起来，可以使各呈现点形断意连，板书更加血肉丰满，气韵流动。如《病梅馆记》板书：

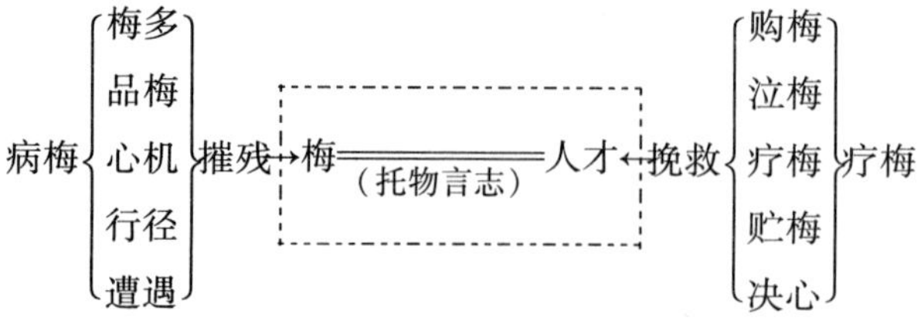

板书的两个极端跨度较大，教师启发学生反思、自察、内省、联系，用符号

“→”“=”和短语“梅、人才、托物言志”将两者联系起来，则板书就似一溪活水具有了流动美，使学生把握了作者呼吁解放人才之主旨和运用托物言志之手法。这类空白设置利于发展学生联系、创造能力，适用于关系式、回环式、图画式等类型板书。

（七）控制术

“控制论”一词源于希腊文，柏拉图解释为“掌舵术”。从某种意义上说，语文课堂教学的明暗、著微、优劣也取决于控制论的运用。将它称为艺术，是因为运用得恰如其分，恰到好处，就能使课堂教学呈现出张弛有度、玲珑剔透、意趣盎然的生动格局。

1．情感的合度。

情感是课堂教学的灵魂。师生间的信息传递与反馈，情感又是传送带、催化剂、润滑剂。可以说，没有情感就没有交流，因而情感是一种更高级的信息反馈。

语文课上教师与学生的反馈偶合是：激“情”与乐“学”的统一。学习兴趣的产生具有复杂的心理因素，怎样激学生学习之情，首先在于教师的“动情”。我讲《雄关赋》时穿插了陆游的《书愤》，让学生从我“塞上长城空自许，镜中衰鬓已先斑。《出师》一表真名世，千载谁堪伯仲间”的慷慨悲歌的吟诵中，去感受诗人壮志未酬的忠愤之气、浩荡的民族自豪感和至死不渝的爱国情愫，从而进一步去思考“雄关”真实而丰富的内涵。教师动之以情，才能激学子之情，才能使其乐其所学。

然而情感的控驭必须合“度”，倘若作一般性介绍或“引经据典”，学生心中的反应只能是死水微澜；又假如渲染过重，回肠荡气得久久不散，学生的精神就会疲倦，从而生出逆反心理。宋玉在《登徒子好色赋》中这样写美女：“天下之佳人莫若楚国，楚国之丽者莫若臣里，臣里之美者莫若东家之子。东家之子，增之一分则太长，减之一分则太短；著粉则太白，施朱则太赤；眉如翠羽，肌如白雪；腰如束素，齿若含贝；嫣然一笑，惑阳城，迷下蔡。”这段描写虽夸张但不失艺术之真实，是对合度的形象化解释。因此语文课堂上情感的合“度”，也应该是不温不火、浓淡相宜的。

2．信息的筛滤。

信息的传输和接收，是一个“发生”的过程，不是简单的外射和机械的反映。信息及反馈不经过“筛滤”，40 分钟不得要领滔滔不绝地讲，究竟能给学生多少有用的信息呢？用较少的语言载体传输较多的信息，大概是教师成功的秘诀吧。湖南省特级教师曾谷荪语文教学四字铭“准、活、约、权”就反映了信息过滤筛选的重要性，信息越准确，有效性就越高。如《药》的主人公及主题历来争议较大。在选择信息时，最好是追溯到作者本人的写作意图，鲁迅曾说：“《药》描写群众的愚昧和革命者的悲哀；或者说，因群众的愚昧而带来的革命者的悲哀；更直接说，革命者为愚昧的群众奋斗而牺牲了，愚昧的群众并不知道这牺牲为的是谁，却还要因了愚昧的见解，以为这牺牲可以享用……”如此看来《药》应属于“问题小说”，作者以华、夏两家的悲剧反映了同一个病态社会，揭示出群众与革命的心理差距与冲突，从而批判了国民的劣根性以及辛亥革命脱离群众的弱点，呼唤探求疗救中国的良药。作品中人物的设置是为文章深邃的主题服务的，思想大于形象。这样说丝毫没有“主题先行”之嫌，相反，更能反映出鲁迅先生作为思想家对于中国革命的深层思考。因而分析文章时，不能把学生引导到“谁是主人公”的无休止的纠缠上。难道无论何种小说都一定要分出一个主人公吗？由于我剖析得有理有据，学生大都能接受，有的同学还据此写成了评论文章。讲究信息的筛滤往往能引起学生的逆向思维与发散思维，提高分析问题、解决问题的能力。

传授信息应依据课文本身的容量，该繁则繁，该简则简。比如《阿Q正传》，根据参考书，阿Q形象只有几条干巴巴的“筋”，然而这是个具有世界意义的艺术典型，他的性格系统绝不至于如此简单。我翻阅了大量资料，寻章摘句，旁征博引，绘出了“阿Q性格系统图”，从多种角度突出了阿Q性格中的两重性。通过简析与诱导，学生看到了一个“阿Q”容纳下如此众多的社会内容的信息量。学生的求知欲便得到了满足。

信息要力求“活”，“活”的信息才有生命力。新教材已为学生提供了基本信息量，课堂教学要摆脱繁文缛节，要在宏观的高屋建瓴与微观的探幽发微的结合上下功夫，也就是寻找最佳突破口。例如《内蒙访古》的内容涉及面很广，文中两部分的观点在表象上是矛盾的，学生难于掌握。我就从一、二两部分的过渡段入手，从中间突破，找到了作者写赵武灵王的真正意图。作者的写作意图是赞颂勇于向游牧民族学习，不拘古礼，勇于革新的精神。有了穿珠之线，同学们讨论时就显得气氛热烈，联系当前改革发表的见解精彩纷呈，他们的思辨能力得到了提高。

变“全盘授与”为拈精摘要，变滔滔讲说为以讲导学，变默默聆受为研讨求索，这些语文教学的宝贵经验都体现了信息筛滤的重要意义。

3. 节奏的调节。

著名京剧演员王楞仙饰演《黄鹤楼》中的周瑜，曾经发生过这样一件事：周瑜出场，武场伴奏应该用“长锤”，可是打鼓的却开了个“四击头”。王楞仙很敏感，把刚要迈出的步子撤了回来。打鼓的见他不上，知道自己打错了，于是调整打法加了个“长撕边”。然而，王楞仙又将迈出的步子停了下来。这时台下要喝倒彩了，打鼓的慌乱之中随手开了“长锤”，王楞仙才坦然出场。教师与学生的双向交流，乐队伴奏与演员表演的互相配合，二者有相通之处。其相通点就是节奏的调节。课堂教学是一个流动过程，其节奏的变化绝不能按照教案中的设想一成不变，有时应改弦易辙。许多教师为课堂上的“启而不发”苦恼，其实这是相对而言的。如果因势利导调整好节奏，情况也许有所改观。我讲《纳谏与止谤》正是秋阳和融时，许多同学昏昏欲睡，这一信息反馈使我调整了节奏。我和大家谈起了电视中的那些以成语为题材的短剧，引导学生从课文中找历史故事，然后编写一份历史短剧的提纲，风格不论，题目自拟。他们在这种创造性思维中，调动了欣赏影视的经验，兴致很高，很快题目出来了，如《以棒止谤的昏君》《批“龙鳞”的勇士》《悬赏纳谏》……采用这种新颖、迂回的方法，慢慢导向课文的中心，看起来花费了时间，其实增强了学生掌握知识信息的强度和深度，这大概可以说是事倍功亦倍了。

课堂教学虽说不上“瞬息万变”，但也常“节外生枝”。在一些公开课上，站起来发言的同学口才很好且有强烈的表现欲，可以滔滔不绝讲半天，如果不加控制，课堂教学计划无法实现，但又不能伤了同学的积极性与自尊心。教师应审时度势，胸有全局，及时发出调整节奏的信息，或顺势接过话头，借题发挥，将课堂气氛推向高潮；或以幽默诙谐的语言暗示学生扭转思路，使课堂教学出现新的和谐共振。讲课时多的课文，我常常借鉴说书艺术和电视连续剧中的技巧，在“高潮”处戛然而止，然后布置下一堂的思考题，给学生留下教学上的“悬念”和联想的余地。另外，课堂节奏的强弱、张弛、急缓等都应该做到“随机应变”，万不可墨守成规。好的课堂节奏，有时能在“山重水复”中又见“一村”，有时又能开凿水渠接纳泉流，丰富课堂教学。

（八）应变术

应变艺术是一种教学机智。教学机智，是指教师在课堂教学中对于出自教师或发自学生的始料未及的现象的随机应变能力。

吕叔湘先生说："成功的教师之所以成功，是因为把课教活了。"又说，课堂教学"关键在一个'活'字，如果不会活用，任何教法都会变成一堆公式"。吕叔湘先生所说的"活"，大概就是指课堂教学的机智，指在课堂教学中能根据具体的教学情境创造性地实施教学的艺术及由此而形成的教学境界。

课堂教学是师生的双边活动。教师课堂教学的对象是活生生的人。几十名学生在一起学习，他们的知识水平、兴趣爱好、性格特点各异，课堂教学中的表现必然千差万别，加之外部环境的影响，课堂教学中出现偶发事件、意外情况是难免的，也是必然的。当偶发事件出现时，作为教师——课堂教学的掌舵人，应当因势利导，以变应变，正确处理课堂教学的偶发事件，保证课堂教学的顺利进行。换句话说，要提高课堂教学的应变能力，运用好课堂教学的应变艺术，使课堂教学平衡而有序地进行下去。

课堂教学应变艺术是一种比较高超的艺术。由于课堂上很多偶发事件是事先预料不到的，所以应变时必须因势利导，随机应变，其方法、技巧应随着情况的不同而不同。但是仔细分析起来，它也有规律可循。其主要的方法、技巧可以归纳为以下 16 种。

1. 以变应变法。

当课堂教学超出原来的设想，突然出现意料不到的情况且影响正常的教学时，教师可以变应变。如某农村学校上课突然飞进"不速之客"麻雀时，有位教师是这样处理的：他先让学生把麻雀赶走，然后说："我们的课上得太生动了，连麻雀也来助兴。现在麻雀飞走了，我们言归正传。"接着继续讲课，效果很好。

2. 借题发挥法。

把课堂教学中的偶发事件巧妙地融进自己的教学之中，利用课堂教学中出现的意外情况，借题发挥做"文章"。还是上课突然飞进麻雀的那种情况，另一位教师的处理方法就不同。他借"不速之客"麻雀的出现，以"麻雀闹课堂"为题，让学生仔细观察麻雀在教室内飞行、欢叫的情况，并将看到、听到的情况记录下来，使这堂习作课上得有声有色，效果良好。

3. 顺水推舟法。

挖掘课堂教学中偶发事件的有利因素，因势利导，顺水推舟，把课堂教学中出现的偏差巧妙地引导到教学正道上来。如一位教师让一名学生在黑板上写"连衣裙"三个字，那位学生写成"裢衣裙"。这位教师没有生硬地批评学生，而是顺水推舟地加以启发引导。

师： 你写这个“裢”字时是怎么想的？

生： 连衣裙属于衣服类，所以要加“衣”字旁。

师： 连衣裙是怎样的一种服装？

生： 衣服连着裙子。（稍停，学生自语）啊，错了。“连”字表示连接，不能加“衣”字旁。

师： 对！“连”字在这个词中表示连接，不能加“衣”字旁。但“连”字确实可以加上不同的形旁构成新的形声字。谁能说出几个？

同学列举：莲、链、涟、鲢。

显然，那个学生写错别字是受了形声字的干扰，教师如果简单否定，很可能造成学生对形声字的构字规律感到困惑，甚至产生混乱。这位教师不囿于原来的教学设计，巧妙地因势利导，启发学生从对词义的理解去发现问题，既纠正了错别字，又保护了他原来思维中的合理因素，可谓一举两得。

4．节外生枝法。

如果课堂教学中出现了意外问题，反映出一部分同学在某一方面的偏差，这时教师不妨“节外生枝”，用一点时间指点迷津，澄清是非。如一位教师教《小白兔和小黑兔》一文时，她在课堂上让学生抄写生字，结果发现很多人写“拔”字时把右上方的一点漏掉了，有的经多次提醒仍丢三落四。于是，这位教师来了段“节外生枝”：

师： 同学们，小白兔大热天顶着太阳给小白菜拔草，热不热啊？

生： 热。

师： 它会不会流汗？

生： 会流汗。

这时教师指着黑板上“拔”字右上方的一点说：“这就是小白兔拔草时从额头上流下的汗珠。你们翻开生字簿看看，谁把小白兔额头上的那滴汗珠漏掉了？这样随便埋没小白兔的功劳可不好啊。”学生们听后个个开心地笑了，“拔”字右上方的那一点牢牢地印在脑海里，再也没有漏掉的了。可见，必要的“节外生枝”对教学效果的提高也很有用处。

5．停顿休整法。

当学生听课注意力不集中，思想开小差，出现“分心型”的意外情况，或者精神疲劳，将要发生“分心型”情况时，教师应暂时停止讲课，或让学生闭目养神休息两三分钟，或做课间操，还可做做小游戏，唱上一支歌。待学生的精力恢复，注意力集中时，再继续讲课，学习效果会大大提高，这叫“磨刀不误砍柴工”。

6. 暂时悬挂法。

课堂教学中，学生有可能提出一些教师意想不到的问题，而且有些问题与课堂教学关系不大，或比较难回答、难解释。如果把时间消耗在这些无关紧要而又难以解释清楚的问题上，势必影响教学的进度。这时教师可以采取暂时悬挂法，答应学生课下解释，或鼓励学生课后自己去寻找答案。这样既不挫伤学生提问的积极性，又能鼓励他们分析问题，还能保证课堂教学的正常进行。这与“节外生枝法”是两类不同的处理方法。如讲《小蝌蚪找妈妈》时，有位学生当堂提出：“老师，小蝌蚪为什么会在水里游?”这是一个很深奥的问题，三言两语难以说清；硬要说清，费时不说，与课堂教学无大益处。这时可以暂时挂起来：“××同学这个问题提得很好。不过，课堂上时间太紧，再说现在大家接触这个问题也太早，等到大家上了初中，学习了生物，自然就会明白了。”这种应变艺术值得借鉴。

7. 妙语补失法。

课堂上教师有时说错了话，可用妙语来补；说漏了的，也可以待机补上。笔者曾听过这样一节课，一位数学教师讲“代数式的值”，按课前设计，开始就应板书课题，也许是因为有外地教师听课，慌乱之中忘记了。当他出示第一道例题时，发现了此事，但他没有慌张：“像这样的数就是代数式的值。”这时再把没有板书的课题补上。一句妙语，天衣无缝，局外人根本不知道他讲课中出现了失误，知情人也为他的应变技巧而折服。

8. 将错就错法。

有的教师课堂上发现自己的错误，不生硬地改正，而是来个“将错就错”。一位语文教师讲《故宫博物院》因一时大意，将“博”误写成“搏”。板书完他马上意识到自己错了，这时他来了个急中生智：“同学们，谁发现这个题目中有错字？是哪个字错了?”在学生指出后，这位教师又随即将“博”“搏”二字进行辨析，将一堂本来有错的课上得有声有色。

9. 及时调整法。

上课时，有时由于各种原因不能按原计划进行，这时，教师应及时调整教学进度，以适应变化了的情况。如果讲到某个问题，班上绝大多数学生都不理解，那么教师就应该放慢速度，或补讲一些有关的知识。如果该下课了，原先设计的内容仍未讲完，那么教师就应该说："因时间关系，这个问题我们在课堂上不讲了，留给同学们课下去思考、去探讨。"或者干脆说："要弄清这个问题，且听下回分解。"所有这些，都不失为调整应变的好方法。

10. 复查共探法。

在教学过程中，由于某种原因产生错误而没有察觉，或者似有察觉而没有把握，可以采用复查共探法："同学们，让我们共同回顾一下，看看哪些地方做得对，哪些地方做得不对。"然后伺机采取相应的补救措施。例如有一位教师利用发现法教"圆的面积"，让学生事先拼摆准备好的学具。有的学生把圆拼成了平形四边形，有的则拼成了梯形、三角形。教师笑着对学生说："大家仔细看一下这个推导过程，看谁能发现推导中的错误。"班上学生仔细思考、检查，纷纷举起了手，把错误很快更正过来。

11. 巧设暗示法。

有的学生上课时精力不集中，教师可视情况用语言、眼神、手势等作暗示。如有位教师讲辩证唯物主义常识，发现有位学生在下边玩东西，便说道："唯物辩证法告诉我们，任何事物都是一分为二的，我们看问题不能单从某一方面来看，但是——"说到此处教师有意加重语气，"唯有一心不可二用，所以我们上课时一定要集中精力。"同时眼睛注视着思想开小差的学生。巧妙的暗示使那位学生很快意识到自己错了，学生连忙放下手中的东西，集中精力听起课来。

12. 个别提醒法。

对于课堂上精力不集中的学生，如果暗示法不起作用时，教师可换用个别提醒法。可以边讲课边走到该生身边，或亲切地摸摸他的头，或用手轻轻敲他的书本和课桌，提醒他把注意力集中到学习上来。也可以当众提醒，但不能伤害学生。如一位教师讲课时发现有位学生在下边玩东西，便当众提醒说："这个问题很重要，也很难懂。同学们一定要集中精力，否则就听不懂。"经这一提醒，那位同学就注意听课了。

13. 重点提问法。

对于精力不集中的学生，如果用巧设暗示、个别提醒两种方法都不见效，还可以采用重点提问法，通过个别提问，强迫他把注意力转移过来。另外，如果教师讲课中一时接不上茬，或由于紧张把某个问题一时忘记了，也可以采用提问法，在提问学生的同时调整一下自己的思路，使自己尽快接通思路，以便顺利地讲下去。

14．幽默调侃法。

在课堂上适度进行幽默调侃，是唤起学生注意、避免发生分心型偶发事件的有效方法。如有位教师春季上课发现个别同学打瞌睡，随机说了句诗："春风吹得书生醉，莫把课堂当睡堂。"同学们一笑，那位学生睡意全无。

教师进行自我调侃也不失为一种应变技巧。一位身材矮小的教师到新班上课，刚进教室，有的学生就失口而笑，还有的在下边窃窃私语。教师见状不急不躁，微笑着说："同学们，我曾因为自己身材矮小摔碎过几面镜子。今天我能够博得大家开心地一笑，这证明我们之间的感情交流已迈出了可喜的第一步。在今后教学中，我一定取同学们之'长'来补自己之'短'，努力提高自己。"一席幽默调侃之言，道出了教师宽阔的胸怀，课堂上充满了和谐友好的气氛。

15．以褒代贬法。

课堂上对出风头、恶作剧的学生要视情况，可以批评，也可以表扬，但最好以褒代贬，通过表扬，唤醒他的主人意识，使他自觉地改正自己的错误。例如一位教师，某天上课的时候，刚迈进教室门槛，只听"嗖"的一声，一只纸折的"火箭"飞到了讲台上。定睛一看，原来是一张面值一元的人民币。这位教师没有发火，也没有大声训斥学生，而是面带笑容说："宇宙飞船上天，是人类为征服太空所驱；这只'火箭'在上课之前射向讲台，它的发射者一定为渴求知识而来。"平时那位恶作剧的学生挨批评挨惯了，批评时他满不在乎，这次一表扬，他反倒不好意思了，接下来他听得比哪堂课都认真，效果比哪堂课都好。

16．巧给台阶法。

课堂上，凡是好出风头或恶作剧的学生，一般都是比较调皮的学生。对他们进行批评教育时，要注意给他们台阶下，千万不能闹对立，否则不仅无助于问题的解决，还有可能把矛盾扩大，产生不良效果。对偶尔犯错误的同学更应如此。

据报道，教小学二年级的李老师上课时刚出现在教室门口，正在舌战中的女同学立刻七嘴八舌地向他告状，说小王把沙子撒进了小丽的眼中。小王矢口否认，小丽则边擦眼泪边号啕大哭。整个教室处于一片混乱之中。

李老师通过观察，很快作出判断：小王欺负小丽，但小丽的眼里并没有沙子，她哭只是想让老师批评小王为她出气。怎么办？如果当堂查问，势必影响上课；如果不问，小丽则会哭个不停。李老师先让同学们静下来，然后从口袋里掏出手帕，帮小丽擦眼泪："不要哭，老师帮你把沙子弄出来。"说着，一本正经地检查小丽的眼睛，并且帮她吹了几下。边吹边问："还有沙子吗？还痛吗？"

"不痛了。"小丽巴不得趁机下台。李老师进一步给她台阶："不痛就不要哭了。哭鼻子不是坚强的孩子！——这件事到底怎么回事，咱们下课再说。现在上课。"小丽真的不哭了，班上立即静下来，讲课进行得很顺利。

总而言之，课堂应变的方法很多，只要我们依据不同的情况，因势利导，见机行事，采取相应的应变方法，就一定能收到良好的教学效果。应变艺术是一种教学机智。教学机智的形成有一个过程，非一朝一夕可以获得。教学机智充分表明教学是一种创造性极强的智力活动。它的随机性表明它是一种教学的艺术；而其又不是没有规律可循，因而它又是一种科学。教师要想驾驭教学的机智，离不开对教学实践的丰富积累、理性思考和不断学习、修炼。

（九）情感术

情感教育指在课堂教学过程中，教师要创设有利于学生学习的、和谐融洽的教学环境，妥善处理好教学过程中情感与认知的关系，充分发挥情感因素的积极作用。通过情感交流增加学生积极的情感体验，培养和发展学生丰富的情感，激发他们的求知欲和探索精神，促使他们形成独立健全的个性和人格特征的教学方法。简而言之，情感教育就是指对学生思想感情的熏陶和感染。语文教学只有借助情感教育才能感化学生的心灵，净化学生的思想，培养学生的情操。语文教学如果没有情感，就仿佛一个人没有血脉，苍白而缺乏生命活力。情感教育就像一根红线，贯穿语文教学的各个环节。

1．教学导入——激发情感。

成功的教学导入，除了能够引起学生注意，激发学生兴趣，唤起学生的求知欲望之外，还应该能够激发学生的情感，为一堂课奠定良好的感情基调。

教学导入激发学生情感的形式丰富多彩，或进行声情并茂的朗读，或播放身临其境的影像，或讲述耐人寻味的故事，或展示栩栩如生的图画，或高唱动人心弦的歌曲，或发表精彩绝妙的演说，这些都可以激发学生的情感。教学《湖心亭看雪》，我就给学生展示了几幅唯美的雪景图片，问学生美不美，想不想看雪景？自然而然地激发了学生向往雪景的情感，将学生的情感导入课题里面。教学《黄河颂》，我一开始就给学生高歌一曲《天下黄河九十九道弯》，并配以黄河壶口瀑布激流湍急的录像，将学生的情感和祖国母亲河黄河紧紧地联系在了一起，为整堂课的学习奠定了良好的感情基调。

2．教学过渡——推动情感。

语文教学激发学生的情感并不难，但要把学生的情感保持下来，并且发展下去则并非易事。因此，教学过渡就显得十分重要了。教学过渡是指教学各个环节之间“连”的艺术，通俗地讲就是教学的过渡语言。教学过渡，可以使学生的情感体验前后连贯，浑然一体，一步一步地往前推进。语文教学如果没有过渡，对学生的情感教育就会支离破碎，气血不畅。教学过渡语言设计得好，对于推动学生的情感大有裨益。

教学《皇帝的新装》，与学生品读课文，感受了骗子的行径和众人受骗的滑稽可笑之后，通过提问，过渡到课文主旨的挖掘和探究上，推动了课文情节的发展，也推动了学生的情感体验。我问学生：“为什么是一个孩子最后叫了出来，说皇帝‘什么衣服也没穿啊’？为什么最后所有的老百姓都说皇帝‘实在没有穿什么衣服啊’？”有学生说，孩子敢讲真话是因为孩子“天真”，不知道后果；老百姓一开始不敢讲真话是因为害怕惹上麻烦。最后师生达成共识，可见说真话很难！说真话需要勇气，有时还要付出代价。

3. 教学高潮——迸发情感。

教学高潮是指在教学过程中，教师通过引导、启发、点拨、激发等方法，激活了学生的思维，使学生的思维达到了空前的活跃状态；激发了学生的情感，使师生的情感产生共鸣，产生一种情感上的愉悦、冲动和满足感。教学高潮可以迸发学生的情感，让学生的情感教育得到充分落实。“文似看山不喜平”，教学亦然。一堂课没有高潮，仿佛死水一潭，毫无波澜，很难让学生得到深刻的情感体验；反之，教学高潮可以把课堂推向一个新的境界，让学生保持高涨的学习热情，甚至净化学生的灵魂。

教学《秋天的怀念》，我让学生寻找课文里的细节描写，研读这些细节描写里所蕴含的深沉丰富的情感，感悟作者对母亲的怀念之情。当学生对“母爱”有了具体而形象的认知之后，我则用诗一般的语言总结道：“母爱是儿子暴怒无常时，母亲对儿子的理解与宽容；母爱是儿子自暴自弃时，母亲对儿子的心疼与呵护；母爱是儿子双腿残疾时，母亲对儿子的体贴与照顾；母爱是母亲积劳成疾时，对儿子的牵肠挂肚；母爱是母亲病入膏肓时，对儿子的生死相依。母爱是无私与忘我，母爱是奉献与牺牲，母爱是一种高尚的品格和伟大的精神！”这首诗，排山倒海，气势如虹，既迸发了学生热爱母亲的情感，又升华了教学主旨，一箭双雕。

4. 教学结尾——升华情感。

“言有尽而意无穷”，是语言艺术的最高境界，也应该是语文教学对学生进行情感教育的最高境界。一节课的结束，并不意味着学生情感体验的结束，而应是一种升华。学生的情感，经过以上“激发—推动—迸发”三个发展阶段之后，到结束时应该升华，达到一个更高的境界。

教学《秋天的怀念》，通过研读细节描写，让学生对“母爱”有了充分的感性认知之后，我则通过探究文末的省略号，挖掘作者怀念母亲情感的深度，可以说作者有着“子欲养而亲不待”的切肤之痛。我问学生：“课文最后的省略号究竟省略了什么呢?”这一问可谓一石激起千层浪，学生有的说省略了作者难以言表的“悔恨”之情，有的说省略了作者无法言状的“痛苦”之情，有的说省略了作者无处诉说的“感激”之情。我问学生可不可以续写课文，把作者省略的部分补充进去。有学生说，这肯定是狗尾续貂，画蛇添足，因为作者的省略号给读者留下无限的想象空间。我首先表扬了这个学生的真知灼见，然后我说：“歌以抒怀。我写了一则悼词《祭母》，想用我们的家乡戏吟唱给大家，你们愿意听吗?”我的吟唱腔高板急，荡气回肠，在教学的结尾，再一次掀起了高潮，并升华了学生的情感：“娘啊！……我肝胆欲裂，痛彻心扉，祭告你母亲大人……可怜你为儿积劳成疾，四十九载离人寰，没享人间清闲福，咱母子别离太匆匆……恨只恨孩儿不孝母受苦，恼只恼老天不公母早去，悲只悲树欲静而风不止，悔只悔子欲养而亲不待……只盼今世好好活，只盼来世报母恩，只盼母亲九泉之下得安宁！”

情感教育是语文教育的一项核心内容，是贯穿于语文教学的一条红线，它可以促进学生思维的发展，可以提高学生的审美能力，对于形成学生健全的人格意义非凡。

第二节 “四步骤”语文立体教学课型的构建

一、“四步骤”语文立体教学课型的指导思想

（一）克服学生的五种思维缺陷

课堂教学的进程就其本质来说是师生思维共同活动的过程，是培养学生思维能力的过程。虽然在20世纪70年代末、80年代初就提出培养能力、开发智力，但是从当前课堂教学的实际来看，学生思维活动却很不充分，较普遍地存在着以下五种缺陷。

1．依赖性。

现在的学生多“唯书唯上”，书本上怎么说，老师怎么讲，就怎么去思维，平时死记，考试死答，人云亦云，依葫芦画瓢，缺乏独立思考的能力。不敢大胆质疑和推测，不会自己去发现问题、思考问题，更缺乏变通地分析问题和处理问题的能力，形成思维的封闭状态。这是出现“高分低能”现象的症结所在。

2．单一性。

不善于全面地从事物的整体与局部、现象与本质、前因与后果、偶然与必然等诸多方面多层次、多角度地认识事物，处理问题。思路狭窄，思维简单，常常表现出孤立的线性思维，表现出思维的单一性、单向性和片面性，缺乏辩证思维和立体思维能力。多求同思维而少求异思维，多横向思维而少纵向思维。说“近朱者赤”，则绝对“赤”，一尘不染；说“近墨者黑”，则绝对“黑”，一成不变。说到社会有腐败现象，便一叶障目，不见泰山；说到学习西方先进技术，似乎外国的月亮真的就是比中国的月亮圆。

3．无序性。

多数学生不能将所学的知识进行顺应同化，建立自己的认知结构，不善于梳理自己所学的知识。不少学生高中毕业了，对已学过的内容还是七零八落的，呈无序散乱状态，构不成知识组块，织不成知识网络，理不清知识层次，建不起知识系统。

4．浅露性。

思维表面化，缺乏应有的深度。往往知其一，不知其二；知其然，而不知其所以然。阅读只流于表象的理解，思维达到语言层就浅尝辄止，不能深入到意蕴层，领会文章的真谛。不懂得去敲开语言的物质外壳，循文明象，循文悟道。因此，阅读中大多只能领会浅表层的明示信息，而发掘不出深层次的隐含信息。

5．缓慢性。

思维迟钝而不敏捷。阅读速度慢，作业费时多，作文常常不能按时完成。不善于联想和想象，举一而不能反三，触类而不能旁通。

“四步骤语文立体教学课型”可以有效地克服学生的思维缺陷，促进学生的思维发展。

（二）培养学生的创造性思维能力

培养学生的创造性思维能力是我们构建“四步骤语文立体教学课型”的重要指导思想。敏锐地发现问题，大胆地提出问题，敢于向权威挑战，这是具有创造性思维能力的重要特征之一。

青少年学生，一方面普遍具有强烈的求知欲和好奇心，喜欢寻根究底地提出问题，并发表与众不同的、新奇的见解；另一方面，他们又幼稚单纯，见闻不广，知识贫乏，往往容易轻信盲从，迷信权威（名人、师长、书籍报刊等）。因此，我们在语文教学中，应该注意到中学生这样既矛盾而又统一的心理特点，在不断丰富他们扎实的基础知识的同时，引导他们破除迷信，解放思想，在学习过程中敢于质疑，善于辩证，从而培养他们的创造性思维能力。

1．养成审视书本的习惯，是培养学生创造性思维能力的基础。

数学家赵访熊教授说：“读书时养成审视的习惯，就能发现问题，并提高分辨能力。”这一良好习惯的养成，需要经过积极引导和长期训练。学习《蛇岛》一课时，有个学生为了弄清课文中“瘰疠”一词的读音和含义，在查阅《新华字典》时，发现字典中有“疠”“疬”两个字，形近，音同。但“疠”是单字头，指瘟疫或恶疮；“疬”却含在多字头“瘰疬”中，是指结核菌侵入淋巴结，发生核块的病，多在颈部。而课文引述《本草纲目》时，说蝮蛇能治“诸恶风、恶疮、瘰疬……重疾”，从上下文判断，这里显然是把“疬”误排成“疠”，应该订正。这种通过对字的音、形、义的综合分析，并结合全句进行推敲，最后作出正确的判断，就绝不是那些读书时不求甚解、粗枝大叶的学生所能做到的。而这种从多角度去寻找解决问题的过程，就正是一种紧张的创造性的思维活动过程，体现了学生创造的活力，自然值得大力赞扬。

《黄山小记》中有这样一句：“最近发现的仙女花生长在高峰流水的地方。她涓洁清雅，早晨醒来，穿着白纱似的晨装，正像喷泉的姐妹。”有个学生在课堂上对“涓洁”一词提出质疑。她在预习时，从字典中查得“涓”的本义是“细小的流水”，比喻“极少的，极微的”。文章中用“涓”和“洁”合成“涓洁”，来形容仙女花，词义很不好理解。她认为：这里最好改为“娟洁”，因为“娟”含秀丽美好的意思，“娟洁”即美丽纯洁，用来形容仙女花就比较确切。这个意见是颇有见地的；而敢于对名作家的作品大胆提出修改意见，也体现了学生可贵的勇气。

2. 学会比较鉴别，善于从矛盾中发问求解，是培养学生创造性思维能力的重要途径。

教学《晋祠》时，学生发现原文和注释关于晋祠的方位和离城距离皆不一致。文章开头说：“从山西省太原市西行四十里，有一座悬瓮山。在山下……是著名的晋祠。”而注释则说：“晋祠，在山西省太原市西南二十五公里悬瓮山下。”二者谁较准确？我要求学生课后查阅工具书和有关地理书籍。结果，学生根据《辞海》（地理分册）、《中国名胜词典》和《晋祠》画册等多种资料查考和比较，证明课文注释是准确的。原文所记不够准确，大概是作者的疏忽。但从说明文的角度要求，介绍名胜古迹的方位和里程，不允许有这类不符合实际情况的失误，因此应该修正。持有《晋祠》画册的一个女学生，又从照片中发现傅山为“难老泉”写的匾，只有“难老”二字，而原文却说“亭上悬挂着清代著名学者傅山写的‘难老泉’三个字”。这显然也是作者的误记，应予修改。由此看来，在课堂教学中，引导学生在专心阅读中发现问题，提出疑问，为解答问题而去查阅工具书和有关书籍资料，对多种材料进行比较鉴别，寻求正确的解答，不仅提高了学生的分辨能力，获得可靠的知识，而且使学生在质疑辨正的过程中，逐步学会科学的思维方法，促进了学生创造性思维能力的发展。

3. 由课内到课外，扩大质疑范围，是培养学生创造性思维能力的重要步骤。

课本中值得怀疑、探讨的问题，毕竟有限。在学生初步养成了审视书本的习惯和勇于质疑的精神之后，就必须进一步引导他们把怀疑的眼光投向课外阅读的领域，鼓励学生在阅读书报杂志时，对于一切可疑之点，都应该思辨、探讨，独立寻求答案。同时，要求学生把研究的结果写成文章，记入“课外练笔”中；对于有创见的文章，一律评高分，并选入班级学生优秀习作专刊中，以资鼓励。

这就进一步激发了学生“质疑”的广泛兴趣和较持久的积极性。有个学生在《少年文史报》（第213号）上，读到《“商榷”还是“商搉”》（原载《北京晚报》）一文，作者说：“近翻《新华字典》，发现‘榷’‘搉’两字不仅部首不同，意义也有很大差别。榷，单解其意，是指专利，专卖；搉，有两种含义：一是敲打，二是考核，与商字连用，就有了商讨的意思。由此看来，‘商搉’是不能写成‘商榷’的。”学生将信将疑，查检《新华字典》（1972年修订版），发现“榷”有两种含义，其②便是“商讨”（和商字连用）；而“搉”的第一个含义，便是同“榷”②。这和短文作者所说，完全不一致。她又翻阅了《现代汉语词典》，进一步发现“搉”其实就是“榷”的异体字。她十分喜悦地将这个发现，写成了一篇《“商搉”就是“商榷”》的短文，纠正了报上短文的观点，论据充足，颇有说服力。还有一些学生，在阅读文言文辅导读物（包括《中学语文报》《中学生》等报刊）时，发现同一篇文言中的同一个词或句子，不同的辅导读物，常常有不同的解释和翻译，他们便将这些不同的资料放在一起，进行比较，再借助词典，联系原文，作分析鉴别，展开讨论，选取较正确的解释，同时也指出了一些辅导读物中的错误。这些活动，都大大活跃了学生的思想，开阔了学生的眼界，丰富了学生的知识，也激发了学生进行创造性思维活动的热情。

4. 引导学生对未知事物进行质疑、探索，也是培养学生创造性思维能力，点燃学生创造欲望的重要手段之一。

语文课本中，有一些介绍自然科学知识的说明文。教学这类课文的主要目的，自然是让学生学习和掌握有关说明文的写作知识和技巧，提高阅读和写作说明文的能力。但在教学中，根据教材内容和特点，也可以适当引导学生对文章中所涉及的自然科学知识提出质疑，以培养学生的思考和探索精神。教学《兔》这篇科普小品时，我便根据自读要求，鼓励学生一边读文章、一边提问题，比赛看谁能提出有价值、有意义的问题，并看谁能根据已学过的《动物》和课外阅读中获得的关于兔的知识，对大家提出的疑难问题作科学的解答。这一来，课堂气氛十分活跃，学生争相质疑和答疑。在十几分钟内，提出了二十多个疑难问题，诸如：“为什么兔子扯掉皮的地方不出血，而且很快又能长出新的皮毛？”“家兔怎么知道自己的粪球内有些是含有帮助消化的菌粪的？它为什么会在这类粪球刚排出来的时候便吃下去？”“为什么兔子能够排出这种含有菌类和纯蛋白的粪球，而其他动物却没有这种生理功能？”“兔子究竟在什么年代出现的？”等等。这类疑难问题，当然不可能也不必在课堂上去一一解答。有的可以鼓励学生课后去查找有关书籍，寻求答案；有的则应明确告诉学生：这是至今尚未揭开的奥秘，有待同学们将来去探索、解决。这项质疑活动，启迪了学生的思维，促进了学生的课外阅读，也培养了他们探索自然奥秘的志趣。

“学者先要会疑”（程颐），“小疑则小进，大疑则大进。疑者觉悟之机也。”只要我们在教学中积极引导学生大胆质疑，精心辨正，学生的创造性思维能力将会得到锻炼和提高。这种创造力一旦被引发起来，就一定会开出绚丽的智慧之花，结出丰硕的创造之果。

二、“四步骤”语文立体教学课型的教学目标

培养学生的创造性思维品质，是“四步骤”语文课堂立体教学课型的主要教学目标。未来需要的新人，不是学富五车的两脚书柜，而是富有创造性思维能力的开拓型人才。

创造性思维的五种品质是：独立性、连动性、多向性、跨越性和综合性，这五种品质都与语言信息密切相关。

（一）独立性

思维之所以富有创造性，就是由于它不重复前人、众人的陈说旧见。古今中外，一切在人类思想史上留有痕迹的伟人，莫不强调“唯陈言之务去”，力争用最新、最美的语言表达最新最美的思想。在这种语言思想形成的过程中，又有下述三种“因子”在起作用。

一是“怀疑因子”。只有善于怀疑，才能变未知为已知。优秀语文教师的经验证明，鼓励学生发现问题，提出问题，遇事寻根究底，是培养学生有所发明、有所创造的重要途径。可以从课内到课外，从文字到内容，提出自己的疑问：“疠”和“疬”有什么区别？“涓”和“娟”有什么不同？察微审思，智力就在其中锤炼得特别精细深刻。

二是“抗压因子”。独立思维就要超出众人、异议权威，而众人和权威在个人的心理上是有压力的，所以要发挥独立性，就必然要抗压：该修正的就修正，该否定的就否定。《难老泉》是散文家吴伯箫同志的佳作，但是里面所记晋祠在太原市西四十里，是不正确的。课文注释说晋祠在太原市西南二十五公里，这才合乎事实，因为有《辞海》《中国名胜词典》和《晋祠》画册等资料可供查考和比较。

三是“自变性因子”。即不固执己见，从善如流，主动否定自己。有的教师让学生就同一题材连写几篇文章，越写越出新意；或者让学生批改自己的作文，在修改过程中，认识也不断取得“由表及里，去粗存精”的收获。

（二）连动性

连动思维规律表现为三种形式。

一是顺向连动。鲁迅先生称赞第一个吃螃蟹的人具有勇敢精神，我们从中受到启发，可以想到第二个、第三个吃螃蟹的人也是了不起的。如果只有第一个，“后不见来者”，那也不会在历史上留下痕迹。顺着这个方向还可以一直想下去。鲁迅先生又赞美了赛跑场上虽然落在后面但仍坚持跑到终点的人。可见，顺向连动可以由偶然到必然，从特异性到一般性，从一种必然性到多种必然性，会有突破性的新发现。

二是逆向连动。看到一种现象后，立即想到它的反面：如果反过来，会怎么样？这样也会产生新认识。因为不同事物互为因果，具有可逆性。黄庭坚《书梵志翻着袜诗》：“梵志翻着袜，人皆道是错。乍可刺你眼，不可隐我脚。”反穿袜子的举动虽然生活中少见，但用来指导作文，倒也不无道理。写文章应该把自己的意思表达得通达酣畅，不要还没动笔就想到人家爱不爱看。论证方法中有反证，叙述中有间接描写，都是逆向连动思维方法在写作中的运用。

三是横向连动。也可称为特征迁移。像闻一多的《静夜》诗，发现了“静夜”的许多特征，如“这灯光，这灯光漂白了的四壁”，还有“钟摆摇来的一片闲适”，于是，诗人便联想到特点与之相似、相关的事物，如“和平”“幸福”，在与“战争”和“各种惨剧”对比之下发出了“我不能，我不能接受你的贿赂”的抗争和呼声。当然要有共同特征才能迁移，否则，貌合神离，就会类比错误。如学生看见大修中的岳阳楼上挂着“游客止步”的牌子，就写文章说“想起了‘华人与狗不得入内’，这就是把两件没有共同特征的事物硬扯到了一起。

（三）多向性

多向性就是要善于从不同的角度想问题，广辟蹊径，择善而从。这主要依赖于以下四种思维。

一是“发散思维”。达·芬奇画蛋的故事，从达·芬奇学画的角度，可以写成才之路在于不畏艰苦、持之以恒；从教师的角度，可以谈严师出高徒；从绘画技巧的角度，又可以谈练好基本功的重要性。创造性思维能力越强的人，对同一个问题的答案就越多越新。

二是“换元思维”。事物总是由多种因素决定的，这就是多元性。如果变换一下因素，就可能产生新的思路。一个学生家里住房狭窄，爸爸常常用火柴盒来形容，他听惯了这样的口头语，习以为常，丝毫没有写下来的想法。可是他读了《陋室铭》，触动了灵感，就写下了《“火柴盒”记》，一下子从全新的角度写出了小屋虽然狭窄，一家人的心灵却很高尚优美。

三是“转向思维”。思维在一个方向受阻，就马上转向另一个方向。这样多次转向，直到获得最后成功。如果有对自己身材矮小感到苦恼的男青年，最好去看看菲律宾外长罗慕洛写的《愿生生世世为矮人》，真是为“矮人”扬眉吐气。文章开头写，一次联合国大会期间，苏联代表团团长维辛斯基讥笑他“你不过是个小国家的小人罢了”，续尾写自己反击：“我就跳起身来，告诉联合国大会的代表说，维辛斯基对我的形容是正确的，但是我要说：‘此时此地，把真理之石向狂妄的巨人眉心掷去——使他们的行为有些检点，是矮子的责任！’”这就是转向思维的运用。

四是“创优思维”。在已经得到一种思路的情况下，不感到满足，而是用心寻找更优的答案。有个学生写了一篇为女孩子鸣不平的文章，开始标题是，“为什么机会不均等?”后换成“女同学天生比男同学笨吗?”再换成“给她们以平等的权利”。但她总觉得不好，火药味太浓，尽是愤怒的呼叫，说理不够有力。后来，她想到，让一个女子取得与一个男子同等的社会地位和权利，不仅是在法律上，而且是在事实上、思想上真正做到这点，真是任重道远。于是，最后把文章内容作了进一步的修改，题目也改成“愿 1 = 1”。

（四）跨越性

保持较大的思维跨度，才能取得思维速度和思维功率。要取得速度，就要省略思维步骤，加大“前进跨度”。曹植为了对付哥哥逼他成诗的刁难，当即写成了“萁豆”诗。这是运用了比喻手法，在很短时间内完成了从兄弟争斗到萁豆同根而相煎之间的思维跨越。要取得广度，就要加强“联想跨度”。有个学生看了报上一则报道，说总结熊猫康康死亡的教训，是只给它吃一种孟宗竹，以致缺少身体必需的其他营养造成的。他写了一篇作文，谈学习中的偏科现象不好。熊猫死亡和学习偏科之间谈不上什么逻辑联系，也不是特征类似的迁移，而是将“毫不相关”的事物联系起来，从而取得意想不到的效果。要取得灵活性，就要加强“转换跨度”。这种思维跨度已经超越了一般思维的“近区联想”，突破了事物“可现度”的限制，迅速完成了“虚体”与“实体”之间的转化，这正是创造性思维优于再现性思维的地方。华中师范大学第一附属中学学生王江的《夏夜纳凉小记》借一幅夏夜纳凉小景，反映我国健儿在奥运会夺得十五块金牌的胜利，再现了广大青少年的爱国之情、报国之志，反映了我们这个时代的精神风貌，结果以较新的立意获得了重点中学作文竞赛一等奖。这是由于他实现了将虚体转化为实体的“转换跨度”。

（五）综合性

新的突破离不开对他人思维成果的综合利用，这要求三种能力。

一是“智慧杂交能力”。不要认为对中学生讲这些还为时太早，其实不然。教材中的《眼睛与仿生学》，多次国际作文比赛获胜的作文，都是这种“智慧杂交”的结果。上海华东师大附中李峰的《莫愁前路无知己》，取得“外空探索——空间活动将如何改变我国和世界”比赛的第一名，其中就不但综合了现代航天技术各方面的知识，而且也“杂交”中国古典文学的知识和传统道德中重友的伦理观念。

二是“思维统摄能力”。我国小学生刘倩倩参加“儿童关心儿童”的世界儿童诗歌比赛，以《请别问这是为什么》这首诗获得第一名。大意说：妈妈给我一盒糖，我舍不得吃把它珍藏着，请别问我这是为什么；以下多节，分别说到珍藏着一幅画、一件棉衣，都“请别问我这是为什么”；最后点明，我要把它们送给那卖火柴的小女孩。一首小诗的成功绝非偶然，而是因为小作者在处理主题、题材和构思等方面，表现出不同凡响的思维统摄能力。作者不仅巧妙利用了世界童话名著《卖火柴的小女孩》中的人物、情节，而且连其中的一个火炉（温）、一只烤鸭（饱）、一棵圣诞树（乐）、一位奶奶（爱）等细节也不轻易放过，而正好在对应的基础上形成自己的诗节：一件棉衣、一盒糖、一幅画和一位妈妈。于是在浩瀚的世界文学之林里又绽现了这株幼苗。

三是“辩证分析能力”。这里举一个日本中学生议论文写作的例子。题材是从一幅漫画看“找窍门”，画的是两个小淘气因闹过了头，受到了校值周员的监督。他们商量对策，伪装老实，自己也当上了值周员。从此更无顾忌地恶作剧了，还得意地说：“世界上所有的事都有窍门。”写作前强调在讨论中整理自己的想法。通过讨论，形成了两种意见：一种认为要摆脱“找窍门”的恶习，实实在在地做人；另一种主张提倡在正确意义上的找窍门，即努力提高工作效率等。对于前一种意见，也有持反对态度的，即认为“老实人吃亏”，有必要“找窍门”。再让持不同意见的人分别为自己的论点找论据，如反对找窍门的学生就进一步从正面和反面、个人和班级等多方面进行了分析。这样由整体到部分，层层一分为二，培养了学生的辩证分析能力。

通过以上简析，可以看出，阅读和写作是全面培养创造性思维能力的有效途径。甚至可以说，语文课比起其他学科来，在这方面是得天独厚的，因为它本身的性质决定它同思维的关系最密切：语言是思维的物质外壳，是思维的直接现实。如果说思维能力是智力的核心，那么，语文就是最贴近这个智力核心的。经验丰富的语文教师说："作文是创造性的劳动，要用科学发明的创造精神对待作文。"（《语文学习》1984 年第 5 期王澄令《培养写作尖子的"秘密"》）作文是发明创造，那么阅读呢？不就是学习发明创造成果吗？只要不把现成语言材料当作教条去死记硬背，而是知其美（即创造性）还知其所以美，那么听说读写的任何一项，都是语言上的发明创造活动。

三、"四步骤"语文立体教学课型的教学结构和程序

（一）第一步骤：导读质疑

学起于思，思源于疑。衡量教学质量的高低，关键在于师生能否提出有价值的问题。不会提问的学生不是学习好的学生，提不出问题的教师不是有水平的教师。创新始于问题。正如著名科学家李政道所说："最重要的是提出问题，否则，将来就做不了第一流的工作。"在课堂教学中，问题提得好，犹如一颗石子投向平静的水面，能激起学生思维的浪花。课堂上，鼓励学生大胆质疑，标新立异，也是培养学生创新精神的一种有效途径。教师引导学生阅读课文时，要有意识地诱发学生发现疑难，提出问题，并对问题进行筛选，围绕教学目标，确定有讨论价值的重点问题，准备探究。这一教学步骤要取得成功，关键要把握以下三点。

1．感情朗读。

语文教学，区别于其他所有学科的个性与品质，就是朗读。朗读，是语文教学最基本的活动；朗读，是语文教学最主要的方法或手段；朗读，也是语文教学的重要目标，是语文教学的生命线，是语文教学的根。从这一角度去衡量一堂语文课有效与否，就看老师指导学生朗读好了没有。其实，书读百遍，其义自见。许多课文，只要学生读到位了也就理解了，根本不需要教师连篇累牍地讲解。读到牵肠情自深，读出意境理自喻。遗憾的是，许多教师喜欢在课堂上讲解分析，以至于想在语文课堂上听到学生琅琅的读书声成了一种奢侈！这极大地阻碍了语

文课堂教学效率的提高！没有读书声的语文课堂教学是苍白的、乏味的！语文课堂要充满生机与活力，呼唤学生琅琅的读书声！新课标强调学生与文本的“对话”，不读怎么能行！新课标非常重视培养学生“良好的语感”，不读又怎么能行！朗读是我们学习语言的常规武器！提高语文课堂教学效率还是多读少讲好！

针对语文课讲解分析之风太盛的时弊，我们主张“多读精讲”和“以读代讲”。“多读精讲”精辟地概括了读与讲之间的辩证关系，强调读在语文教学中的重要性，但并不是只读不讲。“以读代讲”是贯彻“以读为本”教学思想的最好方法。“以读为本”是指在阅读教学过程中“要让学生充分地读，在读中整体感知，在读中有所感悟，在读中培养语感，在读中受到情感的熏陶”。这是语文课程标准对语文课提出的明确要求。成功的语文教学，常以培养语感为标志，而朗读教学是培养语感的先决条件。学者余秋雨曾说：“中国历史上毁灭性的战乱太多，只有一种难以烧毁的经典保存完好，那就是古代诗文经典。这些诗文是蕴藏在无数中国人心中的雕塑和建筑，而一代接一代传递性的诵读，便是这些经典绵延不绝的长廊。”但愿这“长廊”不被遗忘，让我们的学生在朗读中去深切体会李白的豪情壮志，去深切感受杜甫的忧国忧民。

朗读是语文教学的重要目标，也是语文教学的主要教学方法。可以说，一堂课，只要教师指导学生将一篇课文朗读到位，就成功了一半。

2. 有效提问。

1912 年，美国学者史蒂文斯第一次对课堂教学提问进行系统研究，发现教师提问和学生回答大约占去了课堂教学的 80% 的时间，进而得出提问是“有效教学的核心”的结论。爱因斯坦指出：“提出一个问题往往比解决一个问题更为重要。”钱梦龙老师则认为，提问是语文教学的“常规武器”。

什么是“有效提问”？有一则西方幽默故事：一位信徒在长时间的默祷中忍不住想吸烟，便征询牧师：“祈祷时可不可以抽烟？”回答当然是否定的。这位信徒眉头一皱，计上心来：何不换一种问法呢？于是，在另一次祈祷前，他这样问牧师：“请问抽烟时可不可以祈祷？”巴不得人们无时无刻不作祷告的牧师只好同意了。这则故事实在耐人寻味。简而言之，信徒的第一次提问就是“无效提问”，而信徒的第二次提问则是“有效提问”了。

语文教学的有效提问，是指提出的问题具有思考价值，能够启发、锻炼和发展学生的思维，具有极强的探究性。

（1）关键处提问：助你揭示课文主旨。

所谓关键处是指那些牵扯到课文主题和重要观点的词句，教师如果能够抓住这些关键词句设计出一个带有全局性的问题，就能揭示课文主旨，并培养学生的概括能力。

我教《孤独之旅》，紧扣课题，提问学生：杜小康的“孤独之旅”真的“孤独”吗？有的学生说他不孤独，理由是，孤独的本义是“孤单，独自一人”，而杜小康有他父亲陪他放鸭，还有一群鸭子陪他，所以他不“孤独”。我就让学生针对这个问题展开讨论。最后学生达成共识：杜小康父亲不理解孩子，父子没有交流，那群鸭子就更不懂人话了，所以杜小康的“精神和灵魂”是孤独的。

教完《阿Q正传》，我向学生提出了一个问题：“剧作家陈白尘将这篇小说编成了话剧。戏演完后，舞台上出现了由演员扮演的鲁迅先生。鲁迅先生对观众说：‘阿Q已经死了，但他并没有断子绝孙。’日本文学界评论说，话剧结尾那句鲁迅并没有说过的话‘意味深长’。请问，‘意味深长’在哪里？”对此，学生开始了热烈讨论，最终他们得出了结论：阿Q的生命虽然结束了，但他的愚昧思想仍在中国大地上有一定的影响。只有不断清除阿Q的“精神胜利法”，才能振奋民族精神，推动中国社会的不断进步。

（2）细微处提问：启发学生探微发幽。

语文教材的选文大多是经典之作，这些优秀作品的一个标点、一个词语、人物的一个细小动作、一句似乎无关紧要的话，往往都能体现出作者的匠心，蕴藏着深刻的含义。教师可以在这些容易被学生忽略的细枝末节处提问，启发学生探微发幽。

《天上的街市》里有这么一句话：“你看那朵流星，怕是他们提着灯笼在走。”我问学生：“这句诗中的‘朵’是否用错了？”多数学生认为没有错，却又说不出什么道理。于是，我接连提出三个问题：“‘朵’是一个量词，一般用来修饰什么？”学生回答：“花。”“花会带给我们什么感觉？”“美。”“诗人用‘朵’来修饰流星，说明流星与花有相似之处，相似点是什么？”学生很快领悟了：“‘流星’和‘花’一样美。”这时，我趁热打铁进行总结：“可见，诗中这个‘朵’字不仅没有用错，而且用得很恰当、很形象、很艺术，同时也十分符合诗歌语言必须优美的要求。”

《秋天的怀念》里有一段文字：“母亲进来了，挡在窗前：‘北海的菊花开了，我推着你去看看吧。’她憔悴的脸上现出央求般的神色。‘什么时候？’‘你要是愿意，就明天？’她说。”我教这一段时，抓住两个标点符号，来体会母亲对儿子的爱。我问学生，母亲说：“北海的菊花开了，我推着你去看看吧。”这句话明明是在询问儿子，为什么不用问号，而用句号？经过讨论，大家一致认为，这说明母亲想让儿子看菊花的态度很肯定，用句号就是不需要商量了，听我的！母亲急着想让儿子看菊花，让儿子出去散散心，是一种母爱。我又问学生，母亲说：“你要是愿意，就明天？”这句话后面为何用问号呢？学生说，这是母亲在征询儿子的意见，说明母亲很看重儿子的感受或态度，母亲很尊重儿子，尊重就是爱的体现。

如教《孔乙己》时，我提出：“本文的标题是主人公的名字吗？为何自认为满腹学问的人竟连个姓名也没有呢？”这种提问就激发了学生了解孔乙己身世的好奇心和追根究底的求知欲。还可以抓住“孔乙己是站着喝酒而穿长衫的唯一的人”这一句话进行点拨，立片言以居要，使学生深刻认识到孔乙己是一个可怜、可笑、可悲，迂腐寒酸而又正直善良的旧时代的小知识分子。

（3）矛盾处提问：促进学生积极思考。

“水本无华，相荡乃成涟漪；石本无火，相击而发灵光。”艺术的实践告诉我们，矛盾冲突是艺术的魅力所在。教学提问作为一门艺术，也需要教师善于挑起矛盾，促进学生积极地思考。

在课文中，会存在许多表面上看似矛盾的现象：一类是课文题目中的矛盾，如《死海不死》《普通的人，伟大的心》《生于安乐，死于忧患》《为了忘却的记念》等等。还有一类是课文中的前后矛盾，如《威尼斯商人》中的夏洛克贪婪成性却不要三倍还款，而只要“一磅肉”；《母亲》中的英雄母亲在火车站时曾经有过逃跑的念头。如《有的人》开头：“有的人活着，他已经死了；有的人死了，他还活着。”这看似矛盾的诗句，不得不引发读者的思考：为什么死了的还会活着，活着的又已经死了呢？那是两种什么人啊？思考后才知道，前一句的“活”是肉体之活，“死”是精神之死；后一句的“死”是肉体之死，“活”是精神之活。寓意深刻！再如《马说》开头：“世有伯乐，然后有千里马。千里马常有，而伯乐不常有。”前两句也是矛盾的，但这正可以发人深省。原来，前后两句“有”的意思不同。前一句的“有”指“出现”，可理解为世间出现了伯乐，然后才会出现千里马。意即只有伯乐才能发现千里马。而后一句的“有”指“存在”，可理解为千里马经常存在，但伯乐却不经常存在。

教师对这些矛盾加以挖掘，进行提问，会引导学生积极思考，领会矛盾背后的本质与深意。

（4）想象处提问：发展学生思维能力。

爱因斯坦说：“想象力比知识更重要。”教材中有大量想象性文体，课文中有许多省略和空白。让学生对这些文体、空白、省略进行想象，有利于锻炼他们的想象力和联想力，发展学生思维。对此，情境式提问十分奏效。所谓情境式提问，是“通过语言的意义、声调、形象、感情色彩，激起学生的情绪、情感以及想象活动，把学生带入课文情境”的一种提问方式。情境式提问大致有四种类型。

一是剪辑式。例如：“万盛米行的先生对农民说话是有气无力，鄙夷不屑的，而万源祥等几家商店的伙计却不惜工本地叫着‘乡亲’。同是在一条街上做生意的，为什么态度这样不同?”教师剪辑课文中两个不同的镜头，启发学生比较思考，突出了教材重点，有利于学生加深对教材的印象。

二是朦胧式。例如：“愚公到底是无能的，因为两座山结果是被神移走了。大家同意这种说法吗?”教师故意曲解教材，把认知的盲点摆在学生面前，使之呈现朦胧的状态。提问强化了学生的思辨能力。

三是演绎式。例如：“孩子这么小的年纪就去挖山，他的父亲会同意吗?”教材中的“父亲”已去世，教师杜撰了一个活着的“父亲”。但是，孩子的某些行为往往要征得父亲同意，是学生所熟悉的一种生活情境。提问贴合学生的生活实际，有利于学生想象力的培养。

四是扩展式。例如：“于勒真的发财回来了，那会出现什么情景呢?”“假如马克·吐温也是一个伪君子，这场竞选将会如何?”

（5）无疑处提问：引导学生深钻教材。

晋人张载说：“读书先要有疑，不疑处有疑，方是长进矣。”课文中的许多地方看起来平平常常，学生读后提不出问题。在这些地方，教师要于无疑处设疑，引导学生深入理解课文。如教《湖心亭看雪》，教学结束了，我问学生都懂了吗？还有问题吗？学生齐声说：懂了！没问题了！我却说，老师尚有一个问题不得其解，作者开头明明说：“余拏一小舟……独往湖心亭看雪。”后面怎么又说“舟中人两三粒”，还出现了“舟子”这样一个人物？这岂不是前后矛盾？后来，我告诉学生，孟子曰：“尽信书，不如无书。”读书不要拘泥于书本或迷信书本，学贵有疑。学习贵在能提出疑问。所以，我们学习要做到“有疑敢问，有疑善问，有疑必问”。

纵观我们的一切教学活动，可以说，都是以提出问题为出发点又以解决问题为归宿的，教学的有效性提问直接决定着教学的质量和水平。有关的研究表明，我国的课堂教学中有效提问占56%。换言之，教学中尚有近一半的提问是无效的，因此，每一位教师只有加强语文教学的有效提问，才能真正做到提高教学质量。

3. 善于导答。

善于提问，是教师教学艺术的主要表现之一；善于启发指导学生回答问题，也是课堂教学艺术的主要组成因素。课堂上常有这样的情形，教师发问后，学生无动于衷，或者答者寥寥。面对这种情况，如果善于导答，学生就会排除障碍，提问便会成功；否则，就会归于失败。可见，课堂上会不会提问，提问后会不会导答，这是课堂教学提问艺术的不可分割的两个方面。导答成功与否，取决于教师本身的业务素质和教学应变能力，也离不开一些基本艺术方法的运用。

东缨同志曾把教师提出问题后学生的种种表现及其潜台词归纳为以下9种，现摘录如下，可供教师们提问、导答时参考，并有针对性地选择运用后面12种导答方法。

含笑举手，眼眸炯炯者——“不成问题！”（胸有成竹）；

频频举手，目光祈求者——“快叫我答！”（急不可耐）；

笑得娴静，不求发言者——“这题早会！”（隔岸观火）；

佯装走神，智求召唤者——“犯纪律，看您叫不叫！”（以假乱真）；

手举又止，三心二意者——“答？没把握！”（举棋不定）；

双唇翕动，温诵答案者——“演习一遍，求个把握！”（有备无患）；

急问左右，迅速补漏者——“不行，还欠火候！”（临阵磨枪）；

骚首翻眼，随帮举手者——“最好别叫我！”（仓促上阵）；

愁云满面，眼光飘忽者——“怎么答？从哪儿想？”（一筹莫展）……

（1）激将法。

常言说：请将不如激将。有时教师苦口婆心地劝导，学生可能无动于衷，而一句“激将”，却歪打正着，激起一些争强好胜心较强的学生发言。教师发问后课堂上出现冷场时可采用这种方法。如一位教师在发问冷场后说：“我们全班50多位同学，平时个个聪明伶俐，思维敏捷，今天这样一个很简单的问题还能难得住你们吗？谁站起来打第一炮？×××，你敢不敢？”通过激将，把学生推向答问的前台。

（2）鼓励法。

在答问出现冷场后用激情的话语直接鼓励学生回答。一位教师这样鼓励学生："我知道大家都在认真思考，而且有几位同学跃跃欲试，准备回答。看谁先举手？好，一个、两个……很好。×××你先来说。"既充分调动，又指名预先设计提问的同学回答，点、面都照顾到了。

（3）挑战法。

在学生答问都不积极主动的情况下，教师也可以故意说出一个错误的答案，有意挑起"战"火，诱导学生抢答。一位数学教师出了一道数学口算题发问后见学生不愿举手回答，便故意说出一个错误的答案，激起很多人起来订正教师的"错误"。

（4）分解法。

有时提出的问题较难，学生不容易回答，教师发现后，可化大为小，化整为零，把一个大问题分解成几个小问题，来引导学生回答。如一位教师教《少年闰土》时，讲了一段闰土的肖像描写后，提问学生："这说明闰土是一个怎样的孩子？"见学生都没举手，教师马上应变，将这个问题分成三个小问题：

A. "紫色的圆脸"说明了什么？（日晒雨淋、健康）

B. "头戴一顶小毡帽"说明了什么？（浙江农村孩子）

C. 为什么"颈套银项圈"？（父母疼爱他）

学生顺利地回答出了问题。

（5）举一法。

有些问题，答案内容较多，教师可举一点为例，让学生进行"反三"。如教《我的伯父鲁迅先生》时，教师问："本文写了鲁迅先生哪四件事？表现了鲁迅先生的什么优秀品质？"教师可举第一件事：鲁迅和"我"谈读《水浒传》，表现了鲁迅先生认真读书的态度，其余则由学生思考回答。

（6）留尾法。

有些问题，学生一时答不出，教师可再重复一下提问的主要内容及部分答案，留下另一部分答案，让学生续答。如讲《赤壁之战》时，教师提问："周瑜为什么火烧赤壁？"此题内容很多，学生难答，教师可采用以下方法：

A. 赤壁之战时，曹军有——（80 万），而周军只——（3 万）。

B. 曹军多而周军少，周军若要取胜，必须用——（计策巧取）。

C. 周、曹两军隔江相对，最好的计策是——（火攻）。

（7）搭桥法。

为沟通知识的内在联系，教师常在新旧知识的交汇点上发问，这类提问“卡壳”之后，教师不应越俎代庖，自我解困，而应适度地提示思考的范围、对象，或提供旧知识，引起学生联想，打开贮存知识的宝库，让他们迅捷地以旧推新，顺利地完成答问。如一位教师提问一道有关平行线的证明题，学生一时答不出来，教师就启发他：想一想平行线的定理一共有几个？学生答出后，教师接着又问：这道证明题与哪个定理接近？经过搭桥铺路，使学生很快做出了那道题。

（8）指路法。

教师发问后，学生答不到点子上，或答非所问，或一时答不出，教师可指明思考的内容和方向。如教《我的心事》一课，教师问：“大林收到了玉米棒子，为什么流下眼泪？”大部分学生回答：“因为姐弟俩说话算数，为他捎来玉米棒子。”但答案不全面。这时教师可指出：大家再默读一下课文最后一段。学生就能把“还是阿姨说话算数”的答案补充完整。

（9）定向法。

有时教师提出的问题难度较大，与学生的年龄和知识储备不太相符，学生想答而又答得不恰当，或一时“卡壳”，这时教师可及时调节、缩小或限制范围，或指明思考方向，以帮助学生排除障碍，确定思维方向，迅速而准确地达到思维目标，完成答题。如历史课、地理课，有些问题学生一时答不出来，教师可接着限定一下思考范围，指明哪个朝代、哪个国家或地区，范围一缩小，学生答问就容易多了。

（10）迁移法。

对有些问题学生一时答不出时，教师可让学生先体会一下与问题中的事物有相似点或相反点的事物，然后采取“由此及彼”的联系、迁移方法，帮助学生接通解答的思路。如教《中国石拱桥》一课，教师问什么是石拱桥后，接着导答：大家仔细观察过咱们学校附近的石拱桥吗？谁能说出它是什么样子？在学生答问的过程中，教师用规范性语言纠正不准确的说法，这样就可以很快地帮助学生弄清什么是石拱桥。

（11）直观法。

有些问题比较抽象，教师可运用实物、插图、教具等提示、启发学生答题。如教《雨中登泰山》一文时，教师可利用登山线路图来帮助学生思考“作者行踪如何”等问题的答案。

（12）示意法。

有些抽象的问题，教师还可借助动作、表情等来帮助学生理解。如一位教师提问“左手法则”的内容是什么时，学生一时答不出，教师就当场做手势，帮他思考、理解，使他很快弄清楚问题的答案。

（二）第二步骤：立体探究

这是语文立体教学课型的重头戏，也是立体教学的实质及高潮所在。所谓立体探究，就是充分发散学生思维，针对一个问题，从多个角度进行讨论、争辩、探究，以达到发展学生智力、培养学生创新能力之目的。想象力和求异思维是创新能力的核心。这一教学步骤，教师要侧重培养学生的想象力和求异思维的良好习惯。要鼓励学生不迷信教师，不迷信书本，不迷信权威；勇于标新立异，探索未知，大胆地发表自己的意见。理越辩越明。要展开争鸣，让学生的思维迸发出智慧的火花。教学《荷花》，老师问学生：花为什么会开？有的说：花睡醒了，想看看太阳。有的说：花一伸懒腰，就把花骨朵顶开了。有的说：花想和小朋友比一比，看谁穿得漂亮。有的说：花想看看大家会不会把她摘走。有的说：花竖起耳朵，想听我们唱歌。其实，教师准备的答案是：花开了，因为春天来了。受到学生求异思维的启发，教师也改变了初衷：“花特别懂事。她知道大家都喜欢她，就仰起她的小脸，笑了！”这比花还美的故事，正是师生立体探究的结晶。

要获得这一步骤教学的成功，关键要把握以下三点：

1．营造学术氛围。

当前语文教学的基本任务之一，应该是在全面培养学生思维的智力品质的过程中，注重增强学生思维的批判性，与此同时，发展学生思维的独创性——借用《国际歌》中的一句歌词来说，就是“让思想冲破牢笼”！

“让思想冲破牢笼”当然不是放纵学生胡思乱想，标新立异；以偏激为深刻，以逆反为新颖，而是在坚持正确的政治方向和辩证唯物主义思想方法的大前提下，培养学生追求科学、崇尚真理的理性精神，张扬其个性，尊重其心灵，让学生大胆地冲破迷信权威的思想牢笼，冲破固执己见的思想牢笼！总之，让学生通过语文学习不但提高语言的表达技巧，而且养成善于质疑、勇于否定、独立思考、积极创新的治学方法和人生态度。

让学生的思想冲破牢笼，有赖于教师在语文教学中营造学术氛围。在这样的氛围中，教师和学生之间是“真理面前，人人平等”的民主关系，教师是学生求知的指导者，更是和学生一起思考、探索的同志。语文教学中学术氛围的营造，具有多方面的教学效应和教育意义。

（1）指导学生正确使用教参资料。

与其教给学生现成的答案，不如教会学生治学——虽然同样是获取知识，但前者是由教师灌输，而后者是学生在教师的指导下用自己的大脑去探寻，其收获除了知识，更有能力。我们主张在教学中向学生公开备课资料，包括与教材配套的教参，这既显示出教师的自信，又体现了教师的民主。而且，师生共同占有参考资料，大家研究课文就不再仅仅是一些表面的语言现象，而是更深层次的东西。当然，教师应指导学生善于鉴别、取舍和消化资料，而不能成为教参的奴隶。学习《琵琶行》，有学生引用某资料的观点，认为“枫叶荻花秋瑟瑟”的“瑟瑟”应是“碧绿”之意，而非课本上所注释的“萧瑟”。有学生赞同这一说法，理由是，这样理解画面更美——枫叶红，荻花白，秋水碧。还有学生引用白居易另一名句“半江瑟瑟半江红”来印证。我提醒学生要结合全诗理解这个词。经过深入研究，认识逐步统一：“枫叶荻花秋瑟瑟”是渲染一种凄婉的气氛，以秋天的萧瑟来烘托诗人内心的悲凉，因此课本注释是正确的。就这么一次小小的研讨，学生所获得的不仅仅是某一正确答案，而且还初步学会了对教参资料的比较、分析和选择。

（2）激发学生与不同观点交锋。

语文教学课堂应闪烁着学生思想碰撞的火花，以照亮通往真理的道路。当然，不一定每次观点交锋都会有一个终极答案，但争鸣本身也是目的——独立思考是追求真理的起点，学生敢于发表不同看法，就表明他们开始具备探求真理的勇气了。学完《指南录·后序》，有学生对“文天祥的局限”提出了不同看法：有的说文天祥“辞印相不拜”以致丧失军权是失策，有的说文天祥“意北亦尚可以口舌动也”是轻信，甚至还有学生认为文天祥拼死挽救一个腐朽无能的南宋王朝不能算爱国……我鼓励学生各抒己见，同时引导他们用历史的观点评价历史人物。在争论中，有学生对文天祥的评论颇有见地：爱国总是具体的，一定时期的“国”总是通过一定的政府来体现；文天祥未必看不到南宋的腐败，但正因为这样，他更希望拯救它、振兴它，这恰恰是他的忠诚之处和悲壮之处，千百年来人们敬仰的正是他这种誓死报国的民族气节。教师组织这样的思想争鸣，还应教会学生运用一些正确的思想方法——具体问题具体分析，顾及全篇主旨分析某一语句的含义，结合一定的时代背景和社会特点把握某一作家的思想感情及其作品的得失等。

（3）鼓励学生向课文质疑。

教师在引导学生从课文中吸取思想养料、学习写作技巧、获得审美体验的同时，还应鼓励学生实事求是地指出课文中可能存在的不足，以破除学生头脑中唯书是从的迷信思想。对古代作品中的消极因素，学生比较容易发现也勇于指出；对当代作家的名篇，学生则容易盲目崇拜。针对这种情况，我常给学生读一些课文的原稿和修改稿，说明任何佳作都不可能十全十美，并带头在名篇中“挑刺”。渐渐地，学生的思想解放了，逐步能发现一些课文的美中不足——有的学生在《雨中登泰山》中找出了几个病句，有的学生批评杨朔散文中构思雷同的倾向……学生向课文质疑，并且提出自己的修改意见，这实际已不仅仅是怀疑了，其中还包含有积极创造的因素。这样做，并不妨碍学生对作家的尊重和对课文的欣赏，只是不迷信罢了。

（4）提倡学生同老师商榷。

“吾爱吾师，吾更爱真理”，表现出在追求真理的前提下既尊重师长又保持个人心灵的人文精神。既然承认师生平等，就应该允许学生提出与老师不同的观点；既然尊重学生，就应尊重学生的思考并保护其发表不同观点的权利。学完《祝福》，有位女生认为我对小说主题的分析不够完整。她指出，小说固然“深刻揭露了封建礼教对劳动妇女的摧残”，但柳妈、卫老婆子以及“咀嚼赏鉴”祥林嫂悲哀、嘲笑她“你那时怎么竟肯了”的所有鲁镇人，无一不是病态者，整部小说揭示了旧中国人与人之间的冷漠，而祥林嫂正是在这冷漠中死去的。听完她的发言，我并不认为她的观点能完全驳倒我的分析，但她善于独立思考而且剖析确有独到深刻之处，丰富并深化了我们对作品的理解；在课堂上向老师“挑战”更是难能可贵。因此我肯定了她的发言。应该特别指出的是，师生之间的商榷并不只是是非之争，更多的时候是互相启发、互相补充和互相完善，只要言之成理，还可以求同存异而不必非要定于一尊不可。

严格意义上的学术研究，是对某种较为专门、有系统的学问的研究。大多数中学生显然达不到这个程度，但这不妨碍中学语文课堂上充满一种民主平等、富于批判精神而又闪烁着创造性智力火花的学术氛围。实践证明，让学生的思想冲破牢笼不仅必要而且可行。语文教学中学术氛围的营造和学生初步治学能力的培养，既体现出一种教学艺术——对学生知识的有效转化，更体现出一种教育民主——对学生思想探寻的充分尊重。

2. 追求同步共振。

语文教学较为特殊。仔细剖析语文教学，有四种思路在发挥作用，即教师思路、学生思路、课文作者思路（包括作品中人物的思路）和教材编者思路。语文教学的四种思路，各具不同的性质，属于不同的范畴，在特定的阶段各显其重要性。

教材编者的思路具有人为的规定性和针对性，是一种相对静态的给定思维信息，它明显地寓入教材这个信息载体里面，是师生思维加工的重要信源。教师的教学思路是一种使教材的知识信息按照学生的思维实际重新加工组合，使静态信息变为动态信息的过程，并采用适宜的传递方式传输给学生。学生思维发展的现实性和可能性，制约着教材选取内容的广度和深度以及内容排列组合的结构，制约着教材编者的思维和教师的思维；换言之，就是指教材的编制难易度与教师施教的深浅度，皆受学生思维接受能力的强弱度所制约。教师的教学思路既以发展学生的学习思维为目的，又以学生学习思维发展的现实性和可能性为依据，同时，又受课文作者的思路所制约。课文可以说是作者思维的“果”，而在教学中，教师的思路无不朝着揭示这种“果”产生的“因”的方向发展，从作者的创造动机、背景以及内容等方面，越能准确地体现作者的本来意图越好（当然，不能否认教师对作品的再创造）。

在语文教学中，这四种思维彼此联系、相互作用，构成了一一对应的作用与被作用的关系。在语文教学的各个阶段，这四种思路之间的运动是不平衡的，富于变化的。所谓语文教学的同步共振，就是指参与语文教学的各种思路，能够沿着教学目标或教学目的，同步运行，和谐变化，产生共鸣，使师生的求知活动达到理想境界，提高教学效率。

要实现语文教学的同步共振，关键在于处理好语文教学四种思路之间的关系，谨防顾此失彼，畸轻畸重，或不加调节，盲目自流。正如我们在第一章的“思维的最优化运动”一节里所论述的，“备课与施教时，主要应抓住学生思路这个主体”，这并不是说不需要钻研教材，不需要掌握作者思路，也不是说不需要教师教的能动性，而是说，课文作者的思路、教材编者的思路、教师思路都是围绕学生发挥作用的。抓住学生思路，就可以协调四种思路，在不平衡中不断演进，实现自适应、自调整，从而获得优化的教学结构，也更有利于实现四种思路的协同运行，提高教学效率。因此，我们必须千方百计地掌握学生思路的特点，在教学过程中，重视学生反馈信息，不断地根据学生的思维流程来调整教学设计，切实做到教师思路、课文作者思路与学生思路同步进行，和谐变化，发生共鸣，获得师生求知的优化境界。

学生的思维是最活跃，最不易把握的。在语文教学过程中，教师引导学生的思路是展开教学的基础，排除学生思路障碍是引导学生思路的主要手段。可以说，教学的全过程，就是教师帮助学生不断地排除思维障碍，疏通学生思路的过程。在课堂上，如果学生的思维出现了迟钝或停滞现象，说明学生的思路碰到了障碍。学生的思维障碍，是由学生的心理障碍所引起的，“满足感”与“冷漠感”是导致学生思维停滞的主要原因。

在熟悉了作品内容、把握了中心意思之后，不少学生最容易获得“全懂了”的内心体验而产生“满足感”，年级越低，“全懂了”的内心体验越强烈。课堂常常出现起始阶段顺利、展开阶段难以推进的现象，其思维障碍正是在这里，也使教师的讲授长时间停留在作品文字表层意义的分析上。也就是说，师生的思维老是处于同一平面上，将强化学生的“满足感”，甚至造成课堂气氛的凝固状态。因为这实际是人为地扩大学生思路、教师思路、课文作者思路之间的距离，造成了三者之间的不协调。

排除满足感的途径是：向学生提出可望而又可即的思考题，使学生产生“并未全懂”的内心体验，课堂上形成不断深入探求的思维流向，将教学推向纵深。为此，有经验的教师重视设计“出人意料”的问题，诱发学生的探求欲望。如教《石钟山记》，可以这样设疑：“明明是山，为什么以石钟来命名？”这个问题的提出，会收到“一石激起千层浪”的效果，拨动学生思维的琴弦。学生经过思考，会作出种种推测：“山形如石钟”，“叩石声如钟响”，“水激时声如洪钟”。当学生处于疑虑之中时，再告诉学生：“为了弄清原因，一千年前苏东坡专程去石钟山考察过，看看他是怎样解开这个谜的。”这时，疑问又引起了学生的悬念，把学生的注意力吸引到阅读思考上来，激发同学们自己去钻研课文，去解疑。这样，学生的思维、教师的思维、课文作者的思维更紧紧地融合在一起，且不时迸发出智慧的火花，自然消除了学生的“满足感”。

程式化的课堂教学，很难使学生动情；尤其是当教学以应试、升学为宗旨时，教师往往把作者激情甚至心血凝聚而成的作品肢解为若干语言文字训练项目，学生的冷漠感就更为严重。排除冷漠感的基本途径是引导学生完成与作者、作品中人物的“心理位置互换”。我们可以将学生引入“角色”。学习《送东阳马生序》，可以让学生体会宋濂求学的艰难，并与自己对照，使学生在情感上与作者发生共鸣，勉励同学们专心致志地学习。学习《与妻书》，可以让学生体会林觉民在信中洋溢着对妻子的爱，对生活的爱，时时作安慰又时时作解释的缠绵悱恻的复杂心理，和作者并没有停留在儿女之情上，而是将儿女之情与革命相比较，使对妻子、生活的爱与革命需要统一起来的崇高的思想境界，从而激发学生热爱祖国、热爱社会主义的美好感情。

综上所述，我们所谓的“同步”，实质是指教师思路、教材编者思路、课文作者思路、作品人物思路随学生思路的同步运行，和谐变化，这是使语文教学各种思路之间发生“共振”、得到共鸣的基础。如果将教师比作一个高明的琴手，那他就善于在教学的各个环节拨动学生思维的琴弦，激起他们探求的欲望，使学生的思维活起来，新起来，深下去，让创造的火花在他们活跃、敏捷的思维中迸发！

（1）思路教学法。

课堂教学的成功与否，很大程度上取决于教学思路成熟与否。教师在熟悉教材、研读教材的同时，逐渐会产生一个如何教得完整的考虑。考虑一旦成熟了，教学思路——教什么和怎么教也就成型了，胸有成竹了。比如写作，对生活有了真切感受，有了表达欲望，就会同时进行构思：先写什么，后写什么，怎样展开情节，如何凸现主题等。一堂成功的语文课犹如一篇优美的散文，这一比喻其实也包含了教学思路对课堂教学的作用的认定。叶圣陶先生曾说：“教师之为教，不在全盘授予，而在相机诱导。”这诱导，即是教学思路诱导的过程，即是教学思路在教学活动中的体现。一般地说，学生对教材的学习主要是循教师的教学思路进行的，因此，教学思路就有了鲜明的实践性特点：它不只存在于教师的头脑中、教案里，而必须转化为课堂教学活动。

教学思路清晰，语文课就会清晰，学生的思维也会逐渐清晰；教学思路新颖，语文课就会新颖，学生则会获得创造性思维的启迪。正所谓“种豆得豆，种瓜得瓜”，教师的个人思维品质集中地体现在教学思路上，又以非常鲜明的个性化色彩，潜移默化地给学生的思维品质打上烙印。所以，教学思路不光是讲解课文、传授知识的某种框架或载体，其本身的清晰或模糊、新颖或呆板等，直接关系到养成学生怎样的思维品质。

首先，应该弄清楚什么叫思路。张志公先生曾这样解释：“思路不是凭空产生的，而是以客观事物为基础的。客观事物反映在作者头脑里，经过观察、理解、认识的过程，形成了他对事物的印象、看法、态度或感情。把这些印象、看法、态度或感情理出个头绪来，就是所谓思路。人总是根据思路来结构文章的。”他认为“只有从锻炼观察能力和理解、认识的能力入手，才能培养起既活泼而又严密的思路；只有培养起这样的思路，写文章才会有好的结果”（《语文教学论集》）。

写作实践证明，这些观点都是正确的。不可否认，大多数语文教师都能自觉地注意思路的开展，在培养学生听、说、读、写能力的同时，有意识地进行思路教学。比如，于漪老师对此就有很深的体会。她说：“教师在教学中，就要善于抓住课文中作者提供的材料，积极引导学生顺着作者的思路，仔细琢磨，反复推敲，看看作者是怎样细致入微地观察生活的；有了生活，又是如何通过自己的思维，将一堆堆的素材整理成文的，从而理解和掌握观察和思维的奥妙。”（《中学语文教学探索》）她主张对学生“指导要启，不要闭。要明确要求，打开思路”。早在半个多世纪以前，梁启超就主张“教人作文，当以结构为主”。他指出，“凡一件事实，总容得许多观察点”，教学生作文，就要引导他们各自“认定一个观察点作去；既认定时，便切戒旁骛以免思路混杂”（《作文教学法》）。这种“以结构为主”的主张，就是重视思路教学，它对解决学生的思路不清、层次杂乱、语句不连贯等问题是能起到积极作用的。

其实，在教学中接触到的任何一篇课文，不论长短，不管体裁，必然体现着作者的思路。作者动笔之前，不论列提纲或打腹稿，总得理清自己的思路：从哪儿到哪儿，怎么走法，是走直路还是迂回而行，为什么这样走而不那样走，最后将达到什么目的，如此等等。思路越清楚，文章的脉络就越分明。像《文心雕龙·章句》所称：“启行之辞，逆萌中篇之意；绝笔之言，追媵前句之旨：故能外文绮交，内义脉注，跗萼相衔，首尾一体。”大意是说，文章的开头给承转部分做好准备，文章的结尾又呼应前文。因此，表现在外的文辞像绮文交错，文内的含义如脉络贯通，衔接自然，形成一体。

清代文艺理论家刘熙载说得十分透彻：叙事方法尽管有多种多样，“唯能线索在手，则错综变化，唯吾所施”（《艺概·文概》）。记叙文如此，其他如议论文、说明文，以至于一首诗歌，作者又何尝不需要抓“线索”？

线索、脉络、思路是对同一事物的不同说法。教师在课堂教学中引导学生对课文划分段落层次，编写各种类型的提纲，或者讲文章的布局谋篇，启发学生进行创造性的复述，以及学生作文前后教师的指导和讲评等，有哪一样能离开思路教学呢？

对这个问题有明确认识的教师，就能随时把培养能力与发展智力紧密结合起来，有意识地对学生进行思路教学；相反，有的教师却只能为分段而分段，为讲段意而讲段意，甚至照抄参考资料或别人现成教案中的有关文字，把它硬塞给学生，而不晓得怎样同思路的开展挂起钩来。

然而，应当承认，做任何一件事，有意识与无意识，有目的与无目的，其效果是大有差异的。因此，怎样进行思路教学便是值得研究的课题了。

要想在语文教学中切实有效地进行思路教学，我们认为必须重视教学思路。

什么是教学思路？教学思路有两方面的含义：一是指在组织学生学习过程中教师的思路；二是指在接受知识、掌握知识和运用知识的过程中学生的思路。大家知道，教与学是同一过程的矛盾双方。在教学中，教师是矛盾的主导方面，必须充分发挥教师的主导作用；同时，学生是认识客观世界的主体，所以又必须充分调动学生学习的积极性和主动性。

作为矛盾的主导方面的教师，组织和引导学生学习，应该了解学生的生理和心理特点，教学要符合青少年学习活动的规律。比如语文课的讲读教学，教师不仅要在深入钻研教材的基础上，弄清作者的思路，理解文章的思想意义和表现方法，还得根据教学要求、学生的水平和接受能力以及他们的学习心理与思路来仔细琢磨自己的教学思路。所谓教学设计，其中占支配地位的是教学思路。而人们常说的“教学既是科学又是艺术”，也往往体现在教学思路上。

教学思路不同于作者的思路，讲读教学更不等于按照课文的顺序从头到尾读下去，讲下去。文章的内容和脉络是早已固定了的，但不同的教师教同一篇课文，由于各人的修养不同，体会不同，特别是思路不同，因而处理的方式不同，教学效果也就不同。

人们往往赞叹某位教师的课上得如何出色，听课真是艺术享受。殊不知一切成功的课，教师所花的备课时间又何止一个 40 分钟！教师认真备课，不仅要考虑自己怎么做，更重要的是着眼于学生怎么学。教学内容的选择，教学方法的运用，教学步骤的安排，像结构文章那样，怎样起、承、转、合，都得考虑周密。上课也确实有一个“思想从什么地方出发，怎样一步一步往前走，最后达到这条路的终点”（叶圣陶语）的问题。

遗憾的是，有些教师不重视这个问题，或者不理解它的重要性；有的虽从教学实践中意识到这中间的奥妙，但又苦于缺少改进教学的办法；还有的故步自封，得过且过，不愿意在这个问题上多动脑筋。

我曾听一位新教师上语文课，提问："同学们，你们说这个句子用的是什么修辞手法?"学生回答说："比喻。"教师低着头，只管讲下去："对了！拟人法。"原来他的教案上是这么写的，他只会"忠实地"死读教案，而不理睬坐在前面的几十个活生生的人！

如果说他是语文战线的新兵，过分紧张，难免出点差错，情有可原；那么当了几年或更长时间的教师假若上课仍然"目中无人"，听而不闻，视而不见，那就实在说不过去了。而事实上，有些教师的教学路子已经模式化、程式化，不看对象，照本宣科，自己讲的是否过深或过浅，过多或过少，语调是否过高或过低，过快或过慢，一个信息传送出去，对方是否能接受得了，学生的思维活动能否适应，以及如何为学生创设"问题的情境"，启发学生积极思维等，都不加考虑。这样，彼此思路不合拍，名副其实地格格不入，难怪学生思想开小差：你走你的阳关道，我走我的独木桥！让教师一个劲儿地去唱独角戏吧。

有经验的优秀教师上课却是另一种情况。他们体会到如教育心理学家所说的"在教室中的具体学习情境下，学习指导可以说是一种一名教师和许多学生之间的以教材为媒介的通信过程"（《教育心理学》中译本），因而随时察言观色，注意学生的反应，按具体情况灵活执行原定的教学方案。他们掌握学生的智能，洞察学生的心灵，体谅学生学习的甘苦，仿佛出色的向导那样，知道哪儿是平地，何处有险峰，胸有成竹地、耐心地领着学生一步一个脚印地前进，跨越障碍，卒至佳境，使学生得到用自己劳动换来的不可言喻的喜悦，产生了浓厚的学习兴趣。在整个教学过程中，师生情感交流，思想沟通，一言一语，上下呼应。学生既学得活泼，又学有所得，课后还留有无穷的回味！——这可以说是达到了教学的理想境界。

教学思路既然如此重要，在教学中又将怎样体现呢？这里只举语文教学的一个片段作为实例来说明：一位教师教《魔鬼的笛音》这篇杂文，他的教学思路是这样的：第一步，先让学生试写驳论短文，要求驳斥苏联诬蔑我国向"四个现代化"进军的种种谬论；第二步，学生自读课文，要求联系自己的作文，体会课文的写作特点；第三步，教师在讲析课文的同时，兼评学生的作文，以提高他们的读写能力。

课上得很成功，读写结合的原则贯彻得很好。特别值得注意的是教学进行到第三个步骤时，教师没有按照课文的顺序讲解，却将文章开头介绍国际背景的两个自然段留到最后去讲。这并不是随心所欲，而是因为教师掌握了这个班级的学生学习的心理，考虑到学生的可接受性。如果一开始就讨论国际背景，恐怕难以讲到点子上去，倒不如先把文章的主体讲清楚了，回头再分析国际背景的介绍对阐明中心思想所起的作用更便于理解。

实际情况也正是如此。当师生共同分析了课文的主体部分，层层批驳了苏联的谬论并揭露了它的本质之后，再来讨论文章开头引用外国报刊和著名人士评论的作用，不必多费口舌，问题就迎刃而解了。教师故意这样安排，正是从学生学习的思路出发的。

再看这一节课的板书设计。教师按照讲析的顺序逐步归纳，先列为四行文字："评介敌论，倾向鲜明"；"针锋相对，着力反击"；"由表及里，揭示本质"；"首尾呼应，表明态度"。可是，他最后归纳"介绍背景，使敌孤立"时，却没有按照讲的顺序把这八个字列在板书的末行，而是提到最前面一行去写。教师这么做，又分明是从作者的思路出发的，否则上下文字一颠倒，文章的脉络就破坏了！

由此可见，教师不仅要正确地理解课文作者的思路，还得准确地把握学生学习的思路，从而决定自己教的思路，有意识地将思维能力的培养当作各种能力培养的核心，根据实际情况，精心设计方案，有的放矢地进行教学。只有这样，才有可能取得良好的教学效果。

（2）"遵路"要从学生的实际出发。

采用思路教学方法，关键在于引导学生开动机器、自力独行，切忌教师"抱着走"。叶圣陶说得好："独行将若何？诸般咸自办：疑难能自决，是非能自辨，斗争能自奋，高精能自探。"具体地说，应组织学生课内预习，大胆质疑，然后顺着作者的思路边读边想，弄懂文章各自然段写了什么，全文可归纳为几个部分，各部分之间以及每一部分之间有何内在联系，又是怎样相连的。这样，在教师的引导和点拨下，学生切切实实下一番摸透思路的功夫，逻辑思维的能力就能逐步提高。

①"遵路"必须遵循从学生的实际出发这一教学的基本原则。

如果脱离学生的实际去"遵路"，即使下了功夫，恐怕也难以收到实际效果。《谈骨气》曾经选在初中第一册，教学的对象是初涉议论文的七年级学生。七年级学生连议论文的基本知识还是"白纸"一张，怎么能够在"启蒙"课上要求他们理解"顺着作者的思路边读边想，弄懂文章十二个自然段各写了什么，全文可归纳成几部分，各部分之间以及每部分之间，有什么内在联系，又是怎样相连的”这样一个逻辑性很强的论证过程呢！长期以来，语文教学的一个弊病就是只从教材出发，脱离学生实际。一篇文章在低年级怎么上，到高年级也是怎么上，这种教训难道还不够深刻吗？像《谈骨气》这篇课文，对七年级的学生既然要求这么高，如果是选在八年级、九年级，或者高中教材，又将对学生提出怎样的要求呢？我们认为，在七年级教学《谈骨气》，主要是引导学生“上路”，即让他们认识议论文的一些基本特点，这种文体跟记叙文的区别；要求学生弄清楚课文中作者对什么问题提出了自己的看法（论点），作者拿什么来证明自己的看法是正确的（论据）。这对初涉议论文的学生已经不算低标准低要求了。

②把“遵路”的功夫下在引导学生去理解作者匠心独运的论据（主要是事例论据）的选择上。

我们不应机械地把叶圣陶提倡的“遵路”理解为仅仅是“看它怎样开头，怎样写下去”，还应该包括“拿什么开头，拿什么写下去；为什么拿这些开头，拿这些写下去”。因为“怎样论证”固然重要，但对初学议论文的学生来说，“拿什么论证”更是“怎样论证”的基础。这个基础打不好，“怎样论证”就成了“无米之炊”。初中学生议论问题，比较多的是运用具体事例。课文在运用具体事例议论问题方面是非常精当的，可以作为学生学习的范文。作者所选取的三个事例，从不同的侧面，不同的角度，令人信服地说明了“我们中国人是有骨气的”。从时代方面来说，三个事例概括了中华民族从奴隶社会以来历史的全过程；从人物方面来说，包括了各阶级、各阶层的代表人物；从事例的内容来说，反映了“骨气”的各种外延。因此，应在教学中下功夫引导学生去“遵”作者选择事例之“路”，让学生知道为什么要选这些事例，弄懂这些具体事例的意义和作用。有同志说要启发学生理解“为什么作者不举无产阶级革命英雄作为论据”，我是十分赞成的。但还嫌功夫下得不够。比如说，学生学过的《春》的作者朱自清，不吃外国的“救济粮”，同闻一多一道被毛泽东主席称赞为最有骨气的人，作者为什么不选用？启发学生就这类问题进行必要的议论分析，对培养学生围绕中心选择有代表性的典型论据的能力，是很有意义的。

③“遵路”应根据初中学生天真活泼、无所顾忌、喜欢发议论的特点，注重启发、诱导学生积极思维，发展智力。

教学过程可分为三步走。第一步，引导学生精读课文，在熟悉课文的基础上，启发他们将课文和前面学过的《一件珍贵的衬衫》《一面》等进行比较，从中总结出议论文的基本特点，以及这种文体与记叙文的区别所在。第二步，引导学生理解课文在选择事例论据方面的突出特点。要求学生懂得课文选用的三个事例（能复述出来）；然后布置学生每人收集相应的一两个事例（可让他们课后问父母、兄长），第二天在课堂上用讲故事的形式介绍自己收集的事例，教师再因势利导，让学生将自己收集的事例与课文进行比较，找出异同。第三步，选择论据训练。教师提出学生比较熟悉的一两个论点，让他们从不同的角度选择两三个事例作论据。

这样进行教学，虽然没教论证方面的内容，但有所失才有所得。饭是要一口一口地吃，路是要一步一步地走。让学生学得精一些，扎实一些，正是为了使他们更好地在议论文的“学路”上一步一个脚印地前进。

3. 做学习的主人。

实现叶圣陶先生“教是为了不需要教”的理想，教师要从思想上明确树立“教是为了学而不是代替学，讲是为了练而不是代替练，发挥主导作用是为了使主体自立而不是否定主体作用”这样一个基本观念。具体说来，在教学中应该做到让学生做学习的主人。

（1）学生能够自己发现的问题让他们自己去发现。

发现问题是解决问题的前提，不能发现就谈不到解决。发现问题的能力是人的思维能力的一个重要方面。在语文教学中，有意识地培养学生发现问题的能力，是语文教师的一项重要任务。

许多人认为，问题只有教师才能发现，学生顶多能够找出哪个字不会读，哪个词不会讲，至于隐藏在字里行间的问题，他们是不能发现的。因此，在课堂上，只能是教师提问题，学生答问题，学生答不上来教师自己答。实质上，这是“注入式”的变种。要改革教学方法，先要改革教学指导思想。学生到底能不能发现有意义的问题？实践给了我们正确的回答。

例如在教《小橘灯》一课时，学生不但提出了一些难懂的词语，而且提出了一些有深度的问题。如：①有什么根据说“小姑娘镇定、勇敢、乐观的精神鼓舞了我”？②小姑娘为什么说“你只要说王春林家里病了，她（指胡大夫）就会来的”？③“我”的朋友为什么住在乡公所楼上？她是干什么的？④小姑娘既然镇定，为什么“看见我似乎吃了一惊，把手缩了回来”？这四个问题中的第一个问题，直接涉及教学重点，第二个问题直接涉及教学难点。这两个问题学生不提出来，教师也应当提出来。然而，由学生提出来比教师提出来好。好就好在他们有了解决问题的欲望，也就是有了探求问题的积极性。而学习积极性的调动仍是教学成功的关键。至于第三、第四两个问题，虽不涉及教学的重点、难点，提出来也好。这说明，教师以为不是问题的地方，学生不一定真懂。

前面说过，学生提出的第一个问题直接涉及教学重点。因此，老师可以顺势追问：哪些地方表现了小姑娘镇定、勇敢、乐观的精神？只要学生懂得“镇定、勇敢、乐观”三个形容词的具体含义，要从课文里找出小姑娘镇定、勇敢、乐观的表现并不难。这样，“有何根据”这个问题还用得着老师大费口舌吗？

学生提出的第二个问题，不仅涉及本课教学难点，而且关系到小姑娘镇定、勇敢、乐观精神的根源所在。因此，老师可以顺势追问：王春林是什么人？他和胡大夫是什么关系？他们可能会给小姑娘一些什么影响？这样，就可以让学生体会到课文的许多言外之意。那么，小姑娘为什么小小年纪就能说出“不久……我们大家也都好了！”这样充满乐观精神的话，还用得着老师多讲吗？

（2）学生自己能够解决的问题让他们自己去解决。

经验告诉我们，低估学生的能力，是使学生对语文感到寡然无味的原因之一。教育心理学又告诉我们，让学生体会到成功的快乐，是提高他们学习积极性的秘诀之一。教师教学艺术的最高表现就是让学生自己去探求知识。即使学生一时做不到，也绝不能动摇这一原则。事实上，只要老师引导得法，有些问题学生是可以用已有的知识和能力予以解决的。只要持之以恒，导之以法，学生自行解决问题的能力是不难提高的。

就在我所教的两个普通班里，我做过这样一个实验：有些问题老师不讲，先让学生自己看书研究。等学生都得出答案以后，而且老师普遍浏览了一遍以后，再对学生的作业进行订正和讲评，效果是比较理想的。例如：《任弼时同志二三事》的课后有两个思考练习题：一是“这篇课文从哪几方面记叙了任弼时同志的崇高品质和伟大人格”，二是“以‘任弼时同志在革命生活里渗透着原则性’一段为例，说说这句概括的话是用哪几个事例来说明的”。解决了这两个问题，这课的教学目的基本就达到了。我让学生自学笔答，不但基础较好的学生能答上来，基础较差的学生也能答得差强人意。我把她的作业推荐给全班；有问题的作业，找出带有共同性。（如语言表述不准确之类）问题在全班讲评。这也是讲，但这是针对性很强的讲。这种讲不是可有可无，而是必不可少的。它使学生从老师的讲评当中找到自己的不足，从而在下次能更好地独立完成作业，因而这种讲实际是为了不需要讲。

教《小橘灯》一课，老师提了这样一个问题：从小姑娘的哪些动作可以看出她“小”？有的说，从她“登上竹凳去摘墙上的听话器”可以看出；有的说，从她“爬下竹凳”也可以看出。这时，老师说，还有一个地方……于是，有一个学生说，从她“挪动竹凳”也可以看出。老师问：“何谓‘挪动’？”他说：“就是慢慢移动。”一个小竹凳得慢慢移动而不是搬动，当然说明小姑娘之小。这一点比前两点较难发现。但值得注意的是，这是一个基础较差的学生发现的。这给了我一个信心：即使是基础较差的学生，也并非一切都要等待老师讲才能学懂学会，让他们充分用自己的眼睛和大脑来看和想，是可以逐步达到不需要教的目的。

（3）学生不能发现和解决的问题，老师要引导和帮助他们发现和解决。

如果学生什么问题都能自己发现和解决，那就用不着老师了。学生之所以需要老师，正是因为他们在新知识面前有些问题不能发现和解决。这就需要老师的引导和帮助。然而，老师的引导和帮助仅仅是也必须是为了学生日后能自行发现和解决问题。教师要牢牢记住这一点，必须严格守住这个界限。越过这个界限，就会压抑或妨碍学生积极性的发挥，此乃教师之大忌。

《社戏》一课后面有这样一道“思考和练习”题：“这篇课文主要是记叙‘我’和一些农家小朋友夜间看社戏。但在开头用了不少笔墨写‘我’到外祖父家的其他生活以及看社戏遇到的困难，在结尾又写了六一公公送罗汉豆的事。这些内容同看社戏有什么关系？”这个问题的实质是中心思想与选材的关系问题，要用几句话加以概括实属不易。要概括就要有具体分析，教师的引导和帮助就要在具体分析上下功夫。然而又不全是老师自己分析，而是提示一下让学生自己分析。例如：①所谓“我到外祖父家的其他生活”，指的是些什么事？②看社戏遇到了什么困难？③六一公公为什么送罗汉豆？这三个问题把书上的那个问题加以分解，并且具体化了。具体的东西，学生是不难从书上找到的。于是他们回答道：①“我”到外祖父家可以不读“秩秩斯干，幽幽南山”，可以和许多纯朴的小朋友在一起玩，可以钓虾，放牛。②看社戏之前遇到了没船和外祖母不放心这两个困难，由于双喜的“大悟似的提议”和“看出底细”才得以解决。③六一公公送罗汉豆是因为好客。这时，老师再进一步追问：“那么这篇课文主要是写‘社戏’本身，还是通过看社戏写‘我’和农家小朋友以及农民之间建立起来的美好的友情？”答案不辨自明，于是问题迎刃而解。这样，学生从老师的引导和启发中学到了从具体分析情节入手归纳和概括问题的方法。这就等于给了学生一把寻找真理的钥匙而不仅是真理本身。学生有了这把钥匙，可以终身受益，“不需要教”的境界又何愁达不到呢?

苏霍姆林斯基说:“只有实行自我教育的教育,才是真正的教育。”在教学过程中,努力把我们的教育内化成学生的自我教育,让学生真正成为学习的主人,这是提高教学效率的有效途径。

(三)第三步骤:评价归纳

这一教学步骤是立体探究的收束,是第二步骤向第四步骤过渡的一个必要环节。通过比较评价,梳理思维过程,归纳概括出规律性的知识,并提出新的学习目标。在这一教学步骤里,教师要有意识地引导学生总结科学地思考问题的方法。如引导学生想性状——“是怎么样的”;想缘由——“为什么会这样”;想疑点——“不这样会怎么样”;想联系——“这些事实、现象、问题或观点彼此之间有什么联系,包括异同、因果、发展等”;想规律——“这些事实、现象、问题或观点中包含着什么有益的启示”。这将让学生受用一辈子,实现叶圣陶先生“教是为了达到不教”的理想境界。

1. 掌握教学评价艺术。

教学评价艺术,是指教师在教学过程中,对学生的学习活动与结果所给的评价性语言艺术。教学评价有口头评价与书面评价两种:口头评价是对学生在课堂教学或课外活动中的应答性反应给予的直接的评价语言;书面评价又称评语,是对学生的各种作业作出的间接的文字批示。

无论是口头评价还是书面评价,作为教师对学生学习活动的一种最为常用的评价方式,在教学中发挥着巨大作用主要表现在以下几方面:

一是激励功能。客观准确的评语是学生及时获得反馈信息的重要途径。通过它,学生可以了解自己的学习情况,分析学习中的失误,调整学习进程。同时,教学评语又代表了教师对学生学习结果的评价和认可程度,也反映了教师对学生的情感和态度。因此,肯定性评价能使学生心理上获得满足,产生积极的情绪体验,强化学习积极性。

二是指向功能。教师通过教学评价,指明学生在学习中的创见和失误,并说明改进的途径,会使学生明确或调节自己努力的方向。

三是教学功能。教师对学生学习活动和结果给予评价,不仅仅是作出语言的描述,更重要的是对学生的学习活动进行分析,对学生的书面作业进行批阅,能使教师了解和把握教学的问题所在,及时有效地改进教学活动。

四是沟通功能。主要指书面评语能沟通教师和家长之间的联系,使家长及时了解孩子的学习情况，有针对性地配合教师的教学要求。帮助学生提高学习效率，及时补救学习中的不足。

五是促进学生的自我评价。学会自我评价，是学生学会独立学习的重要标志。教师对学生学习给予的各种评语，对促进和培养学生的自我评价能力具有深刻的影响。

教学评价的上述功能作用能否充分发挥，还取决于教学实践中对它如何运用。我在教学中做了以下几点尝试。

第一，针对学生学习活动的具体情境，给予恰当、准确、富有启发性的评价。学生在课堂教学过程中发表的见解，能反映出学生多方面的情况，即使学习程度相当的学生，也会在思维方法、学习习惯等方面表现出差异。因此，我根据每个学生的特点，在作出恰当准确的评语的同时，还注意根据学生的优点和缺点，在口头评价和书面评价中给予适当提示，从最大程度上激励学生作出改进和努力。

第二，对不同个性特点的学生给予不同评价。如对优秀学生的评价尽可能客观，使他们向更高的目标努力，防止滋长他们的骄傲情绪。而对差生，多采用肯定性评价，表扬优点，使他们常常觉得自己在进步中，激发他们成功的情绪体验，增强自尊感和学习的自信心。

第三，力求把教学评价与对学生的学习成绩评定结合起来，使之发挥更大的激励作用。据美国心理学家佩奇关于教学评语的反馈效应的实验证明，教师对于学生的作业，除了给以分数或等级外，再加以适当的评语，对学生的学习颇有助益。因此，应努力使评价能更好地促进学生的学习。

课堂上的随机评价是依照课堂教学目标对学生在课堂上的学习活动作出即时性的价值判断。随机评价属非系统评价，它是所有教学评价中使用频率最高的，几乎伴随一堂课的始终；它具有相当灵活的机制，要在课堂上驾驭它，但时机、内容、方式的控制很难在备课时预测和安排，多半要靠教师厚实的功底和机智的头脑。请看下面笔者执教《荷花淀》的教学实录片段。

教学目标：分析“夫妻话别”中水生嫂的思想性格。

师：“你总是很积极的”，水生嫂说这话我们应该怎样理解呢？

生：水生嫂支持丈夫参军，称赞丈夫一贯积极，表明她爱国家恨鬼子，思想觉悟高。

师：说得对！不过，水生嫂既然是称赞丈夫，那为什么不抬起头笑着说话，

而要“低着头”呢？〔众笑〕想一下，她在想些什么？〔对学生的回答作肯定性评价，同时提示方法，引导学生使思维充分发散〕

生：她当然笑不出来，〔众笑〕因为她心里很矛盾：为抗日要支持丈夫参军，但又爱丈夫，舍不得丈夫离开。

生：她“低着头”，其实还有一桩心事。〔众又笑，课堂气氛活跃〕参军打仗有生命危险，不怕一万，只怕万一，她为丈夫担忧。

生：这些心事她不好意思直说出来，怕“拖尾巴”。水生嫂温柔、羞涩又顾全大局。

师：大家的分析有深度，真是“众人拾柴火焰高”。既然水生嫂能顾全大局支持丈夫参军，那为什么还要给丈夫出“难题”——“你走，我不拦你。家里怎么办”呢？〔学生思维一旦发散到位，对他们既要充分肯定，同时又巧妙过渡，引导他们思考新问题〕

生：出难题是为了让丈夫离家前把家里安排好，不让他撂下家一走了之。

师：你反应真快。大家想想看，水生嫂是这样想的吗？仔细看上下文，她是在什么情况下说这话的，说这话为了什么？〔对答错的学生予以鼓励，不急于作否定性评价，把评价的主动权交给全体学生，同时揭示方法〕

生：从上文来看，水生他们不过认为水生嫂比会“拖尾巴”的女人们“开明一些”，水生嫂觉得丈夫对自己还缺乏了解，心里有些委屈，〔众笑〕所以想了好一会儿才想出“家里怎么办”的问题来问他。

生：水生嫂提问题其实不是要难住丈夫，而是为了启发丈夫了解家里的难处，理解妻子这样挑起家庭重担也很不容易了。从下文可看出，当丈夫理解了她的难处，她就心满意足了。真是识大体明大义，贤惠得很。

师：他们的发言怎么样？

生（七嘴八舌）：有水平！够味！

〔让学生在探讨中互相评价，而学生第二次发言实际上否定了他自己前面的发言，这是引导学生自行矫正、自我评价的实例〕

上面的教学片段启发我们，要运用好课堂随机评价艺术，必须注意以下几个方面：

要适时。在教学全过程中，要敏锐地辨析学生认识活动所反馈的信息，捕捉最佳时机进行评价，要避免超前评价和延时评价。

要适当。就是评价要中肯，有分寸，以表扬、鼓励等肯定性评价为主。即使学生反馈了错误的信息，教师也应先“艺术”地给予某种肯定，再婉转地指出问题，使学生乐意接受有关他失误的信息。教师还要特别注意创造条件让差生回答力所能及的问题，并予以宽容的评价，使他们更主动地参与到课堂教学中来，而不至于沦为“陪读生”。

要随机应变。评价的方式要根据实际情况灵活运用，如上例，先由教师评价，后让学生互评，再让学生自评。要多鼓励学生互评和自评，教师若创设这样的教学情境，教学中的“问题”就成了全班性的信息联系与信息反馈的焦点，学生就会全员参与，积极思考，主体作用充分发挥，教学才能收到学生群体自我教育共同提高的效果。另外，还应辅以无声语汇，教师的点头示意、微笑、期待目光等非言语行为，只要运用恰当，就能起到“此时无声胜有声”的评价效果。

要引导调控。用系统整体观的思想看，课堂教学过程是教学系统运转和前进的过程，它是在教学要求与学生达到要求的实际可能性之间的矛盾产生、解决、再产生、再解决的交替运动中前进的，这就决定了课堂随机评价必须和引导调控密切配合。如上例，当三位学生发言使问题解决后，教师及时以肯定性评价来激发学生的学习动机，同时引导学生解决新问题；当学生答错了，新矛盾一时难解决时，教师先肯定学生“反应快”，后“强而弗抑，开而弗达”，让学生在学习的“最近发展区”跳一跳摘到了果子，师生再作评价。恰当的评价与得法的引导调控就这样和谐合作，形成合力：解决旧矛盾，使教学过程前进；形成新矛盾，给教学过程补充新能源；解决新矛盾，又使教学过程前进在循环往复中，如车之双轮、鸟之两翼，谁也离不开谁。

要体现教学民主。教师不是真理的化身，学生却是求知的主人。随机评价作为教学过程中师生信息交换的通信活动，往往带有同时性和双向性。一次特级教师于漪在教《卖油翁》第二段时，随口说：“下面有一段精彩的对话。”当即一位学生不以为然地笑了一声。于漪敏锐地觉察到自己可能讲得不妥，于是和蔼地问那学生为何笑，学生答道：“下面的对话不精彩。”于漪欣然接受说：“你提得对，用‘精彩’不妥，应改为‘发人深省的对话’。”这种充分体现教学民主的双向性的师生随机评价，能满足学生自我肯定的需要，激活学生的潜在能力，“活化”课堂教学。

2. 把握教学概括艺术。

概括就是抽取事物的共同属性和特征加以综合，并用最简洁的语言表达出来的思维过程。一般可分为知觉表象性概括和本质特征性概括，这是两种不同水平和层次的概括形式。茅盾先生在《谈〈水浒〉的人物与结构》一文中，在论及杨志这个人物时，曾将其经历概括为“卖刀、得官、失陷生辰纲”，在谈及小说的结构时，又将上述经历对应性地概括为“失志·得志·幻灭”三部曲。前者为知觉表象式概括，后者为本质特征性概括，两种概括比照共存，且准确凝练，严谨明晰，可称为概括的典范。

（1）概括的功能

①概括有益于提高认知活动的效率。

教学活动就其本质来说，是一种简约有效的认识过程。它可以在短时期内，总揽人类几千年积累的智慧与文明。这就决定了它离不开概括这种简约、高效的认知方式和教学方式。现代认知心理学和信息科学研究表明：“人们在对付无数纷繁的信息时，其认识具有简缩的趋势。”（《教育心理学》）概括正是认识简缩的优化形式。它往往用最简短的语言，抓住信息内涵的要点、实质和学习材料的核心内容进行学习。因而有利于再现教学的主要内容，减轻学生记忆负担，使学生迅速掌握有关知识，提高学习效率，并促进知识的迁移和运用。

②概括有助于理清文章的结构线索。

概括以简练凝缩的方式凸现课文结构的主体框架，直观地显示文章的思路、脉络，有助于学生把握文章的结构线索，正如叶圣陶所说的那样“作者思有路，寻路识斯真”。（《语文教学二十韵》）例如《荔枝蜜》这篇课文，学生初读的印象是内容多而杂，所以理顺结构、弄清作者布局谋篇的思路，便是教学的关键。笔者由此切入，梳理出“厌蜂—思蜂—观蜂—赞蜂—变蜂”的结构线。这样一概括，整个文章脉络就显得十分明晰，一目了然，使学生看到，文章材料虽多，但均以作者思想感情的变化与发展贯穿，多而有序，杂而不乱，做到了“形散而神不散”。

③概括有益于提炼把握文章要旨。

要旨不独指文章的中心和主旨，也包括段旨。概括由于采取了浓缩的形式，从大量的教学内容中淘滤出文章的要点，知识的“真金”，并以简洁的语言表达出来，去粗取精，以简驭繁，故而有助于揭示文章的主旨，便于学生理解把握。例如《醉翁亭记》以“乐”字为“文眼”，贯穿全篇，依次写了“山水之乐、四时之乐、游宴之乐、醉归之乐、与民同乐”五个片段。基于这样的概括，稍加整合，就可以把握全文的主旨：突出了作者寄情山水、与民同乐的思想。

（2）概括的原则

概括，指领会过程中改造感性知识和形成理性知识的过程，它对于训练学生的理论思维是必不可少的。然而，要完整地实现这一过程，做到既要坚持课文的概括，又不搞繁琐重复的无效劳动，还须从根本上重视如下三条原则：

①有重点。

中学语文课本各年级各学期都有明确的教学重点。每册课本的课文分成若干单元，每个单元又有明确的教学要求和教学任务，重点突出，灵活多样。各课的练习、提示和关于读写知识的短文也是单元的组成部分，显示了教学的重点和步骤。这种按重点编排的课文体系，虽然还存在一些问题，语文训练的顺序等还有待进一步研究调整，但是，它毕竟体现了一定程度的系统性、连续性、阶段性和递进性，应该成为语文教学包括课文概括的主要依据。

另外，在具体的教学过程中，还要联系学生的实际。将学生实际水平要求加强的薄弱环节作为教学课文的补充重点或修正重点，并列为课文概括的另一依据。

由此看来，课文概括的重点应该是课文单元的重点加教学实际的重点。与以往面面俱到的课文概括相区别，内容单一化了，目标集中得多了。

例如，七年级上册记叙文单元的重点是记叙的要素，学生实际也需要加强这方面的读写训练，教学记叙文《生的伟大，死的光荣》（以下简称《生》文）时，课文教学包括课文概括的重点都可以确定为记叙的要素。那么，概括结果为：

在1947年新年过后几天的云周西村，由于叛徒出卖，国民党匪徒进村搜捕革命干部。党的好女儿刘胡兰不幸被捕。在敌人的铡刀下，她坚贞不屈，英勇就义。人民颂扬她，伟大领袖毛主席亲笔为她题词。——要素：时间、地点、人物、事件、起因、经过、结果。

备课要明确重点，讲课要突出重点，概括课文怎么能没有重点？

②具体化。

思维认识的水平怎样才能得到提高？马克思认为要经过一条“从抽象上升到具体”的道路。也就是说，要懂得抽象关系中的具体，要能够在抽象真理的基础上认识具体事物，解决具体问题。应该说，这种概括是符合教学规律的。因为教学条件下的概括，通常都有前人得出的抽象结论作指导，如记叙文的要素有时间、地点、人物、事件、经过、结果等抽象结论。但是，具体课文又不尽相同。

如，新闻短讯不一定每个要素具备，而像《生》文，却还有“起因”要素必不可少。上面对《生》文的概括，运用记叙要素的抽象结论得出了《生》文的要素，这样的概括就是具体化的概括。

再以说明文《看云识天气》（以下简称《看》文）为例，如果概括课文的教学重点——“说明的条理性”，其内容可以在教学过程中随时板书：

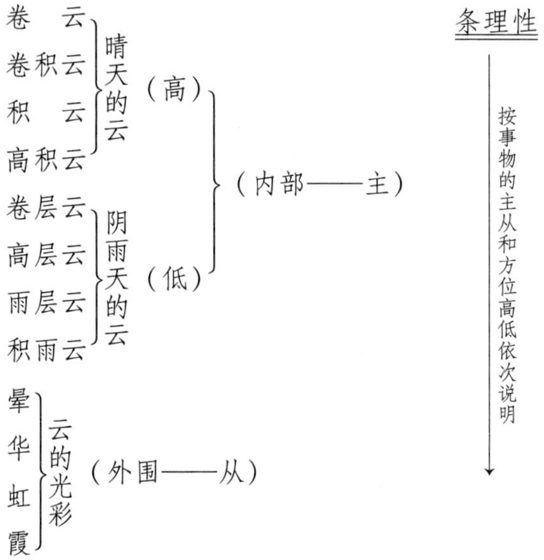

课毕，说明文要由条理性的抽象结论“上升到”《看》文的具体，具体概括出《看》文说明事物的条理性，并能检验和丰富原来的抽象结论。区别于以往的概括，它已经不满足于“条理清晰，层次分明”之类的笼统化、一般化的总结，因为那样一些文字几乎可以用在作为范文的全部课文的概括上，是一种停留在原来抽象结论水平上的概括，不利于提高学生的思维认识水平，不利于引导学生读懂具体课文、分析和解决具体问题，也不利于激发他们借助“抽象”认识一个又一个“具体”、接近一个又一个相对真理！

③求简明。

简明，是对概括文字的原则性要求。概括的有重点和具体化，已经为概括文字的简明创造了良好的先决条件。但是，还得注意明中求明，简了又简。因为概括讲读课文的文字，一般是要求学生笔记、心记的，如果文字晦涩繁多，就会对学生的理解记忆产生消极影响，以至于用笔记了不愿心记，甚或连用笔记也感到枯燥腻烦。目前教参上的概括文字，如前所述，多含混繁复之处。这样的文字，一篇课文大多三百余字，一册课文近万字，整个中学阶段洋洋十万字，不说要求学生心记下来是不可能，就连用笔记下来也是一大难事。

前车之覆，后车之鉴。例如《看》文，如若进一步求明求简，概括文字还能够简化成：

晴天的云（高）
阴雨天的云（低）（主）
云的光彩（从）

条理性：
全文先主后从
主体由高至低

有重点、具体化、求简明的课文概括，与以往全面铺开的课文概括是什么关系？笔者认为，这好比算术中的加减乘除单项运算与四则混合运算，无论在教学实践中，还是在生活实践中，二者各有用场，都不可少。然而，在教学对象、教学重点、教学规律的制约下，只能集中力量打歼灭战，由前者自然地导入后者。前者一一过关，后者略加综合就行了。不然，自始至终以后者贯穿之，恐怕“扁担勿扎，两头失塌”。不单是前者不会，连后者也难以找到确切的答案。

毋庸置疑，概括作为一种思维过程，可以帮助我们整理和简缩无限多样化的对象世界，“使人的认识由感性上升到理性，由特殊上升到一般，把思想引向深化，更正确、更全面、更本质地反映事物”。（《心理学》）所以，培养和发展学生的概括能力当是语文教学的重要任务之一。

3. 增强教学反馈能力。

什么叫“反馈”？反馈是控制论的概念。它指的是操作构件不但依中央操纵台的指令运动，而且它本身的状态又作为一种新的信号“返回传入”，使操纵台对操纵进行进一步调节。这一概念后来被移植到心理学中。具体说是神经冲动由中枢神经系统传到效应器官，引起效应活动。效应的过程和结果，又都形成对有机体的刺激物，引起传入神经冲动。心理学把这种效应活动所引起的传入冲动也叫作“反馈”。

“反馈”的理论用于教学，我们的理解是这样的：教师欲达到教学目的，要不断地把头脑中储存的信息输送给学生，这些信息作用于学生，必然引起学生的反应，表现为把教师输入的信息再以不同的方式输出。学生的信息输出情况能反映教师教学效果的好坏。由于学生的知识基础和智能的差别，对信息的输出不会相同，有的部分输出，有的原型输出，有的同时发出新的信息。经验丰富、反馈能力强的教师能根据学生信息输出情况，灵活地、及时地调整讲课进度、深浅程度及教学方法，总之，部分地、全部地调整课前写的教案。这是不是因为教师课下准备不充分呢？是，也不尽是。因为主客观之间总是存在着距离。课堂上，几十个学生、几十部机器以不同的速度和方式转动，教师不是“神”，课堂上的变化，哪能都预见得到呢？毛泽东同志在《实践论》里说：“由于实践中发现前所未料的情况，因而部分地改变思想、理论、计划、方案的事是常有的，全部地改变的事也是有的。即是说，原定的思想、理论、计划、方案，部分地或全部地不合于实际，部分错了或全部错了的事，都是有的。”教师能够自觉地适应课堂上出现的千变万化的情况，及时反馈，因势利导，是一种很高的教学艺术。反之，教师不注意反馈，无视学生的反应，不管学生能否接收教师的输出信息，一味地用主观主义的“不变”，应对课堂上的“万变”，如同一个指挥员不顾战场上对方战略战术的变化，死板地执行既定作战方针、计划。这样做，虽然也可能打胜仗，也可能治好病，但应该清醒地看到，这种打胜仗，这种治好病，是带有一定的偶然性的，绝不会屡试屡验，因此不应该提倡。

从学生学的一面看，由于教师教学方法的改变，学生的学习由被动转为主动，思想活跃了，他们往往不满足只接收教师输出的信息，而是不断地开动大脑这部机器，同时发出新的信息。例如，教师向学生提出一个启发性问题，智能发展好的学生的回答，很可能超出教师预想的范围，甚至超出教材内容。这说明，这些学生不仅接收了教师的输出信息，而且有所前进。有经验的教师对学生的肯动脑筋总是及时肯定，学生的积极性因此得到鼓励；反之，教师对学生的创见，即输出新的信息，不置可否，漠然处之，学生的积极性必然受到压抑、挫伤。大凡有远见卓识的教师，都希望自己的学生将来能超过自己，青出于蓝而胜于蓝，因此，他们总是千方百计地激发学生的进取心，鼓励学生的创造性，以最大限度地开发学生的智力资源而感到满足，感到欣慰；见识短浅的教师，总是有意无意地压制学生的积极性，使他们的聪明才智得不到发挥。

作为一个教师，应具备什么样的修养，从哪些方面努力，才能有较强的课堂反馈能力呢？我们认为，应从以下四个方面进行努力：

（1）知识面要广，适应性要强。

一个教师课堂适应性的强弱，反映了他的反馈能力的强弱。适应性强的基础是教师的知识面要宽。知识面包括教育理论知识和所教学科的专业知识。教师应该学习教育学和心理学，要懂得教育教学规律，要懂得青少年的心理特征。对所教学科的知识力求既专又博。以中学语文教师为例，除了要有较多的语文知识以外，还应具有其他社会科学方面的知识和自然科学方面的知识，这是由语文教材内容的包罗万象和这一学科的多重教学目的所决定的。从教材内容看，小到微观世界，大到宏观世界，上下几千年，各种各样的知识教材中都有反馈；从教学目的看，既有语、修、逻、文的知识要求，又有听、说、读、写的能力要求。教师的知识面不宽怎么能行呢？不宽，怎么能够完成教学任务？不宽，怎么能适应课堂上出现的多变的情况？

当然，要做到课堂适应性强，还需要仔细地备课。语文备课需要教学参考书，但一个好的语文教师绝不依赖参考书上课，而主要依靠自己对教材深入细致的钻研体会。教一篇课文之前，他们总是既考虑大纲的要求，又考虑这篇文章的特点，对文章的一字一句甚至一个标点符号也不放过，对其本身的含义，在文章、段落中的作用，反复推敲、仔细琢磨，直到弄通弄清为止。对教材谙熟于心，娴熟于口，讲课时才能做到撮其要，择其精，提纲挈领；解答学生提出的问题，才能左右逢源，游刃有余。

（2）要有对象感。

大家知道，孙敬修同志是讲故事的专家，他讲故事是最受小朋友欢迎的。他在总结自己的经验时说：讲故事最重要的是要有“对象感”。有时，虽然是在空荡荡的屋子里讲，但他心里有听众；这故事是讲给三四岁的孩子听的，还是讲给七八岁的孩子听的，他心里有谱，所以，能够准确地掌握火候。讲故事尚且要有对象感，教学要“传道、授业、解惑”，更应该有对象感。教师教课的对象是学生，教师用于教学的一切劳动归根结底是为学生服务。不熟悉服务对象，你的服务必然是盲目的。盲目的服务很难收到最佳效果。教师熟悉自己的学生，应该像熟悉自己的手指一样，不仅深知他们每个人的知识基础，而且要了解他们每个人的性格、脾气秉性、兴趣爱好，他们课下在看什么书刊，看过哪些电影戏剧，什么事情曾引起他们激动……所有这些都应有清楚的了解。只有这样，才能掌握他们的思想脉搏，才能从他们的一颦一笑、一言一语、一举一动中看出他们在想什么，教师的启发、诱导、点拨才能施在关键之处，从而激发他们强烈的求知欲和探索精神。

（3）要有敏锐的观察与思考能力。

反馈能力强的教师能及时对学生的答问或书面练习作出评价。这种及时评价能使学生获得心理上的满足，并转变为动力，促进他们更加努力学习。欲使评价及时准确，要求教师要有敏锐的观察能力与思维能力。敏锐的观察力要求教师在课堂上随时注意观察学生的表情，悉心倾听学生的答问，认真巡视学生做练习；敏锐的思维，要求教师能在观察基础上迅速作出判断。观察与思维又是紧密联系的。举例说明：当一个问题提出来以后，教师应在极短的时间内，通过观察学生的反应，判断自己提出的问题是否适度，从而及时决定需不需要进一步启发、点拨，即要不要调整方法。这“判断”“决定”已有敏锐的思维在其中。从这个例子可以看出，观察和思维有着紧密的联系，判断是观察的结果。考验一个教师有无敏锐的思维能力，往往是在同学们就一个问题各抒己见、展开热烈争论的时候，一个思维敏捷的教师，能在你说你有理、我说我有理的令人眼花缭乱的纷争中，一下子抓住争论的焦点，巧妙地因势利导，或者使问题得到解决，或者把争论引向深入。处在这种情况，教师的反馈能力显得尤为重要，因为教师要起主导作用。

（4）谦虚谨慎，平等地对待学生。

教学活动是师生双方信息的交流过程。当学生的学习一旦摆脱了被动状态，强烈的求知欲促使他们的思维异常活跃，他们可以就老师的讲课提出很多问题，有的是老师意想不到的怪问题，遇到这种情况怎么办？教师肯定要反馈，这反馈不是积极的，就是消极的。积极的反馈要求教师要以平等的态度，谦虚而又认真地和学生一起研究探讨问题，在知识面前“知之为知之，不知为不知”，课堂上未弄懂的，课下去钻研。这样做，既达到了教学相长的目的，又赢得了学生的尊敬，提高了教师的威信，还使师生关系更加融洽、和谐。消极的反馈，即教师对学生的反应不理不睬，堵塞学生的思路。但一个稍有教学修养的教师绝不会这样做，因为这实际上是在自觉不自觉地扼杀学生学习的积极性。

总之，我们认为，教师的课堂反馈能力是教师教学艺术的重要组成部分，增强教师的课堂反馈能力是提高教学质量的需要。培养这种能力，要从许多方面做长时间的努力，但并非不可企及。

（四）第四步骤：训练迁移

所谓训练，就是进行创造性思维能力训练。教师要善于在思维的发散点、连接点和生长点，精心设计课堂练习，努力做到设计的习题具有启发性，一方面使学生通过迁移获得新知，一方面有助于发展学生思维，培养学生的创新能力。如教《不合群的小蝌蚪》一文，便可设计这样一个练习：青蛙妈妈和蛤蟆妈妈丢了自己的孩子，请替它们写个“寻儿启事”。学生表现积极，思维活跃，不但把两种蝌蚪描述得惟妙惟肖，而且充分发挥了想象，写上了联系地址、电话号码等。这个教学环节，是对学生是否读懂课文的检验，是适时将学生自己摆进去的动笔训练，更是一个创造性思维能力的训练。这一教学步骤要把握两点，一是要掌握课堂训练的方式与方法，二是要训练学生的创造性思维能力。

语文教学应大力提倡读写结合和讲练结合。但是，练什么和怎样练，执教者各有所求，各依其本，各得其果。对中学生，我们侧重于表情达意的练笔，用讲读课来激发写作兴趣，创造一种浓烈的课堂练笔气氛，舍得花整堂的课进行训练。教是为了落实到学，学是为了落实到用。教师的活动在于“引路”，归根到底得让学生自己走，最终达到独立自如地“走、跑、跳、飞”。

我们在这方面的做法如下：

（1）在基础知识的练笔中，诱发学生各辟蹊径，同中求异。

比如造句，从小就练，可是，我让写成句群，或叫运用词语写成短文。这些词语是同义词或者反义词，有的再附一个或几个关联词语。学生感到新鲜，愿意动笔。老师提出：“用词一要准，二要巧。”鼓励独创。这样，课堂上总能出现人人争先的氛围。教《秋色赋》，布置用文中的“表示、标志、意味、象征”四个词写成一组话（词序不限）；教《天山景物记》，布置用“美丽、壮丽、瑰丽、绚丽”写一段描写我们家乡风光的文字（词序不限）。

学生很希望让自己的练笔被老师选中作为讲评材料，因此会用上心力来完成这类连词成文的练习。讲评时，不仅学生用心，我自己也为之振奋。请读二例：

①懦弱就意味着失败，而拼搏才象征着胜利。“我们要成为生活的强者!”这句话，表示了我们这代青年人的骨气，也标志着中国青年胜利走向未来的决心。

②青岛确实是一座美丽的海滨城市。夏天的黄昏，你登山眺望就会被壮丽的景色迷住：绚丽的野花与碧绿的芳草映照生辉，大海与天色被晚霞烧成一体，绿树红楼，亭台楼阁，都在夕阳的返照下显出瑰丽诱人的光彩。你从心里发出赞叹：江山如此多娇!

（2）在模仿性的练笔中，促使学生仿其形而务求表现自己独创的“神”。

学以致用，可先从仿笔起步，学有样本，练有规格。但是，引导学生模仿却不应拘泥，仿笔却不落入生搬的套子，在“形似”之中着力表现出本人的“个性”。我用教孟子文章的时间安排练笔课，学习孟子“善比喻，使说理生动形象、深入浅出；善排比，使文句似浪如涛、文势撼人”的长处。熟读文中排比句，又板书我设计的几个“引路句”，以此激发学生感情的火花（做这样的练习

“无情也便无文”了）。接着写出三个填空句，要求运用排比加比喻的修辞手法。

①知识像火花，________；

知识像利剑，________；

知识像航船，________。

②困难是________，它可以________；

困难是________，它可以________；

困难是________，它可以________。

③在________中，“追求”是________；

在________中，“追求”是________；

在________中，“追求”是________。

这种练笔会收到喜出望外的效果，那么多学生的笔下，句子如珠似玉，既富有哲理，又富有文采。仅以上述第3句为代表略举二例：

①在顺境中，“追求”是催化剂；

在逆境中，“追求”是振奋剂；

在成功中，“追求”是清醒剂。

②在春天的绿色原野中，“追求”是含笑的种子；

在夏天的炎阳炙烤中，“追求”是欢乐的叶子；

在秋天的金色泥土中，“追求”是含羞的果子。

这个练笔讲评以后，我让每人写了《谈“追求”》的议论文。这样，把“写作知识——单项练笔——作文”连接起来。学生认为这样学课文“管用”，学到的知识能够“派上用场”。

（3）在创造性的练笔中，鼓励学生驰骋想象。

一类是让学生有自选的天地，“有感而发”。如教《记念刘和珍君》，布置学生“写出对自己教育最深的一句话和由此产生的联想”。

一类是让学生写出动心动情时所浮现的“胸中景、心中境”。如让每人写出“东船西舫悄无言，惟见江心秋月白”这两句诗在自己脑子里的画面。学生在阅读时早已情动于中，此时都乐于驰神骋意，辞发于外：

①这时，四周静悄无声，围拢过来的游船上，有人面带凄色，有人透过模糊的眼帘望着琵琶女。

秋虫停止了哀鸣，枫叶止住了悲咽，秋月冷清地挂在空中。那映在水中的月影，那铺在江上的月色，就像琵琶女这时的脸色：苍白、惨淡、悲凉。骤然停住的琴声，仿佛溶进了呜咽的江水中，只剩下惨淡的秋月和秋江……

②此时，大家都静静立在船上，隔船凝望着这位不幸的琵琶女，唯有叶沙沙，秋虫低鸣，似乎在为琵琶女悲伤。

白居易手举酒杯，但杯子停在半空；他，远望江水。

啊，秋风瑟瑟，江水缓缓，一轮秋月倒映江心，照着这江上的凄凉，同这人世间的不平。

这样的练笔，已经不再是初中阶段的仿写、改写，而是促使高中生张开想象的双翅，调动起自己的生活阅历、知识库存、感情共鸣等诸种因素进行的“再创造”，这是较高要求的思维训练，是培养学生想象力的有效训练法。这确实有一定的难度，但学生们一致认为：“有意思。”

（4）除了上述三种单项练笔，我们还尝试全局性的篇章练笔。

探讨长文短教，不妨选些长文落实到“写”上，促使学生去主动揣摩作者的思路、课文的布局，借此训练自己的构思能力。魏巍的《路标》，学生一读就懂，而作者把握主题的高度，字里行间的浓烈感情，行文运笔的文字功力，如果不通过学生自己动笔，是体会不深、领略不到的。这篇长文我们用两课时处理：

第一节安排“讲读领路”，在读和议中领会感情，理解思路：

路标——赞雷锋
- 一、雷锋生命的价值
- 二、雷锋出现的意义
- 三、雷锋精神的影响

第二节练笔成章，通过讨论，理清下列问题：

①学海迪，自己最受教育的是什么？②学海迪，解决了青年人的什么问题？③学海迪，出现哪些新气象？然后，我再加上一个限定性的开头和结尾。练笔的格局如下：

（开头）

一个平凡的名字，却____________；一副残疾的身躯，却____________；一位普通的姑娘，却____________。

她，就是____________。

（正文段意）

海迪拼搏的价值

海迪出现的意义

海迪精神的影响

（结尾）

在现代化的征途上，在我们的队伍里，必将出现千百万个张海迪。时代的海燕，＿＿＿＿＿＿，生活的强者，＿＿＿＿＿＿。这就意味着，＿＿＿＿＿＿，这就意味着，＿＿＿＿＿＿。

这样练笔，对学生来说，限又不限，统又不统。有指定的格式，用指定的句型，取相似的结构，这是限制和统一；但是，学生的认识各异，感受不一，情愫有别，运用语言的习惯也自有或显或隐的轨道，这又是各有自由天地的不限制和不统一。这里的“限和统”是为了给学生必要的作文规矩，“文有法”；这里的“不限和不统”是为了发挥其个性，调动“各有千秋”的才智，也在于说明“文无固定之法”。所以，练笔的结果，文有章法，并有辞采，露出个性，显出才智。且举一例：

一个平凡的名字，却响彻在广袤无垠的神州大地上；一副残疾的身躯，却拼搏在崎岖的人生山道上；一位普通的姑娘，却乘风破浪探索在知识的海洋上。她，就是当代青年的代表——模范共青团员张海迪。

身体虽然残了，她的精神却那样饱满，信念那样坚定，意志那样顽强，心灵那样纯洁。人生的拼搏多么有价值，多么有意义！

在张海迪面前，既没有炼钢炉前的火花，也没有金黄色的稻田，展现在她面前的是书的海洋。渴求知识，她献给人民；扶起弱者，她帮人帮心。她创造的是精神财富，可以说张海迪是人类灵魂的工程师。

张海迪，是我们20世纪80年代青年的骄傲。云周西村、上甘岭上的火光照耀着她的心房，《钢铁是怎样炼成的》的人生道路指引着她的人生道路，正像她自己说的，是颗流星，就要把光明留给人间。

张海迪的出现，在我们面前又立起了一座闪光的航标。

学习张海迪的活动，早已在全国展开了。许多身残的青年又重新扬起生活的风帆；许多迷茫的青年，为之一振，重新起跑；那些生活的强者更加奋发拼搏。

在现代化的征途上，在我们的队伍里，必将出现千百万个张海迪。时代的海燕，在与风雨雷电搏击着；生活的强者，在与挫折困难拼搏着。这就意味着，祖国的腾飞已经展翅；这就意味着，中华的崛起必将提前到来！

“涉水有深浅，收获大不同：涉浅水者，得鱼虾；涉深水者，擒蛟龙。”课堂上营造出有利于学生发挥独创性的学习气氛，并让他们练笔，心里都冒出“擒蛟龙”的火苗。

课堂训练足以体现教学艺术。教学艺术效果强的训练形式必定有助于提高课堂教学效率。下面是三种效果较好的课堂训练形式。

（1）描红式的训练

课文是例子，也是训练的模式，因而，模仿性练习有其特有的效用。模仿不是创作，但创作可能起始于模仿。自成一家的书法大师，亦或填写过描红字帖。在课堂训练时让学生“描红”，能促使学生当堂巩固、消化所学知识，并能促使学生在读写结合中学以致用。

有一位教师在教朱自清的散文《春》时，曾两度为学生精心勾勒“描红字帖”。第一次“描红”是教会学生“读”：先是在整体导入后，引导学生以课文中的“春草图”为例，要求学生分组自读、自学“春花图”“春风图”“春雨图”“迎春图”。五幅图中，教师着力引导学生赏析第一幅图，将“春草图”中的有关文字用圈点式开掘语文因素，使学生从叠词、短语上体味音乐感，从修辞上感受语句的生动和形象性。第一幅图文字上的特色正是其余四幅图文字表达上的共同特色，因而教师不再逐图分析讲解，只让学生自读、自学，共同赏析，从中得到美的享受。第二次“描红”是要求学生学着“写”：当学生赏析全文获得满足后，要求学生运用具有声色的叠词、轻快的短语和生动形象的修辞，描写一幅“瑞雪图”。学生仿照例文，很短的时间就写出了作文片段。

（2）架桥式的训练

教师教与学生学，巩固旧知识与学习新知识，掌握知识与应用知识等，均可通过切实的训练形式在两者之间架起桥梁。架桥要有明确的目的，目的愈明确，训练效用愈大。如果能架设一座立交桥，使语言、思索、操作成为不同的层面，则更能激发学习兴趣。

文字和语言是铺设语言桥面的材料。“文字是一道桥梁。这边的桥堍立着读者，那边的桥堍站着作者，通过了这一桥梁，读者和作者会面。不但会面，并且了解了作者的心情，和作者的心情相契合。”（《叶圣陶语文教育论集》第261页）从教学角度说，言语能力的听觉效果能够强化文字的视觉效果。一位教师在阅读训练时，及时为学生录音，随即让学生听自己的录音，教学效果甚好。这不仅有助于提高学生“读”和“听”的能力，而且让学生借助声音这一媒介，对课文加深了理解，获得了更为生动、形象的立体感受。教师范读，学生朗读，分角色读，听录音或听配音读等，是阅读训练的基本要求与基本形式。忽略这一训练，偏离课文架空分析，或拘泥于语法、修辞肢解课文，就不能让学生“过桥”

与作者“会面”，也就很难与作者的心情相契合了。

铺设思索的桥面才能达到知识迁移的目的。古人云：“登山则情满于山，观海则意溢于海。”课文的作者实地爬山观海写出的文字，阅历有限的学生读后可能只停留在字面的识记与浅显的理解上。要使他们阅读后对闻所未闻、见所未见的事物留下较深的印象，并从中获得启迪，这是一个实在的课题。重视阅读训练的教师，总是考虑到阅读过程往往伴随着领悟、遐思等思维活动，所以总是启发学生思考、鼓励学生求索。创造条件，提供时间促进学生思维活动，便是铺设知识立交桥中思索的层面。

操作训练往往不为语文学科所注重，其实它也是知识立交桥中不可或缺的层面。有位教师在讲说明文《食物从何处来》时，在学生对课文所介绍的有关食物来源的科普知识发生兴趣的基础上，提出了绘制“食物链”的课堂作业。先是各组绘制，之后师生共同将“食物链”准确无误地画上黑板。在这操作过程中，学生切实感受到说明文的语言必须十分准确，同时使学生既理解了课文中有关定义的含义，又学习了下定义的说明方法。这比一味讲课的效果好多了。

（3）放养式的训练

为了发挥课堂练习的效益，作业的深度和广度必须符合因材施教的原则。这正如要使鱼池充分获得收益，必须分层放养不同鱼类一样。由于学生知识基础不一，智力有所差异，做作业的能力也就有高有低，有快有慢。因此，课堂训练的难易程度及其分量应该适应不同学生的水平。这就既要使程度较差的学生“吃得上”，又要使程度较高的学生“吃得饱”。因而要有一些基本题，有一些稍有变化的中档题，也要有一些综合性较强的能力题。这样，水平不同的学生在不同水层捕鱼，均能有所收获。如有位教师在小说《夜走灵官峡》的教学中，是按下列课堂训练的提纲进行的：

①跳读课文，把小主人公成渝说的话画出来；

②品读所画语言，体味儿童的语言特征（语气急，语句短，重复多）；

③跳读课文，把描写小主人公成渝动作的语句画出来；

④品读所画语言，体味儿童的动作特征（频率快，幅度大）；

⑤评析一段不符合儿童语言和动作的文字；

⑥以“我的童年”为题，写一篇符合儿童语言、动作的小作文。

以上六项，每两项一个界面，两项之间则又由具体到抽象，训练由浅到深，由易到难，由实践到理论再回到实践。这样，知识基础、智力水平不一的学生可以有所侧重地参与各个层面上的训练活动，让他们相互启示，共同提高。既是分析课，又是作文指导课与写作实验课。就这样，付诸实施的课堂训练成了学生在不同水层捕鱼的放养池。

四、“四步骤”语文立体教学课型的教学方法

（一）启发思维的方法

1. 诱导启发

在语文教学中，教师的诱导启发至关重要。我国古代教育名著《学记》就已经提出过启发教学的主张：“故君子之教喻也：道而弗牵，强而弗抑，开而弗达。”德国教育家第斯多惠也曾指出：“好的教师是教学生去发现真理。”可见，启发教学的主张早已有之。当然在现代语文教学中，启发的方式多种多样，但较为重要的应是根据教学目的、教材内容及学生实际，进行设疑问难。恩格斯说过：“人类思维着的精神开出了地球上最美的花朵。”而思维永远始于问题，问题可以推动人们去积极思考，“学起于思，思源于疑”，正是这个道理。

在教学实践中，我们常会发现这样的现象，越是年级低的学生，发言的积极性越高。一个问题提出来，几十双手举起来，回答起来也声音响亮从容镇定。而随着年龄的增长，特别是九年级以后，举手的人渐渐少了，到了高中甚至就没人举手了，即使回答，声音也很低，没有初中学生那神采飞扬的自信与老练。所以教师常常感叹初中生热闹活跃，高中生气氛沉闷。难道学生的思维能力随着年龄增长与知识增多反而降低了？当然不是，这种现象实际是学生年龄心理差异的一种表现。教师如果不考虑学生的年龄特征、心理差异，只是形式主义地要求学生当堂发言，非但得不到相应效果，反而会扼杀学生积极有效的思维。因此，教师的启发诱导就必须考虑学生变化着的心理要求，研究并掌握不同年龄层次学生的心理特点，设计难易适度并能激起学生兴趣和思考的问题。诱导启发的方法主要有：

（1）直观显示，激发求知欲望。

初中低年级学生活泼好动，性格开朗，他们身上还带着儿童的童稚、率真。因此课堂设疑可根据其心理特点强化听觉、视觉，唤起注意，让他们开动脑筋，集中思考以求解答。上《巨伞下的城市》课时，我拿着一把伞走进教室，然后撑开说：“伞是我们日常生活用品。有谁知道伞的结构和作用呢?”学生们争先

恐后地发言。接着我又追问："有谁看见比这把伞大几十倍、几百倍，甚至能遮住一座城市的巨伞呢?"学生们脸上顿时露出好奇和惊讶的神色，纷纷摇头。于是我挂上了挂图，说："今天我就带大家到这座巨伞下的城市去走一走，看看这把伞是如何撑起来的。"这样就把学生领进了课文。在课后练笔中，他们还列举了一些其他的伞，比如起装饰作用的微型伞，游泳池里教练用的遮阳伞等。有的还分析了巨伞的利弊，并想象将来如何改进它或还会出现什么新型伞等，似乎是意犹未尽!

（2）联系生活实际，有感而发。

在与学生接触中，我深切感受到：低年级学生由于思维侧重形象性的特征，往往概括能力较差，语句不连贯或词不达意，因此课堂教学不应满足于营造活泼的课堂气氛，而应从培养口头表达能力出发，引发其纯真美好的感情，使之产生丰富的联想。尽量让学生说自己想说的话，谈自己的感受，表达完整的意思，比如许地山的《落花生》是一篇通俗易懂的课文，我问学生喜不喜欢课文中的父亲，大家都说喜欢。我问："为什么喜欢呢?"有的说父亲对孩子很平等，不是训斥，而是谈心。有的联系实际，说到自己的父亲老是一本正经讲大道理，不像课文中的父亲那样言语亲切、朴实，容易让孩子接受。由于谈的是学生熟悉的话题和真实的感受，所以大家有话可说，发言积极性也很高。这样，不仅提高了口头表达能力，同时也对文章内容加深了理解。

（3）提供思考角度，诱发探索欲望。

苏霍姆林斯基曾说："兴趣并不在于认识一眼就能看到的东西，而在于认识深藏的奥秘。"这句话对于中高年级学生来说是十分适合的。随着年龄的增长，知识的积累，抽象逻辑思维的发展，他们能够理解客观事物之间的复杂的关系和联系。他们不满足于讨论简单问题，但由于独立性还不够，因此思考常出现偏差，这样就造成了畏首畏尾的心理：简单问题不屑回答，而稍难问题又不敢轻易作答。针对这一特点，我更注意问题的广度和深度，提供思考的角度和方向，诱发其探索的欲望。比如教《藤野先生》时，在谈到藤野先生的品质特点时，许多同学都能从具体事件中予以概括，但对该文的选材特点，学生却没有更深刻的见解。于是我问道："作者与藤野先生交往过程中，一定还有许多事情，为什么作者单单选了四件事?"学生想了想回答："因为这些事都很典型、很有代表性。"我又问："典型性体现在哪里?"学生经过思考有了正确深入的理解，再经教师归纳，便对怎样选材有了一定认识：一是这些事例虽小，但对作者却是感受最深、影响最大的事情；二是事例不在于多，而在于能反映人物的思想品质。这样，学生经过自己的思考和教师点拨，对课文提供的材料有了深层的思考，同时也体会到了思考和探索的乐趣。课后我又让学生写一篇回忆老师的文章，把课上学到的知识运用到实践中去，取得了良好的效果。

（4）多角度、多层次设疑，加深思维深广度。

在高中语文教学中，我觉得尤其需要设疑。因为到了高中阶段，学生的性格已趋于稳定，“成人感”特别强，课外阅读面拓宽，开始关注人生、事业及社会问题，并希望参与评论，希望能发表自己独到的见解，以期一鸣惊人。虽说课堂气氛不够活跃，但似乎人人都蕴蓄着一种力量，智慧的火花随时会因一根导火线而迸发出来。因此，教师要创造条件让学生多层次、多角度地进行思维，从而体现思维的层递性。教《警察与赞美诗》这篇课文，我着重提出了三个问题：“文中写了哪六件事？苏比六次惹是生非，都没有达到入狱目的，这样安排情节，是否合理？这六件事顺序是如何排列的？”就在思考解决这些问题的过程中，学生的思维逐渐走向深入。有时也可故意让思考的角度模糊一些，范围扩大一些，以发挥学生潜在的智能和独创性。例如《林教头风雪山神庙》这篇课文结构巧妙，人物形象鲜明突出，我抓住了一个问题：“林冲为什么没有被大火烧死？”大家各抒己见，畅所欲言，从各种角度谈了自己的看法：有的从林冲性格谈起，认为他做事小心谨慎，故而躲过此险。也有的引用文中一句话：“原来天理昭然，佑护善人义士，因这场大雪，救了林冲性命。”认为林冲命不该绝。经过热烈讨论及教师的归纳总结，学生理解了林冲的性格特点，也懂得了结构上的前后呼应，更看到了作者思想上的局限，真是一举三得。

总之，教师在课堂上的启发诱导，对学生正确理解一篇课文的作用是至关重要的。我的体会是：对平时胆怯、缺乏自信心的学生要关心鼓励，多提供给他们发言的机会，帮助他们树立信心；而对那些思想不够成熟，容易产生固执、偏激等心理倾向的同学，教师一方面要鼓励他们敢于发表自己的独到见解，同时应善于引导，使他们学会用辩证的眼光看问题，克服思考中的偏差。

2. 比较启发

“比较启发”也可称为“比较教学”，基本原则是：一是辩证性原则，应以事物之间相互联系的观点、发展的观点进行比较，把事物看成连续性与阶段性对立统一、不断前进的过程，防止用孤立的、静止的观点，只看表面现象就轻率地作判断、下结论。二是客观性原则，比较对象要有可比性，防止主观臆断、牵强附会。三是循序渐进原则，从七年级到高三，比较的内容可由点到面，由少到多，由浅入深，由单一到综合，由微观到宏观，由形象比较到抽象比较，逐步扩大范围，增加难度，以提高比较能力。“比较教学”的一般程序是：（1）明确比较的目的；（2）确定正确的比较标准；（3）阐述比较对象的同异；（4）作出比较的结论。比较启发的基本方法有：

（1）纵向比较与横向比较。

纵向比较，也叫古今比较、历史比较、渊源比较。比较对象主要是不同时期的事物。如我国的诗歌发展，从《诗经》的《伐檀》《硕鼠》，汉乐府的《孔雀东南飞》到杜甫的《石壕吏》、白居易的《卖炭翁》、陆游的《十一月四日风雨大作》，再到艾青的《大堰河——我的保姆》、柯岩的《周总理，你在哪里》，内容上都表现了忧国忧民之情，艺术上现实主义传统一脉相承。而郭沫若的《天上的街市》，更多表现对理想的追求，更多运用想象和夸张，这种浪漫主义的创作风格，则可以从李白的《梦游天姥吟留别》、屈原的《涉江》中找到渊源。

横向比较，也叫中外比较、国别比较、东西方比较。比较对象主要是不同地域的事物。如《祝福》中的祥林嫂和《母亲》中的尼洛芙娜，虽同是劳动妇女，同处于20世纪初叶，但前者受封建礼教毒害，血汗被榨干后，怀着对地狱的恐惧悲惨死去；后者在儿子的影响下觉醒，成长为坚强的革命战士。这说明社会环境影响可以决定人物性格，也说明落后的中国必须变革。

（2）同类比较与异类比较。

同类比较也叫同比、类比，主要揭示事物同的方面。如邹忌由妻私、妾畏、客有求而自己受蒙蔽，推想齐王因为左右私、大臣畏、民有求而可能受蒙蔽更甚，这就是一例典型的类比推理。又如《过秦论》《六国论》《阿房宫赋》立论各异，似相抵牾，但借古谏今的意旨相同，不过所取角度有别而已。

异类比较也叫异比、对比，主要用于区分事物质的不同。一种是正反对比，即把本质相反的事物加以比较，使真善美与假恶丑更加彰明昭著。如柔石的善良、宽厚、损己利人与敌人的凶残、卑怯、祸国殃民，其对比强烈，善丑分明。二是程度对比，即从量的比较中揭示质的区别。如日本纱厂的包身工，干的是成年男工一样的活，可是“工资不及男工三分之一”，可见受剥削之残酷。

（3）宏观比较与微观比较。

宏观比较，即进行大范围或多方面、多层次的综合比较。如《梦游天姥吟留别》和《茅屋为秋风所破歌》，同为唐诗精华，但写作年代、作者处境心境、作品风格手法、渊源影响、后世评价均不同。又如同是以“赤壁”为题材的课文，《赤壁之战》是“史”，叙事翔实，取舍得当；《念奴娇·赤壁怀古》是“词”，咏史抒情，风格豪放；而《核舟记》是“文”，说明细致，有条不紊。这是跨文体的比较。同一单元的几篇课文，一册课本的不同单元，甚至不同的语文教材或与其他学科教材之间，都可以进行比较。

微观比较，在语文课中主要用于语文知识的学习，对语句的品味。如朱自清依次用“刚落地的娃娃”“小姑娘”和“健壮的青年”来比喻春天，顺序能不能颠倒？“刚落地”“健壮”两个定语删去好不好？这类假设性的“置换比较”是理解和运用语言文字经常采用的有效方法。

（4）课内比较与课外比较。

课内比较的范围不限于一堂课或一篇课文，同一个单元、同一册课本，以至初、高中全套课本中的内容，都可以前后联系，通过比较使学生温故知新。

语文能力的发展有赖于不断参加语文实践活动，所以比较的范围必然延伸到课堂之外和课本之外。如《风景谈》的结构有如下几组特写镜头，《包身工》运用了电影“蒙太奇”的手法，这是艺术与文学的比较。又如学《记念刘和珍君》，拿朱自清的《执政府大屠杀记》作比较，可以看出写作目的不同，取材、写法也不同。

此外，还有静态比较与动态比较、定性比较与定量比较、级别比较与层次比较等多种比较方法。

解析函数的创始人之一斯·巴拿赫说：“一个人是数学家，那是因为他善于发现判断之间的类似；如果能判明论证之间的类似，那他就是个优秀的数学家。如果他竟识破理论之间的类似，他就成了杰出的数学家。”愿我们的语文课通过“比较启发”，教给学生看出异中之同和同中之异的本领，为培养更多优秀的、杰出的人才多贡献一份力量！

（二）引导思维的方法

要开启学生积极思维的大门，进而使他们养成创造性思维的习惯，关键还是在于教师的有意引导。引导的方法主要有以下几种：

1. 激思法。

设法通过各种手段设置一定的思维阶梯，让学生自然地登上阶梯，以缩短课文与学生的距离，从而激发其进行主动思维的积极性。思维的阶梯，可分形象的阶梯、知识的阶梯、论辩的阶梯等多种。一般常被采用的是形象的阶梯。有位教师在教辛弃疾的《永遇乐·京口北固亭怀古》时，先用几分钟把这位抗金将领十二岁时带领五十余骑冲入金营怒擒叛徒张安国的故事讲给学生听。这便是教师有意设置的第一个形象阶梯，它把学生引入了规定的情境。然后教者又简单介绍了词人南归后被迫无所作为的情况和他报国之志难酬的郁闷心情。接着点出，课文中这首“怀古”词，就是他南归四十三年后，在这种心情下写的。这时，同学们出于对传奇式爱国词人的敬慕和同情，已经急于想读懂他的这首借古抒怀的辞章了。这就是教师设置的第二阶梯，它大大地缩短了词人与读者的距离，从而调动了学生学习课文的兴趣，激发他们对词中许多问题作进一步的思考。

2. 调引法。

及时抓住学生头脑中萌生状态的思维活动，通过有意调引，使之向思维的深层次推进。《失街亭》中写到由于马谡的刚愎自用而导致街亭失守后，孔明挥泪斩了马谡。学完课文，我提出这样一个问题：“马谡是不是罪该万死?”有说是的，有说不是的，但说不清楚道理。这就说明学生的思维还是低层次的、萌生状态的。如果教师能及时设法把这种思维的积极性向更高层次调引，让他们始终保持思维的进击态势，那么，就会使学生把对问题的钻研深入下去。事不宜迟，于是我便立即决定站在“罪在马谡”说的立场上提出两点：①孔明用马谡是慎重的（马谡立了“军令状”孔明才放心），交代是明确的（“必当要道下寨”），布置是周密的（另派了王平、高翔、魏延等以防万一），作为主帅，诸葛亮的判断、部署已无懈可击；②马谡的刚愎自用，死搬教条，违抗军令，失守街亭，按“军令状”应斩他，实是罪有应得。我请同意我观点的同学努力寻找我的“根据”中的漏洞和不足；请不同意我观点的同学先从这两个方面思考反驳我的理由。结果，学生为找根据而去认真读原作、查资料，辩论时也十分热烈。看来，每个同学都想使自己的论点成立，把对方驳倒。此时，多数学生的思维正处于进击态势之中。后来，从学生写的评论文章来看，学生们思维活跃，思路宽广，反驳很有道理。有篇驳论文章是这样反驳的：“诸葛亮是蜀军主帅，一时大权在握，对敌作战，运筹帷幄，一切由他做主。他心中有一盘棋，在这盘棋上，他跳马出车，一举一动，都关系着蜀军的安危存亡。然而，在镇守街亭这着棋上却意外地失策了，竟将蜀军咽喉之地交给那明知‘言过其实，不可大用’的马谡去把守，这可是决定性的‘一着’啊。由于‘一着不慎’，竟导致‘全盘皆输’的结局。而这个‘不慎’的‘一着’，又不是事先完全不可避免的。可以另派他人啊！至于马谡，他只不过是孔明棋盘上的一颗不应该放在这个位置上的棋子罢了。街亭之失，要这颗棋子负主要责任，恐怕是不合情理吧。”这位同学的题为《街亭失守，是谁之过?》的作文充分表明，学生最初萌生在头脑中的求异思维活动没有停止或消失。

3. 逆引法。

当学生顺着一定的思路形成一定观念的时候，老师又提供另外的材料把学生的思路向相反的方向导引，以使其思维的路子更广阔、更复杂，对事物的认识更全面、更准确。教《左忠毅公逸事》一文时，我让学生在充分赞扬左光斗的为人以及史可法始终不忘左公教导的可贵精神后，又特别提醒同学们注意，史可法曾经“奉檄”参与镇压过张献忠农民起义军的事实。当学生顺着肯定的思路而对史可法赞不绝口时，听到教师介绍或强调的如此“事实”，便不能不激起心理上的波澜而让思维的触角逆向伸展，从而在头脑中形成这两个历史人物思想的多层次的画面。这样，学生的知识面扩大了，思维的路子更宽了，在他们的头脑中的人物的思想更复杂了，由此而对这些人物所作的判断、评价，自然也就会更准确、更全面。让学生思考问题时思维变得复杂一些，对问题的发掘和理解更深一些，这正是我们每一个语文教师所极力追求的。

（三）拓展思维的方法

1. 举一反三法

“举一反三”是拓宽思路，培养和提高学生思维能力的重要教学原则和工作方法。孔子云：“不愤不启，不悱不发，举一隅不以三隅反，则不复也。”意谓当学生处于“愤”“悱”（即心求通而未得，口欲言而不能）的境地时，教师应帮助他们解其意，达其词。如果教师举了“一隅”，而学生不能以“三隅”来说明印证，则不必强求回答，教师应当相机再加以诱导。在语文教学中，叶圣陶先生十分强调对学生举一反三能力的培养。他说：“语文教材无非是个例子，凭这些例子要使学生能够举一反三，练成阅读和作文的技能。”可见，教师应当凭借教材这个“例子”，让学生“举一反三”，进而达到“不复需教”的理想境界。在语文教学中，怎样培养学生举一反三的知识迁移能力呢？许多成功的经验表明，应认真把握以下几点。

（1）推敲辨析，比较异同。

德国教育家希尔克指出，比较是“两个以上同种现象间的同一性、相似性和异质性的关系概念”，是“观察、分析、整理等活动交织在一起的智力劳动”。（《比较教育学》）因为，有比较才能有鉴别；通过比较，可以了解事物的异同，就能由此及彼，触类旁通。

在语文教学中，引导学生通过思考进行比较，是为了提高他们的思辨能力，提高思维的敏锐性和精确性，实现举一反三，进一步掌握知识的本质联系和内在规律。有位教师在讲《梁生宝买稻种》《分马》时，重点讲授前者是怎样选择和安排材料的，什么地方详写，为什么详写；什么地方略写，为什么略写，让学生掌握这个“一”。然后以本文为“例子”，引导学生去“反三”——分析后者是怎样运用材料、安排详略来表现主题的。学生由于有了前者的“一”，就能顺着思路得出后者的“三”，并由此懂得：写一个人、一件事不能面面俱到，而应依据中心思想的需要来选择和安排材料，这样才能突出文章的中心。这里，教师就是运用比较的方法，启发学生在已有知识的基础上找出课文中的异同，揭示已知和未知间的内在联系，从而获得新的知识，真正实现知识之间的“举一反三”。

（2）典型引路，触类旁通。

在语文教学中，有经验的教师往往以具有典型意义的内容为重点，通过“解剖麻雀”让学生找出规律，并引导他们自己主动地去获取知识。语文教学要最大限度地发挥教材这一“例子”的作用，就应在揭示“例子”的规律上多动脑筋，狠下功夫。学生通过典型实例掌握规律性的东西，他们说话、写文章就有了法度，就能真正做到触类旁通，举一反三，并最终达到叶圣陶老先生所说的“不复需教”的目的。

在语文教学中，不少教师在解剖典型上进行了成功的探索，收到了使学生“反三”的效果。比如《反对党八股》中列举了党八股的八条罪状，重点是第二、四、五条，其基本思路是“摆情况—论危害—挖根源—提办法”，写法都是有破有立，破立结合。对此，教师便以其中的一条为典型，重锤敲打，让学生掌握分析的钥匙，其他两条就可让他们自己去“反三”了。又如《为了忘却的记念》文中三处用典，教师就以高僧坐化作示范分析，因为该典较其他两典内涵相对丰富，分析也相对困难。所以教师通过典型示范让学生领悟分析用典的要领和思路，即首先弄清典故的内容，然后结合文章主旨仔细体会相关段落的关键语句，进而设身处地揣摩作者运用此典故的意图。这样，学生再去分析方孝孺、向子期两个典故就胸有成竹了。

（3）组成单元，重点突破。

中学语文教材每册均以单元组织教学内容，一个单元内有讲读课文、自读课文、语文知识短文、基本训练的要求及训练材料等。由于这一编排体系体现了教材系统性、整体性和阶段性的特点，教学中就应通盘考虑这一单元的内容，将阅读教学、写作训练及听说训练联系起来，组成一个综合的教学整体。这样组织教学内容，便于使学生从对教材的“共性”与“个性”的领悟中，通过突破重点，带动一般，达到举一反三的目的。

通过单元教学来培养学生知识迁移的能力，一般可分为以下几个步骤：①领起。即明确单元教学目标，初步疏通课文。这一步要抓好两个环节：单元总体提示，明确单元教学目标；通读本单元课文，做好单元预习。这一步为学生的学习起了“定向”和“指路”的作用。②教读。即以教师为主导，师生共同学习一两篇课文，作为学生下一步自读时的范例。为此，教师应加强对规律性知识的讲解，教给学生学习的方法，着力培养他们发现问题和解决问题的能力。学生掌握了钥匙，就可灵活自如地打开其他相关知识的大门。③自读。即以学生的自学为主。在教师的提示点拨下，学生以教读课文为范例去自学另一篇或几篇课文，从而实现由“举一”到“反三”的过渡。④总结。这一步的主要任务是对本单元的学习内容进行归纳梳理，其中特别要注意培养学生的迁移能力，以确保举一反三任务的完成。

（4）掌握方法，善于“举隅”。

黑格尔在《逻辑学》中有句名言：“方法是任何事物所不能抗拒的、最高的、无限的力量。”毛泽东同志也曾把方法比作过河的“船”或“桥”，不解决“船”或“桥”的问题，过河就成为一句空话。由此可以看出，方法在一定意义上讲就是解决问题的关键。经验表明，语文教学要真正做到“举一反三”，关键的一环是教师要善于“举隅”。语文教材中每册的课文分讲读、课内自读和课外自读三类，教师一般把讲读课文作为“一隅”，引导学生独立阅读其他两类课文或与课文有关的报刊书籍，这是一种“举隅”；在讲读课文中，教师重点讲析一篇，其余的则可引导学生自学钻研，这也是一种“举隅”；在作文教学中，教师选择一两篇范文分析比较，使学生从实例中拓宽思路，掌握方法，这又是一种“举隅”。从语文知识的教学来看，比如要讲析好几个类似的复句，教师便可选择其中之一重点突破，其他则可让学生运用已有的知识和所掌握的方法自己去解析，这也不失为一种“举隅”的好方法。总之，教学有法，但无定法，教师应从教材和学生的实际出发，选择最恰当的方法深入剖析，让学生掌握规律和方法，这是使他们达到“反三”这一目的的关键所在。

这里应当提到的是，注意培养学生的联想能力对于帮助他们实现“反三”

有着特别重要的作用。比如，在写作教学中，发挥联想能力是使文章内容充实、思路开阔的重要途径。从信息论的观点来看，写作过程实际上是运用联想来激发头脑中储存的信息，并实现信息交流传递的过程。在联想时，与某个信息相关联的另一个信息随之被激发，而被激发的信息又去激发另一信息。这样就把彼此分散的思想片段连接粘合起来了，自然就可由此及彼，举一反三，思路也就得到了扩展。比如运用纵向联想，就可把自然现象到社会现象，一个生活领域到另一个生活领域的种种现象贯穿起来；运用内向联想，可把事物的因果关系、递进关系、点面关系等联系起来进行思考。如此多角度、多侧面、多层次地对所写对象做面面观，自然就可突破禁锢，拓宽思路，各种形象就会涌现眼前，各种材料就会云集笔端。此时，学生就会深切体会到举一反三、触类旁通的无穷乐趣。

2. 开拓想象法

想象，从心理学角度讲，就是人们在已有表象的基础上通过头脑加工构造出新形象的一种思维活动。想象就是形象思维。一个想象力丰富的人，他的创造力就强，能够把自己已经占有的知识重新组合，创造出种种新形象，或幻想出前所未有的形象。从这个意义上说，想象力确实像活化知识的酶。

爱因斯坦就非常重视想象力，他说："想象力比知识更重要，因为知识是有限的，而想象力概括着世界上的一切，推动着进步，并且是知识进化的源泉。"从这段话中我们可领悟到，一个人的知识是静止的、封闭的和有限的，而想象力是运动的、开放的和无限的，想象力是能动的知识。如果把知识比作"金子"，那么想象力就是"点金术"，能使知识活化，能进行创造。

我们教语文，当然不能把事先已准备好的种种知识、结论一股脑儿塞进学生的脑子，捆住他们想象力、创造力的翅膀，而是应该千方百计使他们在读写过程中"思接千载""视通万里"，激发他们神思飞越，处于创造的氛围之中，享受丰富的精神生活。那么，怎样在有限的课堂内开拓学生无限的想象呢？

（1）开拓想象的方法。

①选准想象的"触发点"。

想象的心理过程是在客观事物的影响下发生的，讲读教学中要激发学生展开想象，提高阅读效果，教师就要认真钻研教材，选准选好想象的"触发点"。

把握文章的特色，抓住关键词句作"触发点"，引导学生展开想象。关键词句犹如一团线的头，头拉得好，就会思绪绵绵，思想插上翅膀。如《驿骆梨花》的第一句就可选作想象的触发点。"山，好大的山啊！"一开篇就把哀牢山拔地而起的形象推到读者面前，然后镜头逐步拉开，展现群山紧挨、密林遍布的画面。由于第一句起得突兀，用反复朗读的方法作用于学生听觉，在感官上引起振动，然后再边读边想“起伏的青色群山一座挨一座”等语句，学生就会进入课文描绘的境地，品味语言的奥妙。

文中精彩的比喻也可选作触发点，激发学生想象。精彩的比喻极富形象性，如童话中的魔棒一样，碰触到哪里，哪里就忽然明亮清晰。不少课文中运用了精彩的比喻，如能分清主次、择其精要激发学生想象，学生对课文的理解就会具体深入。如《井冈翠竹》描绘竹子形态时，以“当年山头的岗哨”和“埋伏在深坳里的奇兵”为比喻，以此为触发点激发学生想象，不仅可对远眺所见的竹子的神态、气势加深认识，而且能自然地联想到当年的革命战士。从这两个比喻出发展开想象，对为写竹子的思想精神埋下伏笔的细微之处就能有所体会。

用图像、线条也能激发想象。有些诗文用多彩的语言描绘出令人赞叹的意境，给人以启示和享受。教学时如精选有关图像引导学生辨认、欣赏，也同样可收到激发想象的效果。如教《海燕》时，以沈德伦作的水彩画《海燕》为触发点，开启学生想象。画意与诗结合“海燕叫喊着，飞翔着，像黑色的闪电，箭一般地穿过乌云，翅膀掠起波浪的飞沫”，指导学生观画，想象画前景象，推想画后景象，想象天空和大海的变化，想象海燕的形象，使静画活动起来。这就促使学生理解诗意是怎样发展、怎样深化的。

②调动学生的知识储存和生活经验，发展他们想象的能力

想象力的发展须凭借感知过的种种材料。要发展学生的想象力，在语文教学中要经常提供和交流感性知识。感性知识是想象的基础，感性知识越丰富，想象力越强；反之，脑中空荡荡的，即使外界有事物、有语言文字触发，脑中也难以形成生动、丰富的图像。教学中，要经常有意识地提供和交流感性知识。如读诗，讲画，谈小说，评散文，重在诗情画意的描述，生动的细节的描述，以声传形，以声传情。带领学生到生活中抓活泼的材料，抓新鲜的带光彩的细节。学生眼看、耳听、心记，感性知识日益丰富，开展想象就有坚实的基础。

用环链式的小问题轻轻叩击，调动学生的知识和生活经验，再现文中描绘的景象。富有诗情画意的情景描写，往往要涉及景物的形、声、色，笼统地想一想，效果不理想。如果从视觉、听觉、嗅觉、触觉等多方面设计一环连一环的小问题帮助学生想象，就能使头脑中的图景清晰起来、立体起来。如《社戏》一文中月夜行舟图是极妙的描写，教学时要学生边阅读边思考教师提的问题：看到

了什么？回头看到什么景象？听到了什么？仔细辨一辨有哪些声音？再倾耳听一听，管乐还是弦乐？嗅到了什么？和什么味一样？远看，近觑，作者写景，读者造境，把书中的无我之境想象成有我之境，使外物和内情融合，情景交融，增添真切感。这样，对文中的“自失”就能深入理解，引起共鸣。

想象能力的高低不仅决定于已有感性材料的数量和质量，而且决定于一个人的语言水平。学生的想象活动是在语言调节下进行的，想象的内容一般是用语言的方式表达出来的，如脑中只有图像，而不能以清晰生动的语言表述，想象和思维的发展都会受到影响。教学中根据课文的特点要求学生选择恰当的词语，组织语句，绘声绘色地描述人物形象或自然环境，可促使他们展开想象。如《听潮》中运用博喻的部分，要求学生阅读后口头描述海潮来时的各种声响，不仅发展想象力，而且用词能力也得到培养。

推想作品中的情节与人物活动，也能发展学生的想象力。文学作品为了使情节集中，人物形象分明，常以简驭繁，用笔比较跳荡，留给读者想象余地。教学时可抓住作品的某些特点培养和发展学生的推想能力。推想也是一种想象，由眼前见到的事物推测到没有直接见到的事物。在阅读教学中发展学生的推想能力，可先抓住文中描写的有关情节、有关场景促使学生脑中再现生活的原貌，然后要求他们顺着作者的思路推想情节的合乎逻辑的发展。这样训练的目的不仅调动学生生活经验，开展想象，而且可从比较中体会剪裁的艺术技巧，学习构思的方法。如教《金色的八十年代》，要求学生推想第二个场景的具体情况，把暗写的内容补明确，从而体会作者剪裁得当、明暗相辅的匠心。

议论文的阅读似乎只需逻辑思维，而无须想象力。其实不然。议论文阐述抽象的道理，而抽象的道理是从观察客观事物后形成的。为了帮助学生阅读时理解的具体、深入，同样需要启发他们想象，引导他们用生动的事实作补充，使词句表达的概念、判断和阐述的道理形象化。

③采用充满情趣的方法促使学生脑中展现立体图景。

有人说，如果把客观实际比作空气，那么，想象就是翅膀，只有两方面紧密结合，才能飞得高、飞得快、飞得远。这个道理用来认识和指导学生在读写训练中展开想象的翅膀也是很有益的，方法充满情趣，这样学生就乐于接受。如：

a. 作图法。

文学作品常具有诗情画意，把用文字写成的诗文改成用线条画成的画，情味增添。学生要画，就要反复读课文，理解的正确、深入；画完以后，图像展现，又可图文对照，评长道短，开展想象，活跃思维。如辛弃疾的《清平乐·村居》，寥寥几笔，活画出农家老小两代人的五个形象，展现了江南山村景象。教学时要求学生把词中塑造的农家景象白描一番，把作者的文字“白描”变成用线条用画笔“白描”。学生兴味盎然，他们不仅要考虑翁媪的形貌、神情，考虑大儿、中儿、小儿的神态、动作，而且要考虑空间的位置如何安排，溪、田、藕池、茅屋等如何配置才符合诗意。如果学生脑中浮现不出立体图景，下笔就难以正确。有些说明文介绍物体的空间位置，也可用动作的方法促使学生开展想象，训练思维的条理化。当然，这种作图有别于美术课，它只是培养想象能力、提高阅读理解水平的辅助手段，不能喧宾夺主。

b. 手势法。

有些课文绘景写人有声有色，阅读时如无生字难词，学生往往会一晃而过，不注意咀嚼体会，难以留下深刻的印象。教学时抓住关键词句要学生佐以恰当的手势，学生不仅有浓厚的兴趣，而且可加深印象。如《驿骆梨花》中有“突然梨树丛中闪出了一群哈尼小姑娘”，教学时要求学生以手势表示场景，体会“闪”字的传神作用。理解不深的同学只用一只手做一个动作以表示“闪”；而理解得较好的学生就用两只手做手势，一只手表示树，另一只手表示小姑娘。因为“闪”写出了一群小姑娘走出来的速度，出现时的亮度，使人眼前豁然一亮，树密人稠，风光美丽。至于人物动作，学生描摹一番，课堂气氛大为活跃。

c. 比较法。

阅读教学中选准想象的触发点，促使学生开展想象是培养想象力的一种做法。但是，如只局限在课文的词句，而不注意因势开拓，想象的内容有时就显得单调。如果抓住重点语句注意打开学生的思路，学生想象的内容就会比较丰富。再把想象的内容与课文中写的内容对照比较，对课文中的有关写法认识就会深入一步。如《序曲》一文中老院长的出场是借助从镜子中出现来表达的，除了要学生想象这种场景的具体情况外，还可询问学生还有哪些出场方法，要他们充分展开想象。学生可以说出多种，如推门、缓缓进来、咳嗽、搭在主人公的肩上等等，然后进行比较，区别写法的恰当与不恰当。

d. 续文法。

有些课文结尾含蓄，耐人寻味，教学时要抓住这个特点要求学生把文章续写下去，学生的思想会展翅遨游，积极探讨。这样做，不仅能激发学生浓厚的学习兴趣，而且有助于对课文脉络的梳理与主旨的钻研。如《小麻雀》一文结尾没有明写小麻雀的结局，而学生从上文中了解小麻雀的悲惨遭遇后，感情上有所触动，对小麻雀的关心和同情促使他们很想知道小麻雀的结局如何。在这样的情况下，要求学生开展想象，顺着文路推想小麻雀该有怎样的结局。学生想象的具体情节不相同，结局也会迥异，至于细节更是杂彩纷呈。学生按自己想象的写续篇，想象能力、表达能力都得到了锻炼。

e. 作文法。

想象有再造想象、创造想象和幻想之别。再现文中场景多属再造想象，而培养学生的想象力不能停留在这一点，要注意引导他们运用已经感知过的各种材料进行加工改造，创造新的形象，也就是说要培养创造想象和幻想的能力。作文法可担负此任务。作文题出得恰当，能促使学生由此及彼、由纵而横地开展想象，"观古今""抚四海"，天上人间，纵横驰骋，创造出种种新形象、新图景。如让学生作文《2030年畅想》。学生思想活跃，有的想到自己成为宇航员，从月球上观地球，想象绮丽，并引张孝祥的《过洞庭》诗句"尽挹西江，细斟北斗，万象为宾客"来描写2030年后在月球上师生欢聚的情景，富有情趣。

总之，想象是学生掌握知识的一个重要条件。要提高语文教学质量，课堂内要善于把握各类各篇课文的特点，有意识地唤起学生想象。这样做，不仅能促使学生加强对艺术形象的感受，而且促使他们对课文的认识向理性阶段深化。

训练学生的想象力，课前须作周密的考虑，注意并正确处理想象与观察、思维之间的联系与区别。想象不是胡思乱想，想入非非，即使是幻想，也植根于现实生活的土壤。因此，指导学生开展想象要踏实而不拘谨，宽广而符合逻辑。观察是思维的基础，想象又给思维插翅加翼，这样，学生在听、读、说、写的训练中不仅知识学得扎实、深入，而且创造力也得到了培养。

（2）培养想象力的方法。

①联想力的培养。

联想是想象的基础，它是从一事物想到另一事物的思维过程。相关的事物之间有多种联系方式，联想也有多种方式，主要有：

接近联想。即由一事物想到在时间或空间上与之相接近的另一事物。例如由"冬天到了"想到"春天还会远吗?"由"天空"想到"鸟飞"等。

类似联想。即由一事物想到与其有相同、相似特点的另一事物。例如由"儿童"想到"花朵"，由"白杨"想到"北方的农民"，由"松树"想到共产主义品格等。所有的比喻都是通过联想把喻体与本体联系起来的。

对比联想。即由一事物想到与其有相反、相对特点的另一事物。例如由宇宙的浩瀚想到个人的渺小，由敌人的残暴想到革命者的坚强。许多对偶句（对联）就是运用对比联想构思而成的。如“春前有雨花开早，秋后无霜叶落迟”。

因果联想。即由事物的起因想到结果，或由结果推想出原因。例如贺知章《咏柳》诗中“不知细叶谁裁出，二月春风似剪刀”两句，就是从眼前柳树的片片细叶，推想出它们萌发新芽的原因是春风的吹拂。

联想常常是很自由的，像一个光源辐射四面八方。但社会实践通常要求我们的思维连贯而有条理，这时的联想就要有一定方向，遵循联想的规律。了解联想的主要方式，有助于我们有意识、有目的地进行联想。两个事物看起来似乎毫无联系，经过一连串合理的联想，也可以建立起联系。例如“煤矿”和“电视机”似乎相距很远，但经过四次接近联想，就在它们之间搭起了桥梁“煤矿—煤—热电厂—变电站—电视机”。又如“稻田”和“书”，可以经由“稻田—稻草—纸浆—纸—书”递进联想，也可以经由“稻草—农舍—房间—书桌—书”递进联想。

客观事物都是用与之相对应的词语来表达的，经常做上面这种递进联想的练习，不仅可以对事物间的联系加深认识，而且有助于词语的理解和词汇的积累。换言之，在语文教学中结合词语教学进行联想训练，是方便而有效的途径。

②有意想象的培养。

有意想象有的比较复杂。培养有意想象的能力，可以从简单的几何图形入手。几何图形都是实物轮廓的抽象，我们可以把它们再想象成原来的具体事物。如三角形像屋顶、像笔尖，正方形像方桌、像砚台，长方形像门框、像课本、像书桌、像黑板。

再如：五个等距离的圆点，使我们联想到一颗五角形、一朵梅花。如果在五个点间作不同的连线，还可以组成许多不同的形状，使我们联想到不同的具体事物。

这类由图形引发的想象比较直接，思维过程也较简单，可以作为培养复杂想象力的基础训练方式。语文课本中有不少插图，还有一些彩色插页，我们可以让学生先观察画面，发挥想象，口头描述其内容，再与相关的课文对照。这样的训练不仅可以培养想象能力，也有助于锻炼说话能力。换言之，在语文教学中结合说话训练培养有意想象能力，也能收到一举两得的效果。

③再生性想象力的培养。

再生性想象又叫再现想象或再造想象。语文课所学的每篇课文，都用文字符号描述了作者所见所闻的人、事、景物，阅读课文时就要借助再生性想象把文字符号转换成一幅幅人、事、景物的生动画面。比如朱自清的《背影》，把父亲当年的一举一动、一言一行用文字描述得很具体，我们读这一段文字，就需要展开想象，使朱老先生在站台上爬上爬下去买橘子的形象“活”起来，就像我们亲眼所见那样鲜活生动。

鲁迅先生早已离我们远去了，而阿累的《一面》中写道：

……我很惊异地望着他：黄里带白的脸，瘦得叫人担心；头上直竖着寸把长的头发，牙黄羽纱的长衫，隶体“一”字似的胡须，左手捏着一支黄色烟嘴，安烟的一头已经熏黑了。

根据这一段文字的描写，我们借助再生性想象，脑子里就浮现出鲁迅先生栩栩如生的容貌神情，如果有绘画的基本功，不难描绘出一幅肖像画。

再如人民解放军百万雄师过大江的壮观景象，济南冬天秀丽的景色，暴风雨的精灵海燕，小巧玲珑的工艺品核舟……阅读时都需要展开再生性想象，让有关的人物、景象仿佛呈现在眼前。

再生性想象主要凭借个人的直接经验，有时也借助于间接的记忆表象。比如平原人没登过山，北方人没见过椰树，南方人没赏过雪景，阅读有关文章时，就需要借助照片、绘画、电影或电视中看到过的形象来补充自己的想象。

培养阅读能力是语文教学的基本任务之一。“阅读是一种从印的或写的语言符号中取得意义的心理过程。”（《中国大百科全书·教育卷》）阅读活动的核心在于理解，即读者将眼前的、外在的读物客体内化为主体自身知识和观念的过程。这一过程中，再生性想象的作用不容忽视。不借助于再生性想象，读者将难以理解或难以充分理解读物的意义。因此，在阅读教学中培养再生性想象能力，其实是阅读教学自身的需要。换言之，在阅读教学中，尤其是教学记叙、描写和一部分说明类文章时，必须唤起学生的再生性想象，才能与作者进行表象交流。

④创造性想象力的培养。

“创造”一般指想出新方法、建立新理论或作出新成绩（或物品）。对成人来说，“创造”应该指别人从未想过、做过的事，具有新颖性、独创性。而中小学生只要能作出自己以前没想过、没做过的事，也可称为创造。

语文教学中，创造性阅读和复述也含有一定的创造成分，而最重要的创造活动、最需要发挥创造性想象的当推作文。作文中记人叙事写景状物，即把自己对人物景象的印象用文字表达出来，当然也需要再生性想象；但作文贵在新颖独创、忌陈词滥调，所以是培养创造力、创造性想象力的最好训练。

创造性想象应力避与别人雷同。以新颖奇特为佳，但又要有一定的依据和合理的成分。下面是几种常见的方式：

a. 时空转换。

时间一分一秒地匀速前进，有它自身的规律。但在想象的天地里，时光可以倒流，人们穿过“时间隧道”，可以回到千百年前甚至更远的古代。盘古开天辟地的神话，就把我们带到了洪荒时代的混沌世界。小说《减去十岁》设想每个人都年轻了十岁，于是人们纷纷重新规划自己的未来。时间也可以预支。人们提前进入未来世界，按自己的意愿行事。《二十五年后的生活》《2030 年回母校》之类的作文就需要发挥创造性想象。

在想象的世界里，人间的一出出悲喜剧也可以搬到缥缈的天宇或深邃的海底去演。大闹天宫的孙悟空，其实是农民起义的领袖的化身；而威风凛凛又昏庸无能的玉皇大帝，与地上的统治者并无二致；那把海底龙宫搅得天翻地覆的哪吒，不正是现实生活中少年英雄的写照吗？时空的转换，大大拓宽了我们的思路，为创造性想象开辟了广阔的天地。

b. 角色错位。

人生是个大舞台。一个人在社会生活中，场合不同扮演的角色也不同。中学生在老师眼里是学生，在父母面前是子女，在大学生中间是“小不点”，到幼儿园里又成了大哥哥。一旦“角色”发生错位，即在特定场合扮演了不该扮演的角色，将引发一连串有趣的故事。有人讲过《王子与贫儿》的故事：一个养尊处优的王子一下子沦为乞丐，而一位贫苦的孩子却突然被当成王子。两种生活的巨大反差，揭露了当时社会贫富悬殊的不合理现实。这是一个比较典型的角色错位的创造性构思。有位中学生在《假如我是运城市长》的作文中，大胆提出了不少建设运城的设想，受到当时运城市长的表扬。这位中学生也是用角色错位的方法展开创造性想象的。

（四）点拨思维的方法

张志公先生指出：“授课时数过多不仅没有用，相反，在不良的语言环境中，课堂上讲得越多越坏。”要求教师用点拨方法驾驭课堂，优化教学效果。“点”就是“指点”，学生思维未到“火候”，给予指点，如加一把火。“拨”是“拨疑”“拨向”，学生在疑难面前束手无策时，给拨一拨，拨开迷雾，使见端倪；学生思路出现偏差时，给拨正方向，引导到正确轨道上来。点拨要在关键处、要害处。点拨的方法大致有以下几种：

1．适量点拨

课堂上应紧扣教学目标筛选有价值的，又容易被忽视的词句、重点语段进行点拨。因为这些词句“不仅有显隐题旨之功，更有聚光、凝神之能，而且能起到制约全文各部分的作用”。学生搞懂了这些词句，对理解文章具有重要作用。

《挖荠菜》一文，教师抓住文中的“馋”字点拨。课文说“小的时候，我是那么馋!”这个“馋”字在文中起着重要作用，但又不为学生注意，教师应给予点拨，使学生明白：“我”馋的是刚抽出嫩条还没打花苞的蔷薇枝，是青玉米棒子、青枣、青豌豆之类。“我”因饿而“馋”，竟被诬为“馋丫头”！着一“馋”字，形象生动地表现了旧社会一个贫苦农家女孩的苦难生活。因为这里的“馋”不是挑三拣四，而是饥不择食。

教小说《孔乙己》，教师从中找出可以把学生引到深处的东西，选择“孔乙己是站着喝酒而穿长衫的唯一的人”这个句子进行点拨，立片言以居要，使学生深刻认识到孔乙己是一个可怜可笑可悲、迂腐寒酸而又正直善良的旧时代的小知识分子。

关于重点段的点拨教学。有的教师主张每课选定一个重点段落进行点拨，认为“重点段落之所以成为重点，一是内容丰富，含义深刻，一般为主题所在；二是结构严谨，用词凝练，好词佳句多，因而重点段落也常常是难点段落”。在教学中每课选定一个重点段落，引导学生反复阅读、多方训练综合分析，这样做意义很多，抓住了重点段落，就抓住了主题，就突出了重点，就攻克了难点，也就能收到牵一发动全身、以少胜多的效果。如果每课寻求一个重点段落集中训练，可以提高学生的综合阅读能力。分析好段落，对写好段落有潜移默化的作用。

2．适度点拨

课堂点拨力求点拨出语文味来，即真正使学生嚼出一点味道来或把学生引向语文审美阅读的轨道，使学生得到美的享受。

教朱自清的《春》，老师推敲那句“山朗润起来了，水涨起来了，太阳的脸红起来了”。咬文嚼字，深究一番，嚼出了一些味道：春天来了，春日融融，春水涣涣，山也变得明朗润泽了。还有的老师紧扣“太阳的脸红起来了”一句设疑点拨：春天来了，太阳给人什么感觉？“红”字变为动词有何含义？这句话的弦外之音是什么？由生活经验入手，激发学生的审美想象，比较自如地把学生引向审美阅读的轨道。这样点拨，学生不仅感到春的温暖，而且联想到春天的色彩，欣赏了桃杏艳红、百花争妍的美，产生了明媚春光的那种温暖、欣悦的感受。

3．适时点拨

课堂点拨关键是教师能掌握学生思维的火候，及时加一把火。七年级学生学习文言文有一种畏难情绪。如何点拨才能激发学生的兴趣呢？请看一位老师执教《为学》的片段：

“同学们到学校来学习、做学问，有没有遇到过难题？”

“有了困难，只要我们迎难而上，只要去学，那么困难的事情也就变得容易了；但如果我们不学，那么容易的事情也会变得困难。说明容易和困难这两方面可以互相转化，关键是什么呢？”

“做！”

“同样的，天下的任何事情都有困难和容易的区分。如果我们去做了，困难也就变得容易了；不做，容易的也变得困难。关键也在一个‘做’字！”

这样，通过对话，老师已经完成了本课主要内容和学习重点的板书。

“同学们，你们想过没有，如果你是古人，你怎样讲我刚才的话呢（指黑板）？”

至此，学生们恍然大悟，他们怀着浓厚的兴趣看起了书……

课后，学生对老师说：“没想到学古文这么容易！”

老师在学生遇到疑难时，采用了艺术化的点拨，及时消除了学生的畏难情绪，使学生对文言文产生了浓厚的兴趣。正如赞可夫在《教学与发展》一书中所说的：“教学法一旦触及学生的情绪和意志领域，触及学生的精神需要，便能发挥其高度、有效的作用。”

适时点拨的另一方面是指学生在遇到疑难、把握不准时，教师应及时指点思考分析的途径，疏通知识理解上的关卡，拨繁为简，化难为易，使学生的研讨活动得以继续进行。

例如，教学《荔枝蜜》一文，学生提出疑问：全文是写蜜蜂的，为什么题目不用“蜜蜂”而用“荔枝蜜”呢？针对学生的疑问，教师指点学生分析“荔枝蜜”在全文中的具体作用，并与“蜜蜂”进行比较。学生明白了：“荔枝蜜”是促使“我”转变对蜜蜂的认识和感情的关键，更是引起联想、激发诗情的触发点。以“荔枝蜜”为题，使文章寓意更深刻，从而对全文的中心思想有了更深的理解。

适时点拨还包括在学生的思维误入歧途时，教师要迅速纠正，作为新的教学内容，凭机智的点拨把学生的思维引到正确的轨道上来。

4. 暗示引发

在通常用语中，暗示是指人们有意识地用含蓄的方式示意某人。心理学上所说的暗示则不同，它是指人从环境中的人或事物所接受的不知不觉或意识模糊的刺激及其影响。这种人与人之间、人与环境之间的自发的刺激影响作用，叫暗示。运用“暗示引发式”点拨，就是充分利用学生的暗示心理活动，促进学习某事物的需要、兴趣和动机。同时与有意识的心理活动相结合，以充分发挥智慧潜力，取得尽可能好的学习效果。具体地说，就是在点拨过程的开始甚至结束，并不直接提出“学习什么”的目的，而是艺术地把学生引入一种境地，来激发适宜的动机和需要，启迪他们由衷产生相应的情感、想象和思维，使学生自然而又必然地获取某种知识和技能。“任何一种教育现象，孩子在其中越少感觉到教育者的意图，它的教育效果就越大。我们把这条规律看成是教育技巧的核心，是能够找到通向心灵之路的基础。”（苏霍姆林斯基《帕夫雷什中学》）苏霍姆林斯基的见解，强调了“暗示引发”点拨教育的意义。我们来谈一个例子。高中第四册语文教材有一个戏剧单元，包括《雷雨》《威尼斯商人》和《窦娥冤》三篇课文。学生学戏剧作品有一定的难处，平时见得少，戏剧常识和分析方法也了解不多。为了达到实用而又别开生面的教与学的效果，我们打破了常规分析的教法，而是结合五四青年节活动，安排学生演一场戏——《威尼斯商人》。把全班学生分成导演组、演员组、舞台设计组、表演评议组。教师将有关材料全都提供给学生，让学生精心准备，然后演出。学生成了导演，成了角色，成了评剧人，兴趣盎然，只知道自己是在演戏，忘了自己是在带着任务学习。实际上，编导的过程就是一个分析剧本的过程；承担角色的过程，就是一个领悟台词及人物形象的过程；而评议表演，则是深化各项知识的过程。除了导演和表演，作为观众的部分学生也都在积极地学习。这种点拨，不是正面地直接地让学生学什么，而是让他们去做些什么，用“做”表演活动，来激励他们的学习兴趣、需要和动机，围绕活动来学习知识，顺其自然地学习。在点拨实践中，进行暗示引发的途径是很多的。比如播放诗歌或散文朗诵录音，将学生带入作品渲染的意境中，使其在情感上得到陶冶等。

5. 引路入境

境，指美好的境界。怎样“入”？强调一个“引”字，也就是点拨。它不是牵，更不是灌输，它着重于让学生在心理上产生共鸣，在思维上达到同步。“引”，实际上是架起一座引桥，教师点拨学生，校正路线，循序渐进。引路入境的范围很广，既关联到学习方法的点拨，又涉及讲读教学与写作教学的艺术表现。如教《天山景物记》一文，进行配乐朗诵，然后再进行评议式的描述，让学生沉浸在美的意境中，这种在情绪上引路入境是有效果的。再如校正习作中出现的思想情绪灰暗低沉的例子。一位农村中学生在文中传达出对农村生活彻底失望的情绪，堆砌了不少体现农村生活落后的事例，引起不少学生的共鸣。怎么校正？一般是在讲评时提出批评。这样做，教师说套话多，虽然也有理有据，学生在情绪上却一时不愿接受。如果采取委婉迂回、引路入境的方式，效果就大不一样。教师先谈一点生活美的知识作为引子，虽然生活中包含着美，客观中存在着美，但并不是俯拾皆是。凡客观的存在于社会生活中、最能体现出人的本性、为人所宝贵的、富有生活意义与人生价值，从而易于唤起审美情感的社会生活事物，就是生活美。生活美并不仅仅表现在一些社会生活，如激动人心的社会事件、劳动与斗争生活等，而且体现最多的则是平凡的常态生活（普通的日常生活）。学生们常忽视后者，这一点要特别强调。继之，教师又引出生活美的主要内容：（1）性格美。如农民坚毅、任劳任怨的品格等；（2）风尚美。如淳朴的乡村习俗；（3）事件美。如专业户的兴起、移风易俗的新人新事等；（4）氛围美。如富有人情味的生活气氛。这样，使学生对美有了一个全面的认识。第三步，避开病文，引导学生每人根据上述提示举出二三例。同时有意点拨学生举出一些反例。第四步，对正例与反例进行辩证分析，用一分为二的观点分清主流和支流。学生学习过马克思主义哲学，这一问题不难解决。通过以上几点的引发，学生已沉浸在生活美的境界中，火候一到，再亮出病文，不等教师讲，便自有认识了。像这样委婉迂回、引路入境，能从根本上解决认识社会生活的方法问题，也点拨指导了写作。

6. 纲要信号

有些文章要掌握的内容很多，重点交叉，头绪纷繁，为了使学生自己解决一些较为容易的问题，以便集中攻克某一难点，教师有必要用“纲要信号”的形式让学生先熟悉一部分内容（不等老师讲）。有些文章浅显，几乎不用讲解，教师干脆将“纲要信号”传递出去，使学生更快地通过学习的关卡。有些构思能力较差的学生，写作时手足无措，文章常常是“乱麻一堆”，怎么办？“纲要信号”传给他，让他明白作文结构的“格”，按照一定的定式来写，进行定向思维。这些，都是“纲要信号”所起到的点拨作用。

什么是“纲要信号”呢？我们用实例来说明。茅盾的《白杨礼赞》，从文体上讲是抒情性散文；从构思设计上讲是因物联想；从写作意图上讲是“白杨树实在是不平凡的，我赞美白杨”；从感情基调上讲是充满了赞美之情；从线索上讲是由描绘、概括而联想、赞美。白杨树生长的大自然前景→白杨树的形象→由白杨联想到抗日人民的形象。仅这些问题，单靠教师用语言表达，既费时（一节课完成不了），又费力（学生可能感到复杂，难以有清晰的理解）。而如果用纲要形式列出来，变有声语言传达为无声的信号指示，就能事半功倍。如图：

<table>
<tr><td rowspan="3">白杨树生长的自然环境</td><td rowspan="3">→</td><td rowspan="3">白杨的形象</td><td>远望，勾勒白杨的风姿</td><td rowspan="3">→</td><td rowspan="3">像白杨一样的人</td><td>象征北方农民</td></tr>
<tr><td>↓</td><td rowspan="2">象征敌后守卫家乡的哨兵
象征用血写出新中国历史的精神意志</td></tr>
<tr><td>近观，描写白杨的形象
↓
比较，概括白杨的形象特点</td></tr>
</table>

（引出）　（描绘—概括）　（联想—赞美）

学生仔细审读上面纲要，其中的箭头方向与文字说明已组成一束信号，很快贮入头脑，再对照课文思考，一系列问题就可以解决了。这样从全局认识全文之后，再局部剖析课文中的疑点、难点、重点，就具备了成熟的条件，而且思路广阔畅达，又节省时间。事先向学生传送纲要信号与进行一般的板书设计不同：板书设计反映了教学思路的走势，便于学生有条理地掌握一课学习的内容；而纲要信号也常常用板书形式出现，但它不是一课内容的全面概括，它主要是突出课文的某一点、某一部分。

7.“挑拨”争鸣

为了培养学生的创造性思维能力，进一步挖掘学生的智能潜力，打破沉闷的课堂气氛，适时“挑拨”起争鸣的“战火”，是很好的点拨手段。这种形式也适应青少年敢于探寻知识的心理特点。在语文课本中，有很多值得争鸣的篇章，为我们从事这种点拨提供了条件。知识越争越多，思路越辩越清，问题也越议越明。如教《柏林之围》，儒夫上校到底是个怎样的人？这就是一个值得争鸣的话题。教师直截了当地提示学生：分析儒夫上校的形象，深掘理论或事实根据，两军对垒，战火纷飞。学生的观点有两种：儒夫上校是爱国者，儒夫上校是侵略者。两边似乎都有很充分的理由。在谁也说服不了谁的时候，教师不忙于揭底，而是再点一把火，再拨一次灯，点拨学生思考普法战争的性质。学生说：普法战争实质上是一场普法统治者争夺欧洲霸权的战争，双方都是非正义的。这是学生给自己泼了瓢冷水，看来问题还是难解难分。当学生将希望完全寄托在教师身上时，教师才说出自己的看法：只有联系人物活动的历史背景和社会环境来分析人物形象，才能正确理解人物的思想性格，深入揭示人物思想性格形成发展的社会根源与阶级根源。对儒夫上校的评价必须了解历史背景。众所周知，1870 年至 1871 年的普法战争是由路易·波拿巴挑起的，目的是为了延长自己的统治，扩大疆土，争夺欧洲霸权，力图阻碍德国的统一，以便蚕食它的领土。他的野心同普鲁士宰相俾斯麦的通过战争统一德国的政策发生了冲突，于是法对普宣战。开始，这场战争在德国方面是防御性的，在法国方面是有侵略性的。这就不难看出，当法国处于侵略性阶段，儒夫上校的爱国主义实质上是一种民族扩张主义和沙文主义。在色当会战之后，法国则转为正义的防御性战争，儒夫上校所想的是从本国人民的利益出发，因而是值得歌颂的爱国主义。教师的这一分析，从儒夫上校是什么人物这一点上是平息了风波；从学生的内心世界上，争鸣的余韵还在扩散。他们尝到了争鸣的乐趣，这种内在的动力必将越来越发挥更大的作用。创造性思维会引起一系列的心理反应，涉及人的全部心理因素。教师如果在造就良好的心理环境上下功夫，使学生无拘无束，敢想敢说，敢于挑战，那么，学生就会处于兴奋活泼的状态。心理学表明，在这一情况下，学生的智力火花会得到充分的燃烧。这也就是我们进行“挑拨”争鸣式点拨的根据之一。

总之，点拨是一把火，促使学生的思维放出火花；点拨是学生在疑难面前束手无策时，教师帮助拨开迷雾；点拨是学生的思维误入歧途时，把学生引导到正确轨道上来。因此，在课堂教学中，教师应通过艺术化的点拨，有目的地引导学生去探索、去发现、去创造，从而达到教学效果的最优化。

第三章

语文课堂立体教学课型的教学原则

第一节　民主化教学原则

所有的教学原则都应该有利于培养师生的思考力和创造力。

教学民主是创造性教学的重要条件。它要求师生之间建立起一种平等、民主、亲切、和谐的关系，以保证学生心情舒畅、思维敏捷，使各种智力和非智力的创造因子都处于最佳活动状态。如此，教师要摒弃旧观念，在发挥主导作用的同时，尽量使自己成为学生集体中的一员，进而创造一种民主的、轻松愉快的课堂气氛，使学生无拘无束地提出问题、发表见解。当学生的思维活动和思维结论越出教师所设计和期望的轨道时，教师不应强行地把学生的思维重新纳入自己设计的轨道，用自己的思维成果和教科书上的结论束缚学生的思维，更不能用粗暴的方式来中断学生的思维进程。要善于鼓励学生大胆质疑，欢迎学生与自己争论。对于那些在平时，特别是在课堂上敢于发表反驳教师意见的学生，要表扬，即使他的观点是错误的，也要在肯定他的勇敢精神的前提下，通过和学生一起讨论来加以引导。切不可强行要求学生对老师的观点深信不疑，按老师的思路思考问题。

教学民主原则要求教师树立“教学相长”的思想和“弟子不必不如师，师不必贤于弟子”的观念，虚心向自己的教育对象学习。对自己不懂的问题要敢于承认，并认真和学生一起探讨。不要为自己的不知道作掩饰，更不要用粗暴的态度反过来责难学生。如果教师做到了这些，学生就会以愉快的心情钻研教师提出的问题，开动脑筋，驰骋想象，使思维系统处于最佳活动状态。任何压服、抑制、独断的做法，都将窒息创造的萌芽。民主、平等、活泼、愉快才是创造之芽萌发的温床。正如苏联学者雅各得钦所说：“重要的是创造一种生动活泼的课堂教学气氛，使学生感到没有思想负担，大胆地、无拘无束地讨论问题，论证自己的观点，学会证明和反驳。”从而培养学生的创造性品质。

教育属于时代。在现代学校教育中，给课堂教学带来根本变化的是教学主体的改变。由此，讲堂才变为学堂，讲授才变为启发，“专制”才变为民主，一言才变为群言，注重外部刺激才转变为激励内部动机，等等。这些变化，给课堂教学带来极大的改观。

教育的本质是造就人，学校应该成为人才的摇篮。在教材、教师和学生三者构成的教学全过程中确立了学生的主体地位后，课堂教学的中心也就明确了。这时教师不再具有绝对的权威，不再扮演一个“布道者”的角色，而是以平等的面貌出现在学生中间：组织教学过程，指导学习方法，讨论疑难问题，提供有关知识。他不仅可以走下讲台，甚至可以把这块“圣地”交给学生。

那么主体是否具备自学的可能性呢？从心理发展上看，儿童在11～12岁以后，逐渐从具体事物的思维向形式思维发展。进入中学时，已具备了自发地推导某种法则的分析能力，能完成具有实际意义的课题。同时，他开始有了怀疑，开始以自己的眼光去看待世界，去分析世界，表现出一种要自己去认识事物的强烈欲望，并竭力要显示出自己的存在。尤其是在儿童的生理和心理都趋向早熟，又受到时代的民主风尚熏陶的今天，在我们看来是单纯、幼稚，甚至偏颇的背后却有着强烈的求知欲和自信心，有一种急切地想发展自己的要求。此时，他们对强迫灌输有着本能的反感。但是他们毕竟还不成熟，于是又渴望得到帮助和指教，就像老舍笔下那只带点不信任人又希望得到人帮助的小麻雀。这是一种巨大的原动力，教师要尊重、爱护它，并善于利用它实现教学目的。

要在教学中充分实行民主，首先要为学生直接参与教学活动创造条件。在课堂上，要让学生感到自己重要，知道你承认他的价值，尊重他的想法，让他们发表自己的见解；并且不轻率地否定学生的任何一种见解。这等于告诉学生，你赞赏他们。要知道，没有比损害一个人的自尊心和自信心更容易和更难于治愈的了。反之，你要是能使学生感到他的存在十分重要，学生就会焕发出巨大的热情。

学生对教学活动的参与，绝不是简单的师生问答或师指生动。其更深刻的含义应该是：学生是课堂的主人，是教学的出发点和归宿。在课堂上，我们不妨把说话的权利让一些给学生，把黑板也让一块给学生，甚至讲台也可以有计划地让给学生。实践已经表明，让学生全面参与教学活动，自己读书，自己讲课，一方面能够培养学生的实际能力，另一方面也可以鼓励学生大胆质疑争辩。当然，这绝不是说要教师大撒手不管，只是此时教师仿佛由“演员”晋升为“导演”，“要善于观察上课进程中发生的独特而细微的环境变化，并且以相应的方式采取行动”（赞科夫语），适时擦亮学生的眼睛，触发起思维的火花。

学生对教学活动的参与给课堂带来了极大的活力。学生不仅可以依靠自己的思考去学习课文，而且还常常直言不讳地对老师讲课或课文提出质疑，并能阐述自己的理由。这是多么可贵的精神！民主的师生关系，一扫过去沉闷的课堂气氛，使教学过程变得生机勃勃。在中国古代，师尊乃道尊。天地君亲师并列，据说这是对教师的尊重。但是今天看来，也许第一应当受到尊重的是学生。学生学习能力的获得，首先在于其自主精神得到尊重和爱护。而教师的主导作用也只有在民主的气氛中才能发挥得更充分，更有效益。魏书生老师的教学之所以获得巨大成功，首先就在于他实施了民主的教学原则。

怎样使学生成为学习的主人，魏书生老师的四点做法值得借鉴：

一、树立为学生服务的思想

为学生服务，就不能强迫学生适应自己，而应努力研究学生的学习心理、原有的知识水平、接受能力，以使自己的教学适应学生的需要。教师要善于在教学课标、教材要求与学生的心灵实际之间架桥。有时为了使学生学有所得，宁肯把教学目标订得低些，学生使使劲便能够得着。我曾模仿魏书生老师在一个成绩不理想的班级上作文指导课，指导办法，就是让学生听我念范文，然后写下来。同学在听与写的过程中感到符合自己的实际，愿意写。如果不这样，硬逼着连听写都有困难的学生自己作文，他们会失去兴趣，索性不写，效果反倒更差。学生开始听写了，再一点点引导他们往高处攀登。倘觉得学生水平低，总不肯把桥的一端建在学生的实际水平上，那学生也就总也不能到达课标、教材规定的“彼岸”。

二、建立互助的师生关系

教与学之间的关系，绝不是教师居高临下，我讲你听、我管你服的关系，而应该是互助的、平等的关系。一方面，教师帮助学生学习；另一方面，学生帮助教师教学。

帮助学生学习就不是强迫、命令学生学习。这些年，我在教学中特别是在辅导后进生时，经历过不少次失败。失败的重要原因之一就是忘了给学生当助手，而是站在学生的对立面，强制、逼迫学生去学习。结果和学生搞得很僵，师生都很不愉快。于是在辅导后进生时，我总是叮嘱自己：我是在帮助学生学习。帮助就意味着我必须到学生心灵世界中去寻找“好学上进”的那部分脑细胞，使之兴奋起来、学起来，然后我再帮助他学习。在任何时候、对任何学生都要坚信他脑子里有好学上进的一面，只有这样才能避免强迫命令，才能避免师生对立。

反过来，也要坚信每位学生都不仅能帮助自己完成教学任务，而且能帮助自己提高教学水平。只有从这个意义上思考，才能对各类学生都有感情。以前，我曾有过只有成绩好的学生才能帮自己完成教学任务的观点，觉得那些后进的同学是阻碍自己完成教学任务的，这样，对后进的同学就缺乏耐心。越缺乏耐心，就越不能建立互助的关系。师生关系不协调，教学任务就不能完成。于是便在实践中强化这一认识，每位学生有帮助我教学的能力，我应该到学生脑子中去找“助手”。从这样的认识出发，连后进的同学也能学着帮我出试题、评试卷、批改作文。这样教语文，越来越轻松，根本原因在于我从每位学生的心里都找到了自己的“助手”。

这些助手不仅帮助我完成教学任务，也帮助我提高了教学水平。因为在和这些助手的交往中，我不断加深着对学生心灵世界的认识，不断加深着对不同性格特点、思维特点的学生的认识，从而根据学生的心理实际，改进自己的教学方法。从某种意义上讲，越是学习后进的学生，越能提高教师的教学水平，就像医生的医疗水平是在治愈疑难杂症的患者时提高的一样。

三、发展学生的人性和个性

学生要成为学习的主人，就必须自觉地发展自己人性的成分，发展自己心灵深处真善美的成分，由自在的人变为自为的人。语文教师不仅要教书，而且要育人。所谓育人，就要研究人性需要（或称人的欲望）。魏书生老师认为，人有多种层次的需要，低层次的，吃喝穿住的需要、生存的需要、安全的需要；再高一些，人际关系和谐、友谊、爱情的需要；再高一些，劳动、学习、创造的需要，对集体、对社会尽责任、尽义务的需要；最高层次，是人追求文明、进步、公正的理想社会的需要。这些需要都是人性正常的需要，特别是对那些高层次的需要，我们都应尽可能创造条件，使其有满足的可能，这样我们进行马克思主义教育，就不再是外在的口号，而成为源自学生内心的需要。学生心中那些真诚、善良、美好、尊重人、关怀人、为他人尽义务、为社会尽责任、为共产主义奋斗的需要强烈起来时，他才会充满做人的自豪感和幸福感。

作为语文教师，要着重发展学生心灵中需要劳动、需要学习、需要创造的那部分人性。即使对看起来这方面需要不强烈的同学，也一定要坚信他的心灵是一个广阔的世界，坚信这个世界中一定存在着劳动、学习、创造的需要，不管这种需要多么难找寻，有的甚至被压迫为潜意识，叮嘱自己走进学生的心灵世界中，历尽曲折，也要找寻出来。

另外，要注重发展学生的个性。丰富多彩的世界培育了人们多种多样的个性，丰富多彩的世界又需要人们具有多种多样的个性。社会主义祖国也不需要每个学生都成为文学家、艺术家、诗人，实际上，国家需要 80% 以上的学生将来成为高素质的各行各业的普通工作者、劳动者。这样想来，我们就能尊重学生的个性，发展他们的特长，就不用逼着 100% 的学生去按统一的模式进行高难度训练了。同时，又能鼓励学生从自己的特长出发，通过不同的途径，掌握尽可能多的语文知识，提高听、说、读、写的能力。

尊重与发展学生的人性和个性，会使师生生活在一种相互理解、尊重、关怀、帮助、谅解、信任的和谐气氛中，从而真正体验到做人的幸福感与自豪感，减少内耗，明显地提高工作和学习效率。

四、决策过程要民主

要使学生成为学习的主人，就必须引导学生多参与教学，即不仅参与学而且参与教。参与得多了，才会增强主人翁的意识。

我经常同学生商量，教什么，怎样教。在一些心里没底的问题上，我总请同学们投票举手表决，确定怎么办，这就使我避免了脱离学生实际的较大的失误。同时，又获得了学生们自觉、热情的支持，因为学生都有维护自己选定的方案的心理。比如：作业究竟是自己根据实际确定好，还是由教师统一布置？单元或平时测验是进行还是不进行？作文是同学互批还是由教师批？日记是统一题目还是自选题目？教材分析是假期写还是开学写？这些问题，我都和学生一起商量。同学们讨论、争论，充分发表意见后，再投票表决，然后根据多数学生的意见办。

不仅较大的事商量，甚至有时上课讲什么内容，用多少时间，用什么方法讲，某道习题有没有练习的必要，某篇文章有没有朗读的价值等一些看起来较小的问题，也尽可能征求学生的意见。

这样时间长了，学生便养成了发表自己意见、积极参与教学的习惯，我也养成了尊重学生、理解学生，从学生的实际出发的习惯。特别是师生经过民主讨论，制订了适合学生需要的学习计划、规矩、制度，由于制订过程、决策过程民主，师生执行起来就比较自觉。教师树立了教学民主的思想，教学中多和学生商量，学生的积极性就会被充分调动起来。

第二节　多角度教学原则

一个人一旦形成了独特的思维方法时，他就能较完整地把握一个知识领域。日本学者比嘉佑典说："我们应当学会从各个角度看问题。一样东西，从坐着、站着、蹲着、躺着、站在凳子上等各个不同角度去看，就会看到不同的样子。"我们要培养学生从"不同角度去看""看到不同的样子"的思维方法和良好习惯，发挥求异思维能力，由记忆型转变为创造型，就必须进行多角度教学。

"横看成岭侧成峰，远近高低各不同。"（苏东坡《题西林壁》）这两句诗，精辟地道出了每一客观事物皆具有立体的、多侧面的固有特征。所谓角度，就是指能反映客观事物基本特征的某个侧面，也就是说看问题的着眼点。所谓多角度教学，就是指教师针对不同类型的教材，运用多种教学方式，从多个侧面进行教学的一种教学方法。

一部文学作品，在处理题材和素材的过程中，与摄影和绘画一样，皆有一个角度问题。歌剧《白毛女》创作之初，有人把这个故事理解为"神怪"，后来又作为"破除迷信"的题材来写，最后经过集思广益，剧作者才提炼出"旧社会把人逼成'鬼'，新社会把'鬼'变成人"的主题。在语文教材中，巧选角度的范例多不胜举。莫泊桑在小说《我的叔叔于勒》里，并没有对于勒的形象作正面实写，而是通过描写菲利浦一家对于勒前后不同的态度来表现人物。于勒虽然只是在最后的刹那才露面，又是那样的出其不意，但他留给人们的印象却是深刻的、完整的。小说产生了如此鲜明的艺术效果，原因何在？——构思角度新颖之故也。曹雪芹在《林黛玉进贾府》中，依照时间顺序，分三层描写了初进贾府的林黛玉：第一层写众人看黛玉；第二层写凤姐看黛玉；第三层写宝玉看黛玉。正是由于这种叙写角度的变化多姿，才把黛玉的性格多侧面地展现在读者面前，使其形象由远及近，由模糊到清晰，血肉丰满，个性鲜明。可以说，教材里蕴含着巧选角度的丰富宝藏，我们应该以敏锐的眼光去发现，用智慧的头脑去探索，对教材进行多角度的分析，以增强学生对作品的深刻理解。

同一部作品，如果从不同的角度去理解，可以体会出不同的思想意义。我教

《失街亭》一文，不满足于教学参考书上对作品中心思想的分析，而是启发、引导学生从多方面去理解作品的思想内容。我以失街亭事件为中心，指导同学们从诸葛亮的角度去分析作品的主旨，同学们说小说是体现“智者千虑，必有一失”这个思想的；又指导学生站在马谡的角度来看，同学们说小说是反映“骄兵必败”这个观点的；再指导学生从王平的角度来分析，学生说小说告诉我们一个道理：谨慎便可得益。如此反复地引导学生进行多角度的分析，不仅使学生对作品有了透彻的理解，而且培养了学生的发散思维能力，激发了同学们进一步分析课文的兴趣。

我教《六国论》时，将作品与《过秦论》和《阿房宫赋》进行了比较。这三篇议论文都是以战国至秦这段史实为议论的对象，而苏洵的《六国论》则从“六国破灭”的角度立论，提出“六国破灭，弊在赂秦”的论点，借古喻今，以达到批评北宋王朝的目的；贾谊的《过秦论》则从秦兴亡的历史教训的角度立论，提出了“仁义不施，攻守之势异也”的论点，以供汉文帝借鉴；杜牧的《阿房宫赋》则从秦之速亡的角度立论，提出了“族秦者秦也，非天下也”的论点，给唐王朝敲响了警钟。通过比较，学生水到渠成地得出了结论：对同一事物，由于剖析的角度不同，提炼的论点也就各异。这种多角度比较教学，大大拓宽了学生的思路，对克服学生思维定式的不良习惯大有裨益。

教学历来强调“举一反三”，多角度地分析与多角度地比较，可谓“举三反一”的教学艺术。遗憾的是，在教学实践中，许多教师常常因给学生“举”不出“三”而犯愁。怎么办？除博览群书、丰富自己的学识之外，更重要的是必须学会多角度地联想，有意识地培养自己的求异思维能力。联想与求异思维有着密切联系，求异思维要靠联想来实现。善于联想，有助于从多角度、多方面去思考问题，有助于促进求异思维的发展。由此及彼、由表及里的多角度联想，就是一种发散性的思维，其本身就是一种创造。经过多次尝试和训练，就可以使我们的思维从流畅变通到质的飞跃，激发出独特的求异火花。

我经常把课文教学与作文教学联系起来，指导学生进行多角度的作文。我教《火刑》时，发现从布鲁诺的事迹中可以引出不少正确的观点：①科学家坚持真理的精神值得称赞；②从事科学研究，也要有献出生命的准备；③真理是不可战胜的；④武力压不垮真理；⑤任何新生事物的成长都要经过艰难曲折的道路，等等。于是，我便引导学生通过研读课文，首先将这些观点找出来，然后让每人选择一个合适的角度，进行议论。有时，我则为学生提供一幅漫画，让学生将画面的内容以说明文的形式写出来；又让学生将画面中的人物活动，通过自己的想象写成记叙文；再使学生以漫画为素材，选择一个角度，自拟标题，进行议论。如此让学生针对同一素材，写出不同体裁的作文，有助于学生的比较和鉴别，从而使学生熟练地掌握各种文体的特点，提高了学生驾驭多种文体的能力。总之，多角度作文，不仅提高了学生的作文能力，也使学生的作文水平达到了“思路贯通构思巧，翻来覆去皆成文”的境界，而且活跃了学生的思维，培养了学生的发散思维能力。

值得注意的是，我们在教学中不能为“发散”而发散，搞形式主义，师生混战一场，到底没有个结局。发散思维与收束思维都属于创造性思维，是同等重要的。若撇开培养学生的思维能力仅从知识教育的角度而论，可以说，“发散”只是一种手段，“收束”才是目的。对某一具体问题，师生在各抒己见、共同争论的基础上，应该求得一个最佳的准确答案。

教学又是一种语言艺术。我们不应该过于追求一种一成不变的教学语言风格，因为这很可能导致学生对教学语言感知上的疲劳。我们的教学语言应该是丰富多彩、生动活泼的，这样，无疑有利于我们对教学语言作恰当的选择。语文课本中的每篇作品，可以说都是具有各自的语言特色的：有的生动活泼，有的机智幽默，有的含蓄隽永，有的细腻多情……为了使学生对课文的语言特色有更深切的感知与理解，教师应选择相应的语言表达方式。如教《荷塘月色》，如果教师的教学语言始终风趣幽默恐怕不仅不会有益，反而有可能使课文浓郁的情味淡化。因此，教学语言必须具有细腻多情的色彩。但是，倘若是教《拿来主义》，味道就不同了。《拿来主义》语言犀利，幽默多讽，教师的教学语言风格如果与之相反，将大大妨碍学生对作品的理解。教《阿 Q 正传》，由于学生对作品的深层含义的理解有一定的难度，因此，常常会把注意力放在阿 Q 的一些令人发笑的言行上，仅仅从取笑的角度来看阿 Q。如果教师仍仅仅用幽默生动的语言来教学，就很有可能把课文当作喜剧来教，以致大大削减甚至是忽视作品的悲剧情调。教《阿 Q 正传》教得哄堂大笑，不能说教学效果生动，而应看作是教学的失败。面对这样的课堂态势，教师就要运用深沉、抑郁的语言来点拨学生冷静下来，默默地搜寻作品悲怆的回声，从而恰到好处地理解作品，理解人物的悲剧命运。美国学者杰福利·斯兰克说：“在人类的任何一种形式的思想感情交流中，首先要选择一个角度。”教学也何尝不是如此。

其实，多角度教学的内涵是十分丰富的，甚至贯穿于教学的各个环节，如多角度提示、多角度启发、多角度观察、多角度写作、多角度点拨、多角度作业布置等。以上我们只谈了多角度分析教学、多角度作文教学和教学语言的多角度选择。

我们完全有必要把“多角度教学”作为“立体教学”的一个教学原则。“多角度教学原则”追求教学方法的综合运用。

在语文教学中，一个教师对一篇课文的教学，其教学方法不但不会局限于一种。虽然语文教学方法有串讲法、评注法、谈话法、讨论法、提问法、读书指导法、朗读指导法、生疑质疑法、发现法、暗示法、程序教学法、掌握学习法等，但是，它们只能包括而不能替代具体的教学实践，因为每一篇课文的教学方法，都应该是多种教学方法综合运用后的“这一种”，而且应该是屡教屡改，越改越新。在这方面，教师越是有自觉性，便越是有创造性。

具体的教学方法并不产生于教师对课文熟悉、理解、掌握之前，而只能产生于这个过程之后。对于课文，我们首先要读懂它，包括懂得句子的意义，标点符号的作用，全文的结构，语言的风格，等等。这个懂得的过程，是一个由表及里、由此及彼、去伪存真、去粗取精的过程，其中必然包含了教师思维活动的操作步骤，变化成为切实可行的教学方法。而当我们对课文尚处在似懂非懂或一知半解的时候，由于没有完成或者只是草率完成上述过程，教学方法也就注定不能在综合运用中出新，而只能在生搬硬套中流于一般了。如同对问题只有理解“深入”了才能“浅出”一样，教学方法也只有对课文理解“深入”了才能“出新”，可见这种“新”不是刻意求来，也不是异乎寻常。它制约于每一篇课文所特有的个性，即特有的构思方式和表达方法，因而并不是教师别出心裁；它借助于业已为大家总结出来的各种教学方法，只不过为了适应课文实际和学生实际的需要，有各自不同的组合罢了。当然，在这种组合过程中，融进了教师的大量心血。

认识一篇课文的个性，需要对课文的内容和形式由感性认识引向深入，完成向理性认识的飞跃，并把这种理性认识放到课文各个部分中去接受检验，在检验中得到充实和提高。只有经过多次这样的反复，对这一篇课文的内容和形式的统一才会知其然，而且知其所以然。直到这时，我们才较有把握地去解决学生能够发现和需要我们启发他们发现的问题，我们才较有信心在解决问题的过程中激发学生的兴趣，我们才会有一种类似进入角色般的强烈的“教学欲”，而教学方法为我所用的“灵感”也就应运而生了。

首先，我们会发现，许多教学上的新点子，常常是隐含在那些表面上看来没有什么可教的朴实无华的语言之中；在对它们进行深入分析理解之后，理解的教学方法则往往了然于心。例如，《鞠躬尽瘁》一文写焦裕禄对劝他住院治病的同志这样说："慢性病，慢慢治就会好的。"这是他坚持工作、不住院治病的托辞。但起初，学生朗读试之，他们一般不会经心着意，所以要启发他们先从字面上认识他讲得不科学，然后再来朗读，学生便能模仿讲话语气和领会思想境界了。又如高尔基的《母亲》一文，写母亲被暗探一撞而回过头去看他一眼时，她想起："这个人曾经在她面前出现过两次，第一次是在城外的旷地里，是在雷宾脱狱之后，第二次是在法院里。那人和在雷宾逃走后向母亲问路而被她骗过的那个乡警站在一起。"——这里很明白地告诉我们：暗探和乡警此刻就在车站上。然而，除了暗探撞了母亲后"举起手来在头旁边挥动了一下"这个细节还可以猜测为同乡警打招呼之外，课文对乡警根本没有交代一言半辞。这会是作者的疏忽吗？而在校订出版的《高尔基文集》中的《母亲》一文中，在"第二次是在法院里"后面，竟是一个逗号！——于是，一个新的教学方法就不期而至：可以让学生讨论这一句后面应该是逗号还是句号。如果大家认定现在火车上只有暗探一个人，应该是逗号，那么，对紧接在后面的一句话——"他们认识她，她被他们盯住了，这是很明白的"中的"他们"该怎么理解呢？上面提到了一个"挥手"动作又该怎么理解呢？其实，这些问题只要启发大家联系当时母亲在全城范围内被"他们"（不管在具体场合被哪一个）盯住的情景，联系暗探以撞示威并佯为致歉的情景，联系改为逗号后我们原先的猜测已毫无根据的事实，也就迎刃而解了。

上述两例说明：对课文的深入理解自会推出恰当的教学方法。

其次，我们会发现课文各个部分之间的内在联系，特别在题材繁杂不容易看出作者构思的匠心的地方；与此同时，教学方法也会有新的突破。例如，《为了忘却的记念》一文的第四部分"原来如此！……"以后直到第五部分全文结束，写鲁迅在青年作家被国民党反动派枪杀后，一直处在"悲愤→沉静→悲愤"的感情起伏之中。"沉静"是前一阶段"悲愤"的深化，又是后一阶段更"悲愤"的预伏。正是这条感情线索串联了琐碎杂事，在跌宕反复的语言规律中把爱憎感情推到高潮。那么，如何引导学生把握这个规律呢？可以先补充一些具体的日期：鲁迅口头"凑成"诗句是在 1931 年 2 月中旬，终于写成条幅是在 1932 年 2 月 7 日；《北斗》创刊时想写文章而不能是在 1931 年 9 月。再让学生思考：这里为什么不按时间顺序排列呢？还有，既然第一部分里已写了白莽曾留下裴多菲的《诗集》原书一事，到这里插入重翻旧书的细节岂不略嫌支离？——在学生讨论时，可以引导到这两个有利于增加文章跌宕反复的频率上来。先由教师示范：从“凑成”到“无写处”再到“终于”写出来，是一个从“悲愤”再到“沉静”到“悲愤”的反复；从当时“确无写处”到《北斗》创刊时就“想写”再到“只得选”一幅版画聊表纪念，又是一个反复。接着，可要求学生在下文找出诸如“寻”（白莽来信）、“翻”（白莽的书，都是为了寻得思想痕迹）、“怪”（向子期写得短，即想自己能写长）等表示要畅所欲言以泄悲愤之情的字句和与之相对的“一无所得”“没有什么”“现在我懂得了”（不能写长的原因）等表示只能“沉静”的字句，以利于继续构成跌宕反复的语言规律。这样，学生便认识到如果不错乱时间顺序，不插入翻书细节，行文至此，就无论如何跌宕不起来。这就说明，所学知识一旦形成规律，就能转化为能力，进而可以举一反三，触类旁通。

第三，我们会发现有的课文不在于教师教给知识或方法，而在于放手发动学生认真钻研，独立思考，互相讨论，共同提高。教师只要在关键处加以点拨，把问题引向深入就行。这种教学方法的综合运用更着眼于培养人才，提高人的素质。例如课文《雷雨》是该剧第二幕的节选部分，先写周朴园三十年来虚伪地维护周家的秩序，是建筑在鲁侍萍的自尽和外人的遗忘的基础上的，后写周朴园估计到活着的侍萍的到来必将打破周家的秩序，就不惜撕下伪装，暴露凶残的本性：前妻绝不能进门相见，只能在门下接受资助。这时，尚未暴露身份的鲁侍萍“望着朴园，泪要涌出”。在这里，学生对侍萍的“泪”就会产生两种看法：一种认为这是“感动”之泪，另一种认为这是“气愤”之泪。这说明对侍萍的看法并不是一致的。

对此，可以先引导学生阅读全剧，观看电影，使他们对侍萍有一个全面的认识。侍萍来到周家是由于繁漪要她领回女儿四凤。她一看到熟悉的家具和柜子上的照片，就自叹命蹇，打算立即离开。这说明侍萍对周朴园的凶残本性早有认识，只是由于客观上、主观上的某些原因，侍萍留了下来。这使她有机会从另一面看到了周朴园的虚伪面貌。到后来，周朴园由于怕见侍萍而撕下伪装，侍萍也决定亮明身份对他进行彻底的揭露，而气愤的眼泪就是这种决心的表示。

第四，还要引导学生对周朴园作一个全面的研究。因为上述分歧实质是对周朴园有不同的看法。可先以“我所认识的周朴园”为题，让学生写文章。有的学生认为周朴园对侍萍的怀念是真诚的，因为他以为侍萍已死，他的生活习惯、房间陈设都不是为了给侍萍看而故意做作一番。侍萍是了解这一点的，所以对他还想帮助自己是深为感动的。有的同学却认为，周朴园的伪装不是给侍萍看的，而是给其他人看的，以便博取一个“好人物”的名声，维持周家的剥削秩序；而侍萍的出现使他无法以花言巧语掩人耳目，所以，要严拒侍萍于门外。

第五，再引导学生阅读报纸杂志上的文章，以充实各自的论据。有的学生读了作者曹禺的原著，他认为周朴园对侍萍的怀念“是真实的，绝对真的”（见《语文战线》1982 年第 2 期），就觉得自己的观点更有把握。有的学生却进一步对周朴园作全面的、历史的分析，认为他的所谓要“帮助”侍萍，无非是为了用金钱堵住侍萍的嘴，把活侍萍当作死侍萍来处理，继续掩盖自己的丑恶历史罢了。

经过这几个教学环节，问题的讨论深入了，学生分析问题和解决问题的能力提高了。尽管没有也不必勉强得出什么结论，但是，教学方法可以促进人的素质的提高，已被实践证明是可行的，而且对此应该自觉地通过综合运用来加以强调。

最后，我们会发现，教学方法的综合运用，并不是搞繁琐，而是力求简便灵活。先要充分掌握教材实际和学生实际，确定难点，根据作者的思路来设计问题，寓教于练，化难为易，既体现教学意图，又指导自学方法，调动了学生主动学习的积极性。例如，对于《阿 Q 正传》一文，学生感到费解的不是时代背景、人物关系、阿 Q 性格、精神胜利之类，而是阿 Q 说话用词不当的问题。具体地说，阿 Q 是个雇农，对他来说不存在“投降”革命党的问题，他却偏偏如此想，为什么？而且他“投降”以后，又想到“革命党便是自己”，却不按常理说成“自己便是革命党”，为什么？最后，由于假洋鬼子不准阿 Q 革命，阿 Q“总要告一状”，看他被抓到县里去杀头。他向谁告状？向革命政府告状吗？他怎么能向革命政府去告革命党的状呢？当然，这三个地方，阿 Q 绝不是因为语文水平差，拾人词语所致，而恰恰是他的典型性格使然。在这里，课文的难点、重点、特点合而为一。因此，这三句话成了教学目的的制高点和教学进程的突破口。可以通过练习，分头解决，全面认识。关于第一个问题，可以先鼓励学生思考：阿 Q 以为革命党便是造反，造反便是与他为难，所以一向是深恶痛绝的。而这种看法，作者“不知”是从哪里来的，我们能不能“知”呢？学生经过思考、议论，指出：这是封建正统思想作怪，阿 Q 以统治者自居。再让学生讨论：既然这样，阿 Q 为什么又神往革命呢？大家参读课文题解，认为这是他的阶级本能的反映。最后，要求大家找出最能从这两方面概括阿 Q 对革命的态度的一个词，大家确实觉得以“投降”为最好，因为它最能反映一个对革命深恶痛绝的封建“统治者”却在神往革命的心态了。

关于第二个问题，要让学生比较“革命党便是自己”与“自己便是革命党”的不同：整个革命党便是自己，显然要比自己只是革命党的一分子高大得多。这固然说明他神往革命，但也仍以统治者自居，而且这次是革命党的唯一统治者了。——学生通过对这两个问题的思考，便对阿 Q 的思想基调有了从感性上升到理性的认识。那么，后来阿 Q 要告不准他革命的假洋鬼子的状，是不是他的思想中只有一重性而没有两重性了呢？在这里，我们先要研究阿 Q 究竟要向谁告状。可以设计四个选择项让学生思考：①清政府。②光复后的革命政府。③理想中的革命政府。④阿 Q 头脑里的清政府。——事实上，清政府已被推翻，革命政府不会杀革命党，阿 Q 只能向他头脑中的清政府告状了。这就对了，阿 Q 此话充其量只是正统思想的反映，是课文开头“深恶痛绝之”的继续。阿 Q 不可能有告状的行动，何况他的标志着“投降”的头上的辫子到死也没有放下。由此说明，我们对阿 Q 的理性认识是经得起检验的。

这种训练，由于整个过程师生双方的思维活动都要受到课文作者思路的合乎逻辑、合乎规律的制约与检验，可以随时吸取反馈，当堂对症下药，又能促进教学相长。

如果我们把上面四个方面的教例从教学方法综合运用的角度作一小结，那么，第一个方面的教例或者是提问法和朗读指导法，或者是评注法或谈话法，或者是讨论法和程序教学法；第二个方面的教例则是串讲法、读书指导法和程序教学法；第三个方面的教例则是以讨论法和发现法为主；第四个方面的教例则以生疑质疑法和掌握学习法为主。而在教学实践过程中，它们又是你中有我、我中有你的统一体，是经过有机结合的“这一种”方法了。

总之，教学方法的问题本质上是一个掌握课文实际和学生实际的问题。只要从这两个实际出发，形式上必然多样化，必然靠综合运用来解决问题。教学方法无新旧之分、高低之别，只要综合得好就是好的，就可以出新。

第三节　鼓励性教学原则

鼓励性教学原则，是指教师用自己的态度、语言和教学技巧，创设一种宽松、和谐、愉快的教学气氛，使学生以自信、自强和进取的态度完成学习任务。

鼓励性教学原则的价值，首先在于能创设一种良好的教学气氛，有利于学生形成积极进取的学习态度。学生情绪高昂，思维活跃，课堂教学效果最佳。根据我们对课堂教学的观察，学生在课堂教学中出现上述积极状态，往往是教师善于“鼓励”和“激发”的结果。教师对学生或寄予希望，或为学生克服学习中的困难铺垫几个台阶，或对学生的某一微小进步投以赞许的目光，等等，这些带有鼓励性的教学措施，都能帮助学生提高自信心，产生对教师的信赖和对知识追求的心理因素，从而以积极进取的态度去完成学习任务。

鼓励性教学原则的价值还在于能促进学生智力发展。积极的情绪，是智力发展的纽带。有人形象地把智力比作汽车的发动机，把情绪比作汽油，只有发动机没有汽油，汽车是开不动的。教师在教学中要善于运用多种鼓励因素，诱发积极、和谐的情绪出现，才能为智力的发展创造良好的条件。

鼓励性教学原则，按其不同的特点、功能和方法，可概括为如下几种类型。

一、期待性鼓励

期待性鼓励是指教师对学生的学习抱以期待成功的态度，相信每个学生都能在学习上进步，取得成功。期待性鼓励的功能，在于改善师生关系。它可以使师生关系化冷淡、疏远为亲热、密切，融洽协调，这样就会给学生带来认识过程的积极性，学生的接受能力将大为提高。即使后进生，学习状况也会发生转化。不少优秀教师就是巧妙地运用了期待性鼓励原则，从而改善了学生的学习状况。

运用期待性鼓励原则的方法，主要有以下三点：

一是认识自我。教师可以按照教育科学理论给学生讲述勤奋成才的典型事例，使学生能够作出正确的自我评价，全面认识自己的优点和缺点，从而去掉自卑感，树立自信心，提高自觉性。魏书生老师带过几个成绩较差的班级，他向学生讲了不少自学成才的动人事迹。诸如，埃及的侯赛因自幼失明，但他顽强自学，后来成为埃及的教育部长。法国的戴尼斯自幼断臂，他坚持用嘴衔笔作画，终于成为世界的著名画家，等等。随后他就让学生连续几次写“认识自我”的作文。这一系列别具特色的教育活动，使全班学生立下了“中华少年当自强”的决心，人人奋勉自励，不甘落后，学习状况大为改善。这个“落后班”后来竟成为全县统考和各项竞赛活动的“冠军班”。当然，魏书生老师的教育艺术是多方面的，但他巧妙地运用期待性鼓励原则所产生的教育效果是十分明显的。他为我们提供了通过认识自我而产生期待效益的范例。

二是确立目标。学生学习的自信心是通过一系列成功的学习活动而形成的。同样，自信心的丧失是一系列的挫折、失败造成的。因此，教师要善于为学生提出学习目标，有所进步，给予肯定，使学生能够随时看到自己学习的进步，感受到自我力量的存在，自信心不断得以强化。确立目标须注意三点：①要根据课程实际和学生实际，为好、中、差三类学生确立不同层次的目标，使他们各得其所，都能够得到学习成功的鼓励。②目标要具体。依次提出若干个小目标，比只提一个大目标要好。③要及时检查目标完成情况，完成目标者予以表扬。未完成目标的，教师则要与学生共同讨论其中的问题，鼓励和帮助他们再次完成。

三是树立典型。榜样的力量是无穷的。要使学生看到期待的成功，同样要在同龄人中树立榜样。如果班上有几名差生转化的典型，这无疑对其他同学是巨大的感召。在树立榜样问题上，教师要打破以三好学生为标准的框框，对某一方面有显著进步的学生，也可以作为期待的榜样。使学生能够看到，每个人的微小进步都会得到应有的赞赏。

二、激发性鼓励

激发性鼓励是指教师通过各种强化智力活动的方法，使学生思维处于高度活跃的状态，从而加速其学习任务的完成。石本无火，相撞击而火花璀璨；水本无波，投一石而激起涟漪。这就是激发的相似性原理。思维的高效和灵敏，往往是在激发的情况下产生的。激发性鼓励的功能，主要是调节思维活动，由思维的活跃而引起情绪的愉悦，从而激起积极的学习态度。常见的激发性鼓励方法有以下几种：

1. 悬念法。

教师根据教学要求，在课前提出一系列本节或本单元将要回答而又能引人入胜的问题，以造成悬念，引起学生积极思考。某些本来很枯燥的教学内容，加上一些悬念性的问题，变得生动有趣了。可见，“悬念”能够激励人们积极思考，诱发人们探索的欲望。

2. 问题法。

思维发端于问题。任何带有矛盾性的问题，都是引起积极思维的材料。这种矛盾性的问题，表现为三种形态：其一，问题本身包含矛盾性；其二，师生认识上的矛盾；其三，学生本身认识上的矛盾。可以说，善于设计这种带有矛盾性的问题，是提高课堂教学思维强度的有效方法。钱梦龙老师就非常善于设计问题。他在教《孔乙己》时，向学生提出这样的问题：“为什么说孔乙己是充满喜剧的悲剧?”孔乙己每次来咸亨酒店，都引起一片笑声。对喜剧，学生有所体会；而对悲剧，却不甚了然。悲与喜之间产生了矛盾。面对这样的问题，学生思考再三，希望找到答案。在思维的“跑道”上，这种矛盾性的问题就像啦啦队一样，起着不断鼓励的作用，使人产生一种不达目的誓不罢休的劲头。

3. 竞赛法。

思维处于高度紧张状态，往往会产生最好的设想，富有创造性的见解。而竞赛正是促进思维高度紧张的手段。俗话说“急中生智”，也就是这个道理。所以，课内课外组织一些竞赛，开展竞争，是激发智力活动的有效手段。教师应经常在课堂上穿插一些竞赛活动，如限时阅读，限时答题，限时书写，使学生克服惰性，养成高效学习的良好习惯。北京的马芯兰老师，每节课都安排几分钟的答题竞赛。老师手持秒表，记下每个学生的答题速度，谁的方法简捷速度快，就表扬谁。经验证明，竞赛所产生的激发作用是非常明显的，它不仅能启迪智慧，还有利于养成积极进取的品质。

三、表扬性鼓励

表扬性鼓励是指教师对学生成功的学习活动或优良道德行为及时作出评价，并予以表扬，使之在一个群体内得到确认。表扬能使学生认识自我力量，学生从教师对自己某项活动的赞扬中可以认识到自己在某一方面的才能，甚至以此为某项专业定向的起点，更加发奋地努力学习。表扬具有双重的鼓励功能：一是帮助学生接受和积累已有的经验或正确的道德规范；二是强化学习动机，增强自尊感和自豪感。运用表扬性鼓励要注意以下几点：

其一，表扬要注意方向性。表扬要有正确的标准，对于这个标准必须认真研究、谨慎拟定。如果教师在评定学生答卷时，对照搬课文答案的学生给予高分（高分也是一种表扬），那么，学生以后就会拼力死记硬背课文上的条文，而忽视独立思考和深入理解；反之，如果教师对那些善于独立思考、创造性解答问题的学生作出高度评价，就会引导学生去苦心钻研、积极探索新知。因此，掌握表扬的科学标准，关系到引导学生朝哪个方向发展的问题。

其二，表扬要面向全体学生。表扬要着眼于提高全班学生的积极性，为此，教师的表扬一定要照顾各个层次的学生，对成绩较好的学生要从严要求，避免过分的、不切实际的夸奖。对成绩较差的学生要求可适当降低，只要他们付出了努力，即使是微小的进步，也应予以肯定和表扬。

其三，表扬应该是认真、恰当和真心实意的，滥用表扬会降低表扬的效果。比如，教学实践中存在这样一种情况，教师提问较多，学生发言踊跃，教师对学生的问题，几乎都用了表扬的口吻：回答全对的，教师肯定“说得好”；回答一半对的，教师也肯定“说得好”；创造性的回答，教师还是肯定“说得好”。这样的表扬就是不恰当、不认真的，因而学生感到教师的表扬不是真心实意的。对学生的回答，教师要根据实际，表示出不同程度的肯定或否定、赞许或保留，而且要指出好在何处，问题在何处，创造性在何处，使学生感到教师表扬的认真和诚意。表扬的形式是多种多样的，可以口头表扬，也可以把学生的进步事迹、优秀作业或答卷，张贴在表扬栏里。后者的效果比口头表扬会更好。

四、谅解性鼓励

谅解性鼓励是指教师对学生某些无意的差错或过失或学业成绩不佳，采取宽容谅解的态度。谅解在客观上也会产生鼓励作用。谅解性鼓励也具有双重功能：一是调节功能。由于谅解了学生某些失误，使学生的紧张心理状态得到了缓解，从感情上改善了师生关系。防止学生心理遭受创伤，以维持正常的学习态度。二是支持功能。有时学生为探索大自然的奥秘或搞发明创造，而疏忽了正课学习或违反了纪律，教师对此采取谅解和引导的态度，实际上就是对学生探索、创造行为起到了支持作用。教育史上，由于谅解、宽容而成全人才的事例是足以发人深省的。爱迪生的母亲是宽容爱迪生的，当爱迪生被开除回家的时候，她没有责罚他，而是把地下室让给爱迪生继续做实验。

在何种情况下采取谅解态度，采取何种谅解方式，需要慎重考虑，谨慎对待。一般情况，在下列条件下可以采取谅解态度：

1. 由于受外界环境影响未取得好成绩。如家庭遭到不幸等。

2. 本人经过努力而未取得好成绩。如作业、试题难度较大等。

3. 由于特殊原因偶然迟到或未能按时完成作业。

4. 由于探索、创造、好奇而被某种活动吸引，影响了目前学习任务的完成，或造成其他的小过失。

既然谅解是一种教育艺术，就要因时因事而异，观其情状，随时变化。有时一个微笑是谅解，有时几句安慰的话是谅解，有时似有若无、保持常态是谅解，有时推心置腹、晓之以理是谅解，有时对犯了小差错的学生，让他唱支歌、或做件好事作为补偿，用欢乐的春风吹掉即将投向学生心灵的阴影，何尝不是谅解。有时学生一时答不出来，就再给他一个思考的机会。他没瞄准靶子，就让他再射一箭。这种谅解和鼓励的结合，一定会给学生带来勇气和欢乐。

鼓励性教学原则是激发学生学习愿望的锐利工具。正确地使用鼓励性教学原则，会增强学生的自信，促使学生兴致勃勃地学习。

第四节　创造性教学原则

创造教育是变传统的“传道授业”，培养单纯的知识继承型人才为全面发展的、具有创造性人才的新的教育体系。在创造教育中，创造性教学居于重要地位。所谓创造性教学，就是根据创造心理学的原理，通过各种科学的教学途径和方法，培养具有创造性人才的教学。创造性教学原则具体体现在以下五个方面。

一、探索性原则

教学实践证明，好奇心、求知欲与创造力是紧密相联的。由于广泛的好奇心和强烈的求知欲望，使得学生对科学知识的探求是无止境的。他们企图通过教师的引导，在短时间内学到人类所积累的全部知识，又很快变成知识和智慧的再创造者。而一名精通专业知识的教师给那些正在孜孜以求的青少年学生带来何种程度的震撼和发展，将取决于他能否通过创造性的教学来教给学生求知的本领。学生的心灵深处存在着使自己成为发现者、研究者、探索者的愿望，如果教师在教学过程中，重视把教学与学生的这种愿望相结合，注重为学生提供发现问题、运用知识的机会，创造解决问题的条件，他们的创造性思维就会得到培养和发展，就能亲身体验到人类驾驭知识、改造现实的自豪感。这种内心的情感体验，又会反过来激励学生再探索、再创造。因此，教师在教学中，要引导学生自己发现问题，探索解决问题的各种途径，并寻求解决问题的最佳方案。具体言之，就是教师在知识传授中，只需着重讲解基本概念和观点，并提示有关的教材，而把寻求结论的任务留给学生，让学生去体验智力劳动的甘苦，激发探索精神，发展创造性思维。至于学生得出的结论是否完全接近真理，无关紧要。紧要的是对培养学生的创造才能有极大的帮助。而那种怕学生弄不懂、出差错，把传授知识、运用知识、发现问题、解决问题、获得结论的全过程都包揽下来的做法，实际上是低估了学生的智能水平，是对学生探索性格的扼杀。爱因斯坦说：“妨碍年轻人用诧异的心情去观看世界的那种学校教育，完全不是通向科学的阳光大道。”

二、启发性原则

启发性教学原则要求教师在教学过程中，要充分调动学生学习的主动性，造成学生自觉地、积极地要求学习的心理状态，引导学生创造性地思维，融会贯通地掌握知识技能，提高分析问题和解决问题的能力。

启发性教学原则是建立在对学生的主体地位的深刻认识基础上的。它符合学生的认识规律，反映了教学相长、掌握知识技能与培养创造能力的统一性等教学规律的要求。

教学是一个不断发现问题、分析问题、解决问题的过程。学生的创造性思维往往是由遇到要解决的问题引发的。教师联系教材和学生实际，向学生提出富有启发性的问题，以激励他们思考，拓宽他们的思路，引导他们创造性地解决问题，是创造性教学的重要途径。所以，在这个分析和解决问题的过程中，教师要善于引导学生掌握分析、综合、比较、概括、判断、推理等思维方法，以发展他们的创造思维能力。

启发学生创造性地思维是创造性教学的重要表现之一。教学中的创造不应局限于发现人类所未知的有价值的东西，只要是教材中尚未讲到的，教师通过启发诱导学生自己探索发现的，对学生来说是前所未知的有价值的东西，就应该看作是一种创造，这样的教学就应该视为创造性教学。创造性教学不应仅仅局限于启发学生的创造性思维，还要重视学生语言的发展。因为语言是思维的工具，没有准确的、完整的语言就不能创造性地思维。此外，在教学过程中，教师可以向学生布置由易到难、富于启发性的各种作业，或者提供创作的素材，创设问题的情境，提出条件或规定要求，放手让学生自己去进行创造性的学习，通过探索和总结，自己去获得真理。

三、灵活性原则

创造性教学的灵活性原则，要求教师运用“变式”教学，对同一问题从不同的角度、方面，采用不同的方法，全面而灵活地对问题作综合的分析，引导学生通过积极的发散思维，培养创造性品质。

灵活性原则是根据教学中知识迁移的规律和发散思维的特点提出的。遵循这一原则，主要在于培养学生的发散思维品质，进而达到培养具有创造性人才之目的。

吉尔福特在《创造力的品质》一书中，把思维方式分为辐合思维和发散思维。辐合思维强调主体找到问题的一个正确答案，强调思维的一同性；发散思维“是从给定的信息中产生信息，其着重点是从同一的来源中产生各种各样的为数众多的输出”，它引导人们从不同的角度、结构、关联出发进行思考，思考的产物可以是多种多样的。发散思维的突出特点：一是“多端性”，对一个问题，可以多开端，产生许多联想，获得各种合理的结论。二是“灵活性”，思考一个问题，不固执已有的结论，能根据客观情况的变化及时地修改原有方案。三是“精细性”，全面细致地考虑问题。不仅考虑问题的全体，而且考虑问题的具体细节；不仅考虑问题本身，而且考虑与问题有关的其他条件。四是“新颖性”，思考问题可以独辟蹊径，标新立异；答案可以有个性差异，新颖独特。这四个特点，表明了发散思维能够使学生迅速摆脱早先建立的种种联系，克服消极的思维定式，易于形成新的结合，从而把他所熟悉的概念、形象、规律纳入新的关系之中，从新的角度提出超乎寻常的独到见解。可见，发散思维是创造思维的基础。教学中，培养和发展学生的发散思维是培养具有创造性人才的重要环节。目前，我们大部分教师在教学中过多地重视辐合思维，要求学生往一处想，要求统一答案，缺乏对学生灵活思路的训练培养。

发展学生的发散思维，让他们主动灵活地学习和运用知识，是非常必要的。要做到这一点，就要求教师在教学过程中，根据知识之间的渗透和迁移规律以及学生思维的特点，采用机智灵活的方法进行教学，以开拓思路，引导学生发散式思考。如，在教学中启发诱导学生对同一问题采用多种不同的解法；对同一主题进行多角度的不同构思；或是对同一原理的不同运用，或是对同一现象进行不同分析，或是对同一课题的各种不同学术观点的评述。

需要指出的是，我们强调坚持教学的灵活性原则，训练学生的发散思维，并非否认辐合思维在创造性教学中的作用。辐合思维和发散思维是思维过程中互相促进、互为前提、互为转化的辩证统一的两个方面，它们是思维结构中求同求异的两种形式，都是创造思维的重要基础。事实上，在一个完整的思维活动中，离开了辐合思维所获得的一个正确结论，就会使思维的灵活性失去出发点，就会使发散成为无方向性的漫无边际的发散。离开了辐合过程，发散过程将一无所获。但是，我们之所以强调培养训练发散思维，除了发散思维较之辐合思维对于培养创造性更具有特殊意义外，也是针对我们在教学中仅仅重视培养和训练辐合思维的做法而提出的。从这个意义上说，强调教学的灵活性，强调训练发散思维，也就成为创造性教学的一个重要原则。

四、独创性原则

教学工作的最本质的特点是在于独创，而教学过程的独创性却集中在教师保护和培养学生学习的独创性上。

学生学习的独创性包括许多方面，而以思维的独创性为核心。思维的独创性是指个体经过思考，独特地和新颖地解决问题的过程中表现出的智力品质，是个体智力的高级表现，它充分反映了人的主观能动性。它的主要特点：一是独特性，具有鲜明的个性的特点，能动而独立地运用已有条件，找出解决问题的办法，绝不人云亦云；二是发散性，从不同的角度、层次和关系考虑问题，不拘一格，不因循守旧；三是新颖性，不论是概念、理解、判断、推理、假设、方案或是结论，都包含着新的因素，体现着创新精神，不是机械模仿和简单重复。当然，这种新颖性不是脱离实际的和毫无价值的为新而新。可见，思维独创性是具有创造性人才所必需的可贵的心理品质。教学中保护和培养这种品质，对传授知识、培养智能、发展创造力有重要的作用。

由于受传统教学观念的影响，过去我们不重视学生独创性思维的培养，忽视学生的个性特征。教学中只要求学生顺从附和，亦步亦趋地按照老师的思维模式和思维进程思考问题，不允许学生别出心裁，独辟蹊径；不喜欢“逞能”“要强”的学生；动辄用训斥和挖苦的言辞来遏制学生的独创性。加上片面追求升学率的影响，学校的一切教学活动只服从和服务于升学一个目的，客观上也“培养”了学生“从师”“从众”的心理，使学生缺乏独创意识。

培养独创性，教师应当一方面采取有效措施，培养学生独立思辨的能力，消除盲目从师从众的心理。如，增加一些迷惑因素让学生鉴别判断；针对某些学生懒于思考、依赖教师的习惯，教学时必须“道而弗牵，强而弗抑，开而弗达”，不要把问题讲得太透彻明了，以便给学生思考的余地。另一方面，要珍视学生的独创精神，鼓励学生大胆探索，积极进取，畅所欲言，直抒己见。对学生富于创造性的想法或做法，要满腔热情地给予支持。此外，教师在教学过程中，也要善于独创，锐意革新，不因循守旧，不满足现状，不迷信权威，不盲从书本，勇于抛弃说教和陈规，努力形成有利于培养具有创造性人才的独特的教学风格。

五、教学与科研相结合原则

教学与科研一体化，是创造性教学的重要特征。把科学研究引进教学过程，将使教学改变其单纯的传授性，使教学在充满着发现问题、分析问题、解决问题的探讨氛围中进行，使教学更具有创造性。因此，教学与科研相结合，应该成为创造性教学的重要原则。

教学过程实际上就是一定意义上的科研过程。但遗憾的是，这种与教学结合得十分紧密的科研活动过程却被忽视了。许多人把教学过程看成简单的“传授”的过程，没有看作复杂的研究、发现的过程。我国的学校教学，历来只重视知识的传授，忽视学生科研能力的培养，这不能不说是一大缺陷。

我们认为，承认学生的主体地位，强调培养学生的创造才能，就必须把教学看作科学研究的“模拟”，把教学和科研相结合看作是培养具有创造性人才的必要条件。无论对于大学生还是中、小学生，有计划地组织学生参加科研活动，不但能使理论与实际相结合，巩固加深所学的理论知识，而且能够发展智力，发展创造性。因此，我们不仅要重视知识教学，改进教学方法，而且要加强科研训练，培养创造才能。

教学过程中的科学研究的类型，可以有两种：一种是发现性、突破性的；一种是验证性、学习性的。研究训练的方法可以不拘一格，多种多样。如，在中、小学，可以结合各门学科的教学，指导学生有计划地进行自学研究，了解当前科研的新动态、新信息、新成果，收集和整理专题资料，习作小论文；也可以组织科研小组、兴趣小组等，在教师的指导下，开展科研训练活动。这样做，既能够促进科研和深化教学，又可以对学生进行思维方法的训练，有利于培养学生的创造能力。

当然，把科学研究引进教学过程，使教学与科研相结合，要求教师必须既有教学实践，又有科研实践，这样才能科学有效地贯彻这条原则。

第五节　辩证性原则

语文课堂教学充满着既对立又统一的各种关系，处理好与处理不好这些关系，对于提高语文课堂教学质量举足轻重。要想处理好这些关系，必须遵循辩证法规律。笔者总结出了语文课堂教学需要处理好的十大关系。

一、两性兼顾

所谓两性，指的就是语文的“工具性”和“人文性”。“工具性”和“人文性”在语文课堂教学的所有关系中排在第一位，这是因为这两性直接决定着语文课的特质。工具性和人文性的“统一性”，是语文教学区别于其他所有学科的个性。提高语文课堂教学质量，必须两性兼顾，不可畸轻畸重。语文是教会学生做人的一门学科，重工具性轻人文性，就会走回头路，本末倒置，弱化语文的育人功能；语文又是人们学习认知的基本工具，重人文性轻工具性，语文就极易滑落为空洞的说教，把语文课上成了政治课或思想品德课。《义务教育语文课程标准》（2011 年版）明确指出：“工具性与人文性的统一，是语文课程的基本特点。”达成这一“共识”，追根溯源，这是百年现代语文教育发展史的伟大成果，是对千年语文教育传统的继承和发展。

二、收放自如

所谓的“放”，是指教学呈开放状态，学生的思维呈活跃发散状态；所谓的“收”，是指教学在呈开放状态的情况下，教师运用教学艺术又可以将教学回归宁静平和的常态，让学生的思维从呈活跃发散状态里收束回深沉思考的常态。教学要收放自如，就是指教学既要放得开，又要收得拢，呈现出收放自如、和谐互动的良性状态，不能信马由缰，一放而不可收，呈现失控状态。教学要收放自如，符合学生思维由“发散思维”到“收束思维”的思维规律。学生思维的发散总得有个结果，这就有必要收束。如教《皇帝的新装》，我问学生：“为什么人们都不敢说出皇帝根本没有穿‘新装’的真相呢?”学生发散思维：有的说大臣怕丢官，有的说百姓怕被治罪，有的说怕惹事，有的说随大流，有的说看笑话……最后教师收束总结：看来，说真话需要勇气！

三、点面结合

所谓的“面”，是指对文本的整体感知，也就是教学之初，首先要让学生对文本有一个全面的感悟和认知。如教散文，最好让学生先把课文读透；教小说，最好让学生先浏览几遍课文；教文言文，最好先疏通一下全文的文字，让学生大致知道文本讲的什么内容。所谓的“点”，是指教师深入钻研教材之后所确立的教材里的“重点知识和内容”。也就是具体到每一篇课文，学生应该从中学到什么“知识或道理”。这些“重点知识和内容”，是教师设计课堂教学重点与难点的基本依据。教学必须做到由面到点，点面结合，互相统一。只有在学生对文本有了整体感知之后，再和学生共同聚精会神地学习“重点知识和内容”就有了根基，也就迎刃而解了。否则，极易对文本的解读碎片化，或掐头去尾，或断章取义，或肢解文本，或挂一漏万，这些对于提高教学质量都是极其有害的。如教《春》，先指导学生有感情地朗读课文，这是“面”，是整体感知；师生再仔细研读“春草”“春花”“春风”“春雨”等诗情画意的描写，这是“点”，是教学重点。

四、动静相宜

“动”是指学生思维活跃，情绪兴奋，课堂气氛、场面格外热烈，简称“热场”。“静”是指学生思维沉静，情绪平静，课堂气氛、场面格外凝重，有种“此时无声胜有声”之感，简称“静场”。课堂一味地处于“热场”或“静场”状态，肯定比较平淡，毫无起伏，没有波澜，不利于教学；课堂教学唯有动静相宜，才会波澜起伏，高潮迭起，引人入胜。2016 年 11 月 25 日，我在苏州的“全国初中语文名师精品课堂展示活动”中，为与会者执教了《秋天的怀念》，就遵循了动静相宜的规律，收到了令人回味无穷的艺术效果。网友在现场听课后网评道：“孙春成老师讲的《秋天的怀念》，是我听过的最动情的课！会场多次响起掌声和笑声，像在看喜剧，却又能体会到人物内心的悲凉！我多次笑，也多次泪湿眼角。最后听孙老师唱《祭母》并讲解‘子欲养而亲不待’的道理时，会场非常安静，我更是泪流不止……”

五、讲练结合

讲练结合，是语文教学一个比较固定和有效的教学模式。“讲”，就是教师讲授知识。讲授法是语文教学的基本方法之一，在语文教学中必不可少，举足轻重。有人认为搞课改，杜绝满堂灌，语文课就不需要教师“讲授”了。这相当于“泼洗澡水连孩子一同泼掉了”，是错误的。比如教学文言文，有些艰涩的字词句，不讲行吗？“练”，就是学生做练习。只讲不练，知识难以落实；有讲有练，讲练结合，有助于知识的落实，更有助于知识转化为能力。读写结合是语文教学讲练结合的常用形式。比如教《春》，我讲了文本结尾歌颂春天的三个段落：“春天像刚落地的娃娃，从头到脚都是新的，它生长着。春天像小姑娘，花枝招展的，笑着，走着。春天像健壮的青年，有铁一般的胳膊和腰脚，领着我们上前去。”然后就让学生仿写：“请模仿课文最后三个段落，运用比喻或拟人的手法，选择‘夏天、秋天、冬天’某一个季节，写几句赞美的话。”比如教《秋天的怀念》，我讲解了“细节描写”知识并和学生研读了文本里的细节描写之后，便让学生写作练习：“运用细节描写的手法，写一篇歌颂母爱的小故事。”

六、声情并茂

“声”，就是教师的教学语言。教师的教学语言要准确，要流畅，要洪亮，要抑扬顿挫。“情”，就是教师的教学情感。教师的教学情感，有时就是文本所传达的情感，或文本里人物的情感。教学的最佳境界就是师生声情并茂，因为教师的教学情感直接左右或引领着学生的情感。教学《孤独之旅》，让学生朗读：“八月的一天早晨，杜小康打开鸭栏，让鸭们走到水中时，突然在草里看到了一颗白色的东西。他惊喜地跑过去捡起，然后朝窝棚大叫：‘蛋！爸！鸭蛋！鸭下蛋了！’”学生读不出杜小康当时的情境和味道。我先指导学生读出“声”。我问学生：“杜小康是怎么说出这句话的‘蛋！爸！鸭蛋！鸭下蛋了！’”学生说是“大叫”。我又问学生，杜小康说这句话时的语速是快还是慢？学生说是“快”。我再追问：“有多快？”学生说：“很快！”我让学生快速地大叫出这句话，声音是到位了，但就是缺少点什么，缺少“情”感。我又问学生，杜小康说这句话时的情感是怎样的。学生说是“惊喜”。我又让学生带着惊喜的感情再读这句话。终于既有声又有情，声情并茂了！

七、教学相长

教学相长是指教和学是互相促进、共同提高的。教学是教与学的交往互动，师生双方相互交流、相互沟通、相互启发、相互补充。在这个过程中，教师与学生彼此间进行情感交流，从而达成共识、共享、共进，实现教学相长与共同发展。许多老师在实际教学中，其实并不明白这一深刻的道理。比如，有的老师上课还是只顾讲自己的，自说自话，完全忽视学生的存在，忽视学生的情感，忽视学生的反应。再比如，有的老师总是低估学生的潜力，教学有问题，质量不高，总是怪学生差，而不从自身找原因。这些都是违背教学相长原理的。现在是信息爆炸的时代，我们老师的知识结构已经落后于学生了。学生懂得很多的东西，老师不一定知道，这已是不争的事实。所以，老师很有必要树立向学生学习的理念！我经常在我的课堂上发现这样的现象，学生的见解远远超乎我们老师的想象，无不令人为之惊喜。比如教《秋天的怀念》，我问学生，作者母亲说这句话本来是一句回答的话语，按理说应该用句号，可为何作者用了问号：“你要是愿意，就明天？”一个学生立马回答：“这是母亲在征求孩子的意见，说明母亲很尊重孩子！”学生的回答如此恰切，令人欣喜。

八、过犹不及

过犹不及是指事情做过了头就跟事情做得不够一样，都是不好的。语文课堂教学在内容的选择与安排上，经常存在两种极端，一种极端就是教学内容安排“过多”，下课铃响了，老师急急忙忙地还是讲个没完没了，造成超时拖堂，让学生吃撑了；另一种极端就是教学内容安排“过少”，离下课还早，但老师的教学已经完成，弄得师生无所事事，十分尴尬，只好临时随便安排学生干别的，让学生吃不饱。这两种情况是典型的过犹不及，都是缺乏教学经验的表现，都不利于教学质量的提高。语文课堂教学内容的安排要恰如其分，避免过犹不及，取决于对教材的吃透程度，取决于平时的教学经验积累。根据我的经验，一般情况下，一堂课教学幻灯片在 10 幅左右比较恰当。如果一堂课教学幻灯片超过 15 幅，那就要注意会不会拖堂了；如果一堂课教学幻灯片不足 5 幅，那就要注意会不会提前下课了。一般 40 分钟一堂课，课上朗读一遍课文，教学一个重点，讨论一个问题，进行一次练习，这样“四分法”就足够了。

九、快慢有度

语文教学客观上存在一个速度问题，教学速度快和教学速度慢，这是一对矛盾，在哪里应该做到快或在哪里应该做到慢，这里面自有学问。苏联教育家赞可夫提倡“高速度快节奏大密度”教学法，风靡一时，但问题出来了，一味求快，教学效率就会提高吗？回答显然是否定的。比如阅读教学，有人搞“快速阅读”，我对此就有看法。阅读有必要追求速度吗？那阅读的质量又怎么保证？

我认为，阅读教学在“速度”与“质量”二者之间，我们理应首选阅读的“质量”，而不是阅读的“速度”。“快速阅读”其实质就是应试教育的产物，追求在考场上的答题速度。我专程听过两堂某市的“快速阅读”示范课，目的是想探个究竟，学习一点真经。遗憾的是，所谓的“快速阅读”就是老师拿着秒表催促学生阅读老师给出的材料，看谁读得快。这种华而不实、哗众取宠的做法，毫无可取之处。我反对“快速阅读”的提法，因为这不科学。我主张阅读重在思考，重在感悟，重在体验，重在消化，重在迁移，重在内化，重在读有所获。再比如，许多年轻老师在课堂上最喜欢点鼠标，幻灯片比翻跟斗都翻得快，学生应接不暇。试问：幻灯片翻得那么快有什么用处呢？为何就不能慢慢地和学生探究探究呢？所以，语文课堂教学必须做到有快有慢，快慢有度。把握这个“度”很有讲究，很有学问，很有必要深入探索。

十、取舍得当

语文课堂教学常常面临“取”与“舍”的矛盾或问题，取舍要得当，不可偏废。比如教学内容的取舍，一篇教材里面可教的东西很多，这就需要下一番去粗取精、去伪存真的功夫，做科学的取舍，究竟哪些内容可以作为教学的重点，哪些内容可以不必讲解学习。正如于漪老师所说：“我建议教师们要解放思想，大胆取舍，在驾驭文本的基础上，一定要‘有所为，有所不为’。一旦决定‘有所为’，就必须要‘为’得扎扎实实，一定要让学生记忆深刻，学有所得。”（《语文教学通讯》）还有很多老师，文本都没教透，却在课堂上无休止地搞所谓的“拓展”，真是舍本逐末。再比如，教学“过程”与“结果”也存在一个取舍的问题，新课标重视课堂上师生习得的过程、认知的过程、体验的过程，因为在这个过程中才可以培养学生的语文能力。而许多老师还是坚持以传授知识为唯一目标的教法，教学直接告诉学生是什么，以教师的思考代替学生的思考，让学生“只知其然，不知其所以然”。这种“取结果舍过程”的做法，纯粹是捡了芝麻丢了西瓜。

第四章

语文课堂立体教学课型体系的内在机理与评价

第一节　教学艺术与教学科学有机融合

教学，是科学，也是艺术。优质的课堂教学，是以科学性为基础、以艺术性为旋律的美妙的交响乐章。语文课堂教学，尤其应有科学性和艺术性：它应有议论文的严密、充实，记叙文的活泼、灵秀，说明文的平实、得体，诗歌的凝重、激情。

优质的课堂教学应是严密的科学性与巧妙的艺术性高度结合的教学，它以科学性为基础，为前提；以艺术性为先导，为手法；相辅相成，和谐一致。艺术性的载体运载着科学性，飞入学生稚嫩的心田，“使学生在知识的王国里啜饮知识甘露，在美的领域中成为审美的人”。(《美育书简》)

根据“立体教学是艺术与科学的完美统一”的原理，我们构建了“语文课堂立体教学课型体系”。这一体系包含两大支系，即“四环节语文教学艺术课型”和“四步骤语文立体教学课型”。在实际的课堂教学过程中，这两大系统是有机融合在一起的，不是各自孤立的。也就是说，“立体教学”的课堂结构是“复合型”的。其内在机理概括如下表所示：

教学程序	第一步骤	第二步骤	第三步骤	第四步骤
教学艺术	开讲艺术	过渡艺术	高潮艺术	结尾艺术
情感培育	激发情感	推动情感	迸发情感	升华情感
教学活动	导读质疑	立体探究	评价归纳	训练迁移
语言训练	偏重于读	听说并重	听说并重	偏重于写
思维活动	启动思维	发散思维	收敛思维	发展思维
学习活动	发现问题	探索未知	比较认同	获得新知
教学效果	激发兴趣，发展思维，培养学生的创新精神和创新能力			

概括地讲，“语文课堂立体教学课型体系”主要有五大特点：一是教学艺术和教学科学有机融合，激发兴趣、语言训练与发展思维同步并举；二是情感培育

像一条红线，贯穿于整个教学过程；三是自始至终、时时处处都贯彻了以学生探究为主体、教师点拨为主导的教学思想；四是教学过程已转化为充满“发现问题、分析问题、解决问题”的科研过程；五是极大地调动了学生的积极性、主动性和探索性，有利于学生创新精神和创新能力的养成。

第二节　语文课堂立体教学课型体系评价表

<table>
<tr><th colspan="5">语文课堂立体教学课型体系评价表（三等级，百分制）</th></tr>
<tr><th colspan="2">项目</th><th>评价要素</th><th>权重分</th><th>得分</th></tr>
<tr><td rowspan="8">教学艺术性</td><td>教学语言</td><td>普通话教学。准确到位，言简意赅，形象生动，富有哲理，幽默亲切</td><td rowspan="8">20</td><td rowspan="8"></td></tr>
<tr><td>教学环节</td><td>开头、过渡、高潮和结尾艺术性强</td></tr>
<tr><td>教学民主</td><td>能充分发挥学生的主体性和主动性</td></tr>
<tr><td>快乐教学</td><td>善于鼓励、引导和启发学生</td></tr>
<tr><td>激发兴趣</td><td>能调动学生学习的内驱力</td></tr>
<tr><td>张弛有度</td><td>教学节奏感强</td></tr>
<tr><td>艺术借鉴</td><td>能恰当借鉴其他艺术服务教学</td></tr>
<tr><td>直观教学</td><td>教学立体感强</td></tr>
<tr><td rowspan="12">教学科学性</td><td rowspan="3">教学设计</td><td>教学目标精准　突出教学重点</td><td rowspan="3">10</td><td rowspan="12"></td></tr>
<tr><td>突破教学难点　教学结构合理</td></tr>
<tr><td>课件制作精致有效</td></tr>
<tr><td rowspan="2">教学内容</td><td>注重知识落实　体现人文精神</td><td rowspan="2">10</td></tr>
<tr><td>教学内容适当</td></tr>
<tr><td rowspan="3">教学方法</td><td>板书简明，书写规范　深入浅出，循序渐进</td><td rowspan="3">10</td></tr>
<tr><td>教学提问有探究价值　教学方法灵活多变</td></tr>
<tr><td>随机应变，控场能力强　读写结合，讲练结合</td></tr>
<tr><td rowspan="2">教学过程</td><td>信息交流量大　师生共鸣量多</td><td rowspan="2">20</td></tr>
<tr><td>启发学生独立思考　师生互动和谐有效</td></tr>
<tr><td rowspan="2">教学效果</td><td>教学系统完整　学生学习有收获</td><td rowspan="2">30</td></tr>
<tr><td>教学具有创新性</td></tr>
<tr><td colspan="4">总得分</td><td></td></tr>
<tr><td colspan="5">说明：得分 80～100 为优等，得分 60～79 为良等，得分 60 以下为差等。</td></tr>
</table>

任何有目的的活动，都追求目的与结果的统一。教学是一项有目的的实践活动，当然要追求教学目的与教学结果的统一。教学评价就是检验教学目的与教学结果是否统一的标准。“语文课堂立体教学课型体系评价表（三等级，百分制）”侧重从“教学艺术性”和“教学科学性”两个视角来评价课堂教学，其标准是相当高的，一般教师很难做到。那么，有没有语文课堂教学最“基本”最“基础”的评价标准呢？也就是起点较低、操作性强、具有普遍的使用和推广价值的语文课堂教学标准？回答当然是肯定的。

笔者认为，《语文课堂教学评价标准》应从以下十五点着手：一是教学目标要精准，二是教学重点要突出，三是教学难点要突破，四是教学结构要合理，五是知识教学要落实，六是人文精神要体现，七是教学内容要恰当，八是教学语言要准确，九是教学提问有价值，十是教学方法要灵活，十一是激活学生学习兴趣，十二是启发学生独立思考，十三是师生互动和谐有效，十四是学生学习有收获，十五是教学具有创新性。前四条是“教学设计”范畴，强调了教学目标、教学重点、教学难点、教学结构等四大要素，其中教学结构也涵盖了教学过程的设计，之所以把“教学设计”放在首位，是因为一堂课成功与否取决于其备课的质量。第五、六、七条是“教学内容”范畴，指出了教学内容主要是挖掘教材里有价值的“工具性”与“人文性”内容，同时强调了课时教学内容要适量得当，否则过犹不及。第八、九、十条是“教学方法”范畴，总的要求是教学方法要灵活多样，突出强调了教学语言和教学提问这两点，教学是语言的艺术，教学语言的基本要求就是其“准确性”；提问是教学的常规武器，教学提问贵在质量，即具有探讨价值。第十一到十三条是“教学过程”范畴，总的要求是教学能激发学生的学习兴趣，让学生进行“独立的脑力劳动”（苏霍姆林斯基语），师生和谐有效互动。最后两条是“教学效果”范畴，通俗的讲就是怎样才算一堂好的语文课。首先，学生学有所获，或增长了新知识，或思维得到了发展，或学到了某种做人的道理；其次，教学的最高境界当然是其创新性，或教学设计巧妙，或教学方法独特，或教学提问新颖，或教材挖掘深刻，或教学语言优美，不一而足。以上内容如下表所示：

语文课堂教学评价标准（三等级　百分制）			
项　目	要　求	权重分	得分
教学设计	教学目标须精准	20	
	教学重点要突出		
	教学难点有突破		
	教学结构较合理		
教学内容	注重知识落实	20	
	体现人文精神		
	教学内容恰当		
教学方法	教学语言准确	10	
	教学提问有价值		
	教学方法灵活		
教学过程	激活学生学习兴趣	20	
	启发学生独立思考		
	师生互动和谐有效		
教学效果	学生学习有收获	30	
	教学具有创新性		
总得分			
说明：得分80—100为优等，得分60—79为良等，得分60以下为差等。			

很显然，这个评价标准之所以给“教学效果”百分之三十的权重分数，最关注的还是学生的收获和教师教学的创新性。

附录一　《外婆的掌纹》教学实录

时间：2010 年 12 月 4 日

地点：上海

学生：七年级 28 名学生

主题：全国第三届两岸同课异教中学语文课堂教学研讨会

执教：孙春成

获奖：一等奖

一、歌曲导入，切题激趣

【屏显】外婆画像。

师：（播放《外婆的澎湖湾》音乐）这是一首什么歌，能听出来吗？

生：《外婆的澎湖湾》。

师：有的同学听出来了，看歌词。（屏显）我们齐唱一下好吗？

（师生齐唱歌曲《外婆的澎湖湾》）

师：正像歌词里面所说的，外婆这个名字对我们来说，是多么熟悉的名字，多么亲切的名字，多么慈祥的名字！外婆，可以让我们对童年许多美好的事情产生许多美丽的怀想。今天，就让我们和李汉荣笔下的外婆进行一番穿越时空的对话吧！

二、朗读指导，感情示范

师：课前我嘱咐大家朗读一下这篇文章，大家都朗读了吗？

生：朗读了。

师：好，朗读了的话，我就来检查一下大家朗读得怎么样。谁来朗读一下，有没有毛遂自荐的？没有的话，那我就要点名了。我看有一个同学长得像刘德华一样，很帅。不难为你，请你把课文的最后四个自然段给大家朗读一下，从第

17 到 20 自然段。

生 1：（朗读课文第 17 至 20 自然段）

师： 请坐。大家觉得他读得怎么样啊？

生（齐）： 读得很好。

师： 读得很好，好在什么地方啊？

生（齐）： 很流畅。

师： 嗯，很流畅，正确吗？

生（齐）： 很正确。

师： 还有吗？

师： 关于朗读有三个层次，第一个层次就是要读正确，这是基本的，刚才这个同学做到了。第二个层次就是刚才那位同学说的，要读得很流利，我觉得他读得也是很流利，是不是啊？

生（齐）： 是。

师： 那么朗读的最高境界是什么呢？

生（齐）： 深情。

师： 对了，要读出感情来。所以，还是这四个自然段，请同学们默读，听孙老师朗读一下好不好啊？

生（齐）： 好。

师：（范读第 17 至 20 自然段）

生（齐）：（鼓掌）

三、立体探究，外婆做人

【屏显】知识卡片一：记叙就是用文字叙述。

师： 看大屏幕，齐读一下这句话。

生：（齐读）记叙就是用文字叙述。

师： 记叙的概念就是这么简单，齐读一下屏幕上的这句话。

【屏显】研读课文之一：请从文中找出记叙"外婆的针线活做得好"的段落或句子。

生：（齐读）请从文中找出记叙"外婆的针线活做得好"的段落或句子。

师： 文章开篇第一句话就是："外婆的针线活做得好。"怎么个好法呢？请找出外婆针线活做得好的段落或者句子。赶快，谁找出来就举手示意，我们展开一场竞赛，看谁找得快。

生（齐）：（默读课文，思考问题）

师：你从哪里看出外婆的针线活做得真好？

师：我发现个别同学在从头至尾地仔细阅读全文，现在应该采用略读、粗读、浏览的方法。谁找出来就举手示意。

师：老师抛砖引玉一下，看第7自然段。有没有谁来把第7自然段给大家有感情地朗读一下？

师：刚才帅哥读了，这次找个靓女。这个戴眼镜的女孩，你来把第7自然段给大家读一下。我来帮你拿话筒。

生2：（读第7自然段）

师：你觉得这一段里面哪一句话最重要？

生2：“把补丁衣服做成了好看的艺术品。”

师：把这句话读得完整一点，谁把补丁衣服做成了好看的艺术品？

生2：外婆。

师：读一下。

生2：（读）外婆把补丁衣服做成了好看的艺术品。

师：好，你真聪明，请坐。

师：是啊，外婆把打着补丁的衣服都做成了好看的艺术品，那还不是说外婆的手艺活做得好吗？相当高超，是不是啊？继续找能说明外婆的针线活做得好的段落。

（板书：手艺好）

师：看老师抛了个砖能不能引来玉。还有哪里能说明外婆的针线活做得真好呢？找出来的就举手示意。

师：不要着急，慢慢地找。

师：有没有找出来的？

（依旧无人回答）

【屏显】研读课文之二：请从文中找出叙述外婆的针线活为何做得好的段落或句子。

师：这样吧，老师再换一个话题，从另一个角度在文章中搜索重要的信息。请齐读屏幕上这句话。

生：（齐读）请从文中找出叙述外婆的针线活为何做得好的段落或句子。

师：外婆的针线活为什么做得好？找这样的段落或句子，这样的段落或句子在文章中有不少。

师：好，后面这位男同学。首先老师要表扬你，你是第一个举手发言的人，起码你是一个勇敢的人。

生3：第5自然段，外婆做衣服是那么细致，那样耐心。还有后面，她好像用心体会布的心情。

师：老师请你把第5自然段给大家有感情地朗读一下。我给你拿话筒。

生3：（朗读第5自然段）

师：停一下，老师希望你胆子大一点，一字一句地读，声音大一点，好不好啊？我相信你能读得很好。

生3：（重读第5自然段）

师：嗯，读得好多了嘛。你觉得这一段话里面哪一句话很重要？

生3：第一句话。外婆做衣服是那么细致、耐心。从量到裁再到缝，她好像都在用心体会布的心情。

师：你认为第一句话很重要，是吧？好，请坐！我觉得你不仅勇敢，而且很聪明。这一段话的重点就是第一句话。“外婆做衣服是那么细致、耐心。”细致、耐心属于什么感情范畴呢？是不是一种做人做事的态度啊？

生（齐）：是！

（板书：细致、耐心）

师：细致、耐心，请在这四个字下面画上着重号。我们国家足球队的前外国教练米卢有句名言，大家知道吗？

生（齐）：不知道。

师：“态度决定一切！”齐读一下。

生（齐）：态度决定一切！

师：我们现在正处于青少年时期，要好好学习，学习需不需要一种正确的态度呢？

生（齐）：需要。

师：要好好地反省一下自己，学习态度究竟端正了没有？比如课堂上积极动脑，我看大家都做到了。但是还要勇敢发言，这也是一种态度。好，继续找，刚才这位同学回答得不错。

师：好，这位女同学，你说。

生4：第6自然段。

师：请你读一下。

生4：（读第6自然段）

师：我还是同样的问题，你认为这一自然段哪一句最重要？

生4：最后一句。

师：请你读一下。

生4：“她特别喜欢坐在院场里，在高高的天空下面做小小的衣服，外婆的神情显得朴素、虔诚，而且有几分庄严。”

师：你回答得很正确。我再问你：在这一句话里面，你认为哪几个词最重要？

生4：朴素、虔诚。

师：还有吗？

生4：庄严。

师：请坐，你很会筛选重要的信息。外婆做衣服时神情是那么朴素、虔诚，还带有几分庄严。

（板书：朴素、虔诚、庄严）

师：谁来说一下虔诚是什么意思？

生5：虔诚的意思是恭敬、真诚。

师：很棒。虔就是恭敬的意思，诚就是真诚的意思。请坐，老师要表扬你，回答问题是如此准确。虔诚就是很恭敬，很真诚。你看外婆做衣服的神情那么朴素，那么恭敬，那么真诚，又那么庄严，是不是也是一种态度啊？她细致、耐心，她朴素、庄严，我们是不是也应该向外婆学习啊？

生（齐）：是！

师：继续找，为何外婆的针线活做得好？这样的段落还有。谁找出来，举手示意，个别发言。

生6：在第10自然段。

师：好，请你读一下。

生6：（读第10自然段）

师：你非常棒，请坐。外婆的手艺活做得那么好，就是因为她有艺术灵感。她的艺术灵感来自哪里呢？

生 7：大自然。

师：还有呢？

生 8：还来自内心。

师：噢，来自内心，又来自大自然。这一段描写真是太精彩了！我们把这一段齐读一下，好不好啊？

生（齐）：（读第 10 自然段）

师：读得真好。外婆的手艺达到了何种境界？

生 9：出神入化！

师：嗯，你说得太好了，这个成语用得很好，你的语文学习肯定很棒。外婆的手艺达到了出神入化、炉火纯青的境界。这真应验了一句俗话，世上并不缺少美，而是缺少——？

生（齐）：发现美的眼睛！

师：对，缺少发现美的眼睛。继续找。这里面有一个很重要的段落，是说外婆的手艺为什么这么好，非常重要，同学们还没有找出来，我感到小小的遗憾。看谁能把这一段找出来？找出来就举手示意。

师：好，又是这个男孩，你说。

生 6：第 13 自然段。

师：你读一下。

生 6：（读第 13 自然段）

师：你认为是这一段吧？请坐。还有不同意见吗？

师：好，这个女孩，你说。

生 10：是第 3 自然段。

师：第 3 自然段，是吗？你来读一下。

生 10：（读第 3 自然段）

师：读得真好，请坐。还有没有不同的意见？

生 11：我认为是第 8 自然段。

师：请读一下。

生 11：（读第 8 自然段）

师：你能不能谈一下，你是怎么理解这一段话的？

生 11：外婆一直是以她内心的样式，用心地缝补着衣服。

师：我认为她找得很准确。大家一起来读一下这一段。

生（齐）：（读第 8 自然段）

师：大家说这一段里面哪个词最重要？

生 12：朴素。

师：还有呢？

生 13：样式。

师：还有呢？

生 14：坚持。

师：坚持，坚持太重要了，有一句广告词就是——

生（齐）：坚持就是胜利！

师：嗯，坚持就是胜利！在那些“打满补丁”的岁月里，就是说那个岁月生活非常艰苦，但是外婆依然坚持着她朴素的美学。她以她心中的“样式”，缝补着生活。外婆用自己精彩的手艺裁剪着人生，缝补着生活，同时也书写着自己美丽的人生。但是这一段还不是最最重要的。还有最最重要的一段，谁来说说？这位男同学。

生 15：第 10 自然段。

师：第 10 自然段？别人已经说过了。好，请坐。凡是说过的不重复，我们把握住这样一个原则。

四、挖掘主词，升华主旨

生 16：我认为是第 4 自然段。

师：第 4 自然段，是吧？我请你读一下。

生 16：（读第 4 自然段）

师：老师不得不佩服你，这么一个段落，这么多同学都一直找不出来，而你慧眼识珠，终于找出来了！同学们，这段话太重要了，齐读一下。

生（齐）：（读第 4 自然段）

师：要读得有底气，像一个做堂堂正正人的样子。能不能再读一遍？读出精神来，好不好啊？

生（齐）：（再读第 4 自然段）

师：很棒，老师的问题来了。作者说无论做衣或做人，心里都要有一个“样式”，才能做好。那么，做人，心中要有个什么样式才能做好？你是怎么理解这个样式的？谁来说说？

师： 好，还是这个同学，你是第三次发言，如果我没记错的话。你很棒，很优秀！

生6： 心中要有个样式，是心中要有理想和梦想。

师： 你认为是要有理想和梦想。我觉得你的回答是一家之言，请坐。继续发言。有没有不同的意见，做人心中要有个样式，这个样式究竟是什么？

师： 好，这位同学。你好像也是第二次发言。

生10： 做人要有原则。

师： 我觉得你的回答也不错。请坐，继续发言。做人心中要有个样式，照着这个样式去做才能做好，这个样式究竟是什么呢？有没有人能够说出比较标准的答案？

师： 原来就是这么简单嘛，就是你们都在追星嘛，就是心中要有偶像嘛，是不是啊。也就是心中要有什么呢？

生4： 榜样！

师： 对，很聪明，就是心中要有榜样！还是刚才那位女同学，长得漂亮，人又聪明！做人心中要有榜样，你们心中有没有做人的榜样啊？

生（部分）： 有。

师： 究竟有没有？

生（齐）： 有。

师： 那就好办了，来交流一下，看看你们心中的榜样是什么。举手发言，说说自己心中的榜样。

师： 刚才不是底气都很足吗？谁来说一下，你做人的榜样是什么，或者是你心中的偶像是谁？

师： 刚才都说有，那我就随便叫人发言了，先从第一行开始，你先说。

生17： 我心中的榜样是——（支支吾吾，答不上来）

师： 是不是刚才虚伪啦，其实心中并没有偶像？要做一个诚实的人，如果真的没有，你就真诚地告诉大家，说我现在心中没有做人的榜样。有没有？

生17： 没有。

师： 老师首先表扬你，你做回了诚实的人。请坐！还有谁心中没有榜样，刚才也起哄了，举手。

生18：（一生举手）

师：好，那老师就不会向你提问。

师：说说你心中的榜样是谁？

生19：是成龙。

师：成龙！为什么？

生19：因为他的武功很好。

师：你也想成为一个武术明星？很棒，你是这20几个人里面第一个说出了心中榜样的人！心中有榜样，做人做事就会心明眼亮。不错，老师为你点赞！请坐。

生20：那个——那个——，李连杰。

师：他说成龙，你就紧跟着说李连杰，是不是有点雷同啊？为什么？

生20：因为他武术功夫也很好。

师：好，毕竟是心中还有偶像的人，老师也应该肯定你，好，请坐。

生21：鲁迅。

师：为什么？

生21：因为他为人类写出很好的作品。

师：好的。请坐。

生22：我认为好的榜样就是我们班主任。他一向都是工作很认真，一丝不苟。如果以他为榜样的话，做什么事都能成功。

师：你们班主任就像文中的外婆，做事很认真，很细心，很耐心。请坐！你的回答很有特点，因为你回答的榜样是你身边的人，我们都要从自己身边寻找自己的榜样。还有谁发言？

生22：（举手）

师：允许第二次发言。

生22：我还有一个榜样就是孙老师。

（全场哄笑）

师：我们才认识几分钟啊？

生22：孙老师有一个特点就是讲课非常幽默。我觉得以后在社会上与人交流也要风趣。

师：我谢谢你对我的恭维，请坐！

（全体大笑）

师：孩子们啊，可不敢迷糊啊，问起你们的榜样，一个个都哑口无言。刚才这个同学还有那个女同学诚实地说自己是瞎说的，自己根本就没有榜样。心中没有榜样是很可悲的！是很可怕的！心中没有榜样，做人没有榜样，人生能够有正确的方向吗？你们现在正处于青少年时代，你们就是祖国的未来，你们都没有人生的方向，我们国家的前途在哪里啊？有没有前途啊？

生（齐）：有！

师（激情澎湃）：有什么前途啊?！我们就应该有榜样，以英雄为榜样，向英雄学习，保家卫国！你们要为民族的振兴、中华的崛起，发奋读书，做国家的栋梁之才！你们是不是应该这样啊？

生（齐）：（鼓掌）

师：榜样的力量是无穷的！大家可不敢迷糊啊！今天听了孙老师的这节课，起码要懂得：做人，心中要有榜样，明白了吗？

五、议论抒情，学会感恩

【屏显】知识卡片二“议论与抒情”：议论是对事物的感想、认识和评价，抒情是对所记事物抒发感情。记叙中的抒情和议论常常是并存的。

师：齐读一下。

生：（齐读）议论是对事物的感想、认识和评价，抒情是对所记事物抒发感情。记叙中的抒情和议论常常是并存的。

师：这里的议论指的是记叙中的议论。记叙中的议论就是对事物的认识，或者是感想，或者是评价。这三个词是关键词，也就是它的概念。抒情，顾名思义就是抒发感情。议论和抒情常常是并存的，也就是有些话既是议论同时也是在抒情，既是抒情同时也是在议论。关键要把记叙的概念弄清楚。我们的竞赛又要开始了。

【屏显】请从文中找出属于议论或抒情的段落或句子。

师：看清楚，赶快找，看谁找得快，看谁找得准。我希望在这个环节里面，大家的思维能够敏捷一点，反应速度能够快一点。看谁能够拔得头筹？

生23：第15自然段。

师：请你读一下。

生23：（读第15自然段）

师：这显然是属于记叙中的什么呢？是感想，还是评价，还是？

生 23： 评价。

师： 嗯，属于评价。不错。继续发言。

生 24： 我觉得是第 13 自然段。

师： 请你给大家读一下。

生 24：（读第 13 自然段）

师： 好，请坐。你很聪明，找得太好了。同学们把这一自然段齐读一下。

生（齐）：（读第 13 自然段）

师： 感情不够浓烈，听孙老师读一下，大家默读。

师：（范读第 13 自然段）

师： 同学们能不能再读一遍，读得更好，读得感情充沛？

生（齐）： 能。

师： 好，老师给你们起个头。

生：（再齐读第 13 自然段）

师： 怎么理解密密的手纹，密密的心情？谁发言？

生 25： 这是无私的。

师： 什么是无私的？无私的什么？

生 25： 爱。

师： 噢，无私的爱，你很聪明。老师读到这里，想起了孟郊的《游子吟》。（师生齐诵，声音响彻教室）慈母手中线，游子身上衣。临行密密缝，意恐迟迟归。谁言寸草心，报得三春晖。

师： 噢，原来这两个“密密的”就传达了一个字，就是刚才这个同学说的，外婆对他的深深的爱。继续找，哪些是抒情或议论的句子？

生 26： 第 16 自然段。

师： 请读一下。

生 26：（读第 16 自然段）

师： 你为什么找这一段？

生 26： 最后一句话是他在议论。

师： 议论什么？

生 26： 议论外婆在做针线活时的那种心境。

师： 非常棒！请坐，老师要表扬你。你的朗读真像中央电视台的播音员，回答时的那个思维，真聪明，真棒！

师：我请同学们把从第 17 自然段到结束，这四个自然段齐读一下。有感情地朗读。

生（齐）：（读最后四个自然段）

师：这四个自然段表达了作者对外婆的什么情感？

生 27：思念。

师：思念。在思念之外呢？还有没有其他的感情？

生 27：爱。

师：爱？太抽象了。文章就讲了一件很小的事情，在他上小学的时候，外婆送了他两件礼物。文章中写了作者对外婆的好了没有？

生（齐）：没有。

师：那么作者在怀念自己外婆的时候还有一种什么心情啊？

生 28：愧疚。

师：愧疚之余还有什么？

生 28：后悔。

师：（板书：感恩）同学们啊，做人还要学会感恩。我们是不是应该悟出这么一个道理啊？同学们，作者留下了深深的遗憾，他的外婆远去了。他没有为外婆做一件好事。在座的你们愿不愿意留下这种遗憾啊？

生（齐）：不愿意！

师：那就好了，同学们，回去以后，为你们的外婆、外公，或者是爷爷、奶奶、爸爸、妈妈做一些好事，为他们捏捏背，或者为他们洗洗脚等等。能不能做到啊？

生（齐）：能！

师：真是好孩子！百善孝为先嘛！

师：外婆是个怎样的人呢？

【屏显】手艺好，细致，耐心，朴素，虔诚，庄严，仁慈，安详，宁静，热爱美，追求美。

【屏显】这个外婆真像我的外婆啊！……

师：请大家大声齐读这句话！

生大声齐读：这个外婆真像我的外婆啊！……

【乐声响起，隐隐约约】翁倩玉《爱的奉献》。

师：李汉荣曾说："在人群之外，我们还需要一种高度，一种空旷，一种虚静，去与天地对话，与万物对话，与永恒对话。”追求美就是人类万古不朽而永恒的话题！作者在文中给我们刻画了一个热爱美、追求美的外婆的完美形象，外婆用精巧的手艺，裁剪着人生，缝补着生活，也书写着自己美丽的人生！这也许正是作者与永恒对话的结果。让我们继续“与天地对话，与万物对话，与永恒对话”吧！

师：同学们，今天的课就上到这里。

六、读写结合，训练迁移

师：布置个作业——

【屏显】写作训练：请以“外婆的爱”为题，采用“记叙加议论抒情”的手法，写一段话。

师：下课！

生（齐）：老师再见！

师：同学们再见！

附录二 《外婆的掌纹》教学构思

《外婆的掌纹》是作家李汉荣先生的一篇纪实性回忆散文。作者通过对儿时回忆的描述，生动刻画了外婆的心灵手巧和朴实勤劳，展现了外婆对生活的热爱和对晚辈的关爱之情；表达了作者对过去情怀的留恋和珍惜，也寄托了作者对外婆深深的思念和深深的爱。

2010 年 12 月 4 日我应“全国第三届两岸同课异教中学语文课堂教学研讨会”组委会之邀，在上海为与会代表上了《外婆的掌纹》（沪教版）的示范课，好评如潮。后来，有人把它放在了网上，更是引起了强烈的反响。总结我这一课的成功之处，就是构建了“语文课堂立体教学课型”，最大限度地做到了教学结构和程序的最优化。本课是由“四环节语文教学艺术课型”和“四步骤语文立体教学课型”复合构成的。

一、四环节语文教学艺术课型

开讲的艺术。教学开讲采用了图片和歌曲导入法。教学课题的展示配以外婆的画像，然后播放歌曲《外婆的澎湖湾》，与学生共同歌唱，这既切合教学内容，又利于激发学生的学习兴趣。

过渡的艺术。为了使教学过程气血贯通，教学结构浑然一体，本课教学的过渡性语言俯拾即是。如由歌曲《外婆的澎湖湾》导入正课的过渡语就很有感染力：“正像歌词里面所说的，外婆这个名字对我们来说，是多么熟悉的名字，多么亲切的名字，多么慈祥的名字！外婆，可以让我们对童年许多美好的事情产生许多美丽的怀想。今天，就让我们和李汉荣笔下的外婆进行一番穿越时空的对话吧！”又如提问过渡到朗读的最高境界的探究：“那么朗读的最高境界是什么呢?”再如，学生不知道如何速读课文时，我则提示学生：“我发现个别同学在从头至尾地仔细阅读全文，现在应该采用略读、粗读、浏览的办法。”再如，在学生探究“从文中找出记叙‘外婆的针线活做得好’的段落或句子”比较艰难时，我则宕开话题，另辟蹊径，运用教学机智，灵活处理，转换教学思路：“这样吧，老师再换一个话题，从另一个角度在文章中搜索重要的信息。请从文中找出叙述外婆的针线活为何做得好的段落或句子。”还有，和学生探讨心目中的“榜样”，学生答不上来，我则激情演讲：“孩子们，可不敢迷糊啊，问起你们的榜样，一个个都哑口无言。刚才这个同学还有那个女同学诚实地说自己是瞎说的，自己根本就没有榜样。心中没有榜样是很可悲的！是很可怕的！心中没有榜样，做人没有榜样，人生能够有正确的方向吗？你们现在正处于青少年时代，你们就是祖国的未来，你们都没有人生的方向，我们国家的前途在哪里啊？有没有前途啊?”此过渡语起到了激发学生思考人生的效果。

高潮的艺术。本课堪称高潮迭起。一开始我饱含深情地范读第 17 到 20 自然段，充沛的激情感染了师生，掌声四起，掀起了一个小高潮。在“挖掘主词，升华主旨”这一环节，探究“作者说无论做衣或做人，心里都要有一个‘样式’，才能做好。那么，做人心中要有个什么样式才能做好？你是怎么理解这个样式的?”时，可以说学生的状态渐入佳境，发言掀起了高潮。再到“议论抒情，学会感恩”这一环节，学生更是热情高涨，尤其是我谈到了孟郊的《游子吟》，师生共鸣，不约而同，高声齐诵，响彻教室，高潮之至，意境全出。

结尾的艺术。结课时，我屏显了“外婆是个怎样的人?”之后，让学生大声齐读：“这个外婆真像我的外婆啊！……”然后我伴随着《爱的奉献》乐曲，激情演讲：“李汉荣曾说，‘在人群之外，我们还需要一种高度，一种空旷，一种虚静，去与天地对话，与万物对话，与永恒对话。’追求美就是人类万古不朽而永恒的话题！作者在文中给我们刻画了一个热爱美、追求美的外婆的完美形象，外婆用精巧的手艺，裁剪着人生，缝补着生活，也书写着自己美丽的人生！这也许正是作者与永恒对话的成果。让我们继续‘与天地对话，与万物对话，与永恒对话’吧!”更是把教学高潮推向了极致，令人回味无穷。

二、四步骤语文立体教学课型

导读质疑。导入正课以后，我就指导学生有感情地朗读课文，尤其是我的范读饱含感情，示范作用极强。整节课都贯彻了“以读代讲，以读代析，以读代悟”的教学理念。然后就抓住文眼，即课文开头那句话进行质疑：“文章开篇第一句话就是：‘外婆的针线活做得好。’怎么个好法呢？请找出外婆针线活做得好的段落或者句子。”

立体探究。教学围绕“外婆是个怎样的人呢?”这个主要问题，探究了许多值得思考而有意义的“人文性话题”，如“细致”“耐心”“朴素”“虔诚”“庄严”“艺术灵感”“坚持”“榜样”“诚实”“爱”“感恩”“美”，这些都是教育学生如何做人的道理。同时，教学还探究了“工具性话题”，即“记叙、议论和抒情”。工具性与人文性两条线贯穿教学始终。整节课由一开始没人敢发言，到最后全班28名同学积极参与了探究讨论，实现了立体探究。

评价归纳。教学中评价归纳的句子随处可见，这里可分为三类。一是鼓励性评价。如：“首先老师要表扬你，你是第一个举手发言的人，起码你是一个勇敢的人。”如：“我觉得你不仅勇敢，而且很聪明。”如：“老师不得不佩服你，这么一个段落，这么多同学都一直找不出来，而你慧眼识珠，终于找出来了!”如：“非常棒！请坐，老师要表扬你。你的朗读真像中央电视台的播音员，回答时的那个思维，真聪明，真棒!”二是鼓励性归纳。如：“你很会筛选重要的信息。外婆做衣服神情是那么朴素、虔诚，还带有几分庄严。”如：“那就好了，同学们，回去以后，为你们的外婆、外公，或者是爷爷、奶奶、爸爸、妈妈做一些好事，为他们捏捏背，或者为他们洗洗脚等。能不能做到啊?”三是鼓励性评价与归纳兼容并蓄。如：“你说得太好了，这个成语用得很好，你的语文学习肯定很棒。外婆的手艺达到了出神入化、炉火纯青的境界。这真应验了一句俗话，世上并不缺少美，而是缺少——发现美的眼睛!”如：“坚持太重要了，有一句广告词就是——坚持就是胜利！在那些打满补丁的岁月里，就是说那个岁月生活非常的艰苦，但是外婆依然坚持着她朴素的美学。她以她心中的‘样式’缝补着生活。外婆用自己精彩的手艺裁剪着人生，缝补着生活，同时也书写着自己美丽的人生。”如：“对，很聪明，就是心中要有榜样！还是刚才那位女同学，长得漂亮，人又聪明!”如：“很棒，你是这么多同学里面第一个说出了心中榜样的人！心中有榜样，做人做事就会心明眼亮。不错，老师为你点赞!”如：“你们班主任就像文中的外婆，做事很认真，很细心，很耐心。请坐！你的回答很有特点，因为你回答的榜样是你身边的人，我们都要从自己身边寻找自己的榜样。”

训练迁移。读写结合：请以“外婆的爱”为题，采用“记叙加议论抒情”的手法，写一段话。读是为了学，写是为了迁移为能力。

三、教学方法的综合运用及其他

本课除“语文课堂立体教学课型”的有效运用以外，还在诸多方面有所设计。

教学目标二维化。工具性方面，学习记叙、议论和抒情的写作手法。人文性方面，学习外婆的做人品格。始终贯穿并围绕这两条线开展教学活动。

整堂教学贯彻“以读代讲、以读代析、以读代悟”的教学思想，充分重视和发挥朗读在语文教学中的重大作用。

全面贯彻鼓励性教学原则。善于发现学生的闪光点加以放大。我所追求的教学评价语言是，仿佛流过心灵的音乐，恰如蹦过心灵的小溪，好似拂过心灵的微风，活像飘过心灵的花瓣，能给学生一种激励，一种感动，一种享受，一种陶冶。

让学生进行独立的脑力劳动。从不越俎代庖，代替学生思考；所有问题都是在老师的引导、启发或点拨下，学生自己独立思考解答出来的。这就是研究性学习的真谛。

教学民主。从不将教师的观点强加于学生。比如学生回答心中的“榜样”说了假话，我便不失时机地教育学生做人要诚实。同时，对于承认说了假话的学生表态，老师不会再让他们回答这个问题。

生活语文，触及灵魂。把课堂变成了学生体验和演绎人生的舞台，真正做到了语文学习生活化。教育的本质意味着：一棵树摇动另一棵树，一朵云推动另一朵云，一个灵魂唤醒另一个灵魂。如果教育未能触及人的灵魂，未能引起人的灵魂深处的变革，那么它就不能成其为教育。比如关于“榜样”的讨论，关于“感恩”的讨论，都触及了每个学生的心灵。

情境教学。追求艺术意境的设计。如开讲播放歌曲《外婆的澎湖湾》，切题激趣；课尾播放歌曲《爱的奉献》，升华主旨。首尾相连，浑然一体，意境无限，回味无穷。

以生为本，回归文本。一切教学活动紧扣课文，与文本对话。一切教学活动为学生着想，学习知识，发展思维；教其做人，面向未来。

我是这样界定立体教学的：“所谓立体教学，就是指从教学艺术和教学科学两个角度所揭示的课堂教学高境界的时空特征，是教学艺术和教学科学的完美统一：教学艺术在于营造氛围，创造共振，激励乐学，做空间的文章；教学科学在于发展思维，鼓励创新，追求效率，做时间的文章。”本课完全体现了我的立体教学思想。

附录三　孙春成指导的教师参加“教学比赛”获奖目录

【孙春成1999年3月至2002年9月任深圳市龙岗区小学语文教研员，2008年9月至今任深圳市龙岗区初中语文教研员。其间指导深圳市龙岗区语文教师参加各类教学比赛，共获得市级一等奖以上荣誉38项，市级二等奖荣誉42项（略）。项目包括：现场课堂教学大赛、基本功大赛、教学技能大赛、微课大赛、录像课大赛、教学设计大赛等等】

序号	姓名	所在学校	获奖项目	级别与等级	获奖时间
国家级课堂教学基本功大赛（共3项：一等奖1项，二等奖2项）					
1	刘洋	深圳市龙岗区外国语学校	第二届全国中学语文教师教学基本功大赛	国家级一等奖	2012.4
2	赵查	深圳市龙岗区实验学校	第三届全国初中语文教师教学基本功大赛	国家级二等奖	2014.5
3	刘毅	深圳市龙岗区平湖中学	第五届全国初中语文教学基本功大赛	国家级二等奖	2015.5
省级课堂教学大赛（共6项：冠军3项，一等奖4项，三等奖2项）					
4	刘洋	深圳市龙岗区外国语学校	广东省2010年初中语文文言文阅读教学大赛	省级一等奖（冠军）	2010.12
5	俞晓燕	龙岗区平湖外国语学校	广东省2010年初中语文文言文阅读教学大赛	省级一等奖	2010.12
6	赵查	深圳市龙岗区实验学校	广东省2012年初中语文古典诗歌鉴赏教学大赛	省级一等奖（冠军）	2012.12
7	刘毅	深圳市龙岗区平湖中学	广东省2014年初中语文童话寓言教学大赛	省级一等奖（冠军）	2014.12

（续表）

8	郑冉	深圳市龙岗区龙城初级中学	广东省 2016 年初中语文名著导读课堂教学大赛	省级三等奖	2016. 12
9	王珂珂	深圳市龙岗区龙城初级中学	广东省 2017 年初中语文青年教师教学能力大赛	省级三等奖	2017. 11
市级课堂教学大赛一等奖（共 29 项：冠军 5 项，教学大赛 16 项，录像课与微课 5 项，教学设计 8 项）					
10	覃亮	深圳市龙岗区沙西小学	深圳市 1999 年小学生情境作文课堂教学大赛	市级一等奖	1999. 12
11	田聪维	深圳市龙岗区实验学校	深圳市 2008 年初中语文教学大赛	市级一等奖（冠军）	2008. 10
12	刘洋	深圳市龙岗区外国语学校	深圳市 2010 年初中语文文言文阅读教学大赛	市级特等奖（冠军）	2010. 10
13	赵查	深圳市龙岗区实验学校	深圳市 2012 年初中语文古典诗歌鉴赏教学大赛	市级特等奖（冠军）	2012. 12
14	刘毅	深圳市龙岗区平湖中学	深圳市 2014 年初中语文寓言与童话课堂教学大赛	市级特等奖（冠军）	2014. 11
15	包望	深圳市龙岗区新梓学校	2012 年深圳市初中语文古典诗歌鉴赏教学大赛	市级一等奖	2012. 12
16	杨乔	深圳市龙岗区南联学校	2012 年深圳市初中语文古典诗歌鉴赏教学大赛	市级一等奖	2012. 12
17	方金翠	深圳市龙岗区梧桐学校	2012 年深圳市初中语文古典诗歌鉴赏教学大赛	市级一等奖	2012. 12
18	朱海英	深圳市龙岗区福安学校	2012 年深圳市初中语文古典诗歌鉴赏教学大赛	市级一等奖	2012. 12

（续表）

19	刘戬俊	深圳市龙岗区可园学校	2012年深圳市初中语文古典诗歌鉴赏教学大赛	市级一等奖	2012.12
20	钟文	深圳市龙岗区龙城初级中学	2012年深圳市初中语文古典诗歌鉴赏教学大赛	市级一等奖	2012.12
21	陈丽蓉	平湖实验学校	深圳市2015年初中语文教师技能大赛	市级一等奖	2015
22	饶晨曦	深圳市龙岗区可园学校	深圳市2015年初中语文教师技能大赛	市级一等奖	2015
23	代小娟	深圳实验承翰学校	深圳市2015年初中语文教师技能大赛	市级一等奖	2015
24	郑冉	深圳市龙岗区龙城初级中学	深圳市2016年初中语文名著导读课堂教学大赛	市级一等奖	2016.11
25	周东芳	深圳市龙岗区梧桐学校	深圳市首届微课大赛	市级一等奖	2014.4
26	周东芳	深圳市龙岗区梧桐学校	深圳市初中文言文阅读教学专题教研录像课	市级一等奖	2010.12
27	赵查	深圳市龙岗区实验学校	深圳市初中语文优质录像课比赛	市级特等奖	2009.6
28	张庆	深圳市龙岗区新亚洲学校	深圳市初中语文优质录像课比赛	市级一等奖	2009.6
29	徐瑶	深圳市龙岗区平安里学校	深圳市初中语文优质录像课比赛	市级一等奖	2009.6
30	周东芳	深圳市龙岗区梧桐学校	深圳市初中文言文阅读教学设计	市级一等奖	2010.12

（续表）

31	刘毅	深圳市龙岗区平湖中学	深圳市初中文言文阅读教学设计	市级一等奖	2010. 12
32	罗彩萌	深圳市龙岗区天成学校	深圳市初中文言文阅读教学设计	市级一等奖	2010. 12
33	刘洋	深圳市龙岗区福安学校	深圳市初中文言文阅读教学设计	市级一等奖	2010. 12
34	杨琼	深圳市龙岗区平安里学校	深圳市初中文言文阅读教学设计	市级一等奖	2010. 12
35	肖艳君	深圳市龙岗区福安学校	深圳市初中文言文阅读教学设计	市级一等奖	2010. 12
36	孙芸	深圳市龙岗区天成学校	深圳市初中文言文阅读教学设计	市级一等奖	2010. 12
37	盛志勇	深圳市龙岗区新亚洲学校	深圳市初中文言文阅读教学设计	市级一等奖	2010. 12
38	王珂珂	深圳市龙岗区龙城初级中学	深圳市2017年初中语文青年教师教学能力大赛	市级一等奖（冠军）	2017. 10

附录四　孙春成“立体教学”研究大事记

一、出版专著（共18本）

1. 1993年出版专著《立体教学初论》（山西教育出版社出版，魏书生写序，刘国正题写书名）。

2. 1997年出版专著《立体教学再论》（山西教育出版社出版，魏书生题词：立体思维沐春风春雨，教学硕果渐成长成熟。刘国正题写书名）。

3. 1997年出版专著《立体教学三论》（山西教育出版社出版，陈金明写序，刘国正题写书名）。

4. 1998年出版专著《立体教学论》（山西教育出版社出版，魏书生题词：全面发展天地阔，立体教学道路宽。程翔题词：勤奋耕耘，硕果累累。许建国题词：举前贤之未及，启后学于成规。陈金明、景克宁、贺斌写序，刘国正题写书名）。

5. 1998年出版专著《语文课堂教学艺术漫谈》（语文出版社出版，魏书生题词：艺术活动的写真，科学思辨的结晶。钱梦龙、宁鸿彬写序）。

6. 2001年出版专著《语文课堂立体教学模式》（广西教育出版社出版）。

7. 2003年出版专著《中学语文课堂创新教学模式》（中山大学出版社出版，唐海海写序）。

8. 2003年出版专著《小学语文课堂创新教学模式》（中山大学出版社出版，唐海海写序）。

9. 2003年出版专著《给语文教师的101条建议》（南京师范大学出版社出版，魏书生写序）。

10. 2003年出版专著《新语文课堂：探究教学法》（南京师范大学出版社出版，章熊题词：只有教师善于探究，学生才能学会探究）。

11. 2003年出版专著《语文研究性学习：学与教融合的策略》（南京师范大学出版社出版，李吉林题词：年轻人志在千里，愿立体教学更上层楼）。

12. 2003年出版专著《初中语文课堂教学艺术》（中国林业出版社出版）。

13. 2003年出版专著《语文课堂问题教学策略》（广西教育出版社出版，于漪写序）。

14. 2004年出版专著《语文立体化教学艺术》（中国林业出版社出版，魏书生写序）。

15. 2004年出版专著《语文反思性教学策略》（广西教育出版社出版）。

16. 2004年出版专著《新课程语文教育随笔》（广东教育出版社出版）。

17. 2017年出版专著《语文教学十大创新课型》（山西教育出版社出版，魏书生写序，钱梦龙题写书名）。

18. 2018年出版专著《语文课堂立体教学课型》（山西教育出版社出版，于漪、魏书生写序，钱梦龙题写书名）。

二、发表论文（共42篇）

1. 1986年第6期《语文教学论坛》发表论文《“立体教学”初探》。

2. 1988年第5、6期《语文教学通讯》发表论文《关于“立体教学”理论的再思考》。

3. 1989年第1期《山西大学师范学院学报》发表论文《知识积累与能力培养》。

4. 1989年第3期《语文教学论坛》发表论文《指导学生批改作文的理论与实践》。

5. 1990年第2期《山西大学师范学院学报》发表论文《教学过程中思维的立体性探幽》。

6. 1992年第3、4期《山西大学师范学院学报》发表论文《浅谈提高语文课堂教学效率》。

7. 1993年第2期《山西电教》发表论文《求异思维在作文立意上的运用》。

8. 1995年第9期《新语文》发表论文《不妨试试“存疑法”》。

9. 1995年第13期《运城地区教育学会会刊》发表论文《关于中学语文教学现状的思考》。

10. 1996年第5期《中学语文教学参考》发表论文《也谈“落实”》。

11. 1997年第3期《语文学习》发表论文《一堂课就是一篇文章》。

12. 1997年第9期《中学语文教学》发表论文《提高青年教师素质之我见》。

13．1998 年第 5 期《语文教学通讯》发表论文《思维的立体性结构及最优化运动》。

14．1998 年第 8 期《教育理论与实践》发表论文《幽默在语文教学中的功用》。

15．1998 年第 10 期《中学语文教学》发表《读书是我的责任》。

16．1999 年 1 月 8 日《中国教育报》发表论文《如何成为“研究型”教师》。

17．1999 年第 3 期《人民教育》发表《呼唤“研究型”教师》。

18．1999 年 5 月 14 日《中国教育报》发表论文《怎样写教学后记》。

19．1999 年 6 月 11 日《中国教育报》发表论文《教学的四种境界》。

20．2000 年 6 月 9 日《中国教育报》发表论文《贵在发现》。

21．2000 年第 7 期《中学语文教学》发表论文《语文教学科学化的必由之路》。

22．2001 年第 4 期《中学语文教学》发表论文《教育家与教书匠》。

23．2002 年第 2 期《中学语文教学》发表论文《有效开展研究性学习的思考》。

24．2002 年第 11 期《语文建设》发表论文《走进教学的三重境界》。

25．2003 年第 1 期《语文建设》发表论文《牵一发而动全身》。

26．2003 年第 6 期《中国小学语文教学论坛》发表论文《立体探究，发展创新》。

27．2003 年第 7 期《中学语文教学》发表论文《教会学生思考和创新》。

28．2015 年第 12 期《中学语文教学参考》发表论文《最优化：打造高效语文课堂教学的尝试》。

29．2016 年第 6 期《中学语文教学参考》发表论文《我这样教〈秋天的怀念〉》。

30．2016 年第 6 期《中学语文教学》发表论文《我这样上名著导读课》。

31．2016 年第 8 期《中学语文教学参考》发表论文《“立体教学”的尝试》。

32．2016 年第 10 期《中学语文教学》发表论文《有效提问：语文教学的常规武器》。

33．2016 年第 10 期《中学语文教学参考》发表论文《把每篇课文当作一个课题进行研究》。

34. 2016年第12期《中学语文教学参考》发表论文《学会创建“语文课型”》。

35. 2016年第12B期《语文教学通讯》发表论文《语文课堂教学评价须要“标准化”》。

36. 2017年第1期《作文教学与研究》发表论文《学生互相评改作文的理论与实践》。

37. 2017年第2B期《语文教学通讯》发表论文《关于语文课堂教学十大问题的思考》。

38. 2017年第3期《中学语文教学参考》发表论文《蒙太奇：“名著导读”教学设计的基本方法》。

39. 2017年第6期《中学语文教学参考》发表论文《教学常规里的教学研究及其价值》。

40. 2017年第10B期《语文教学通讯》发表论文《辩证法：处理好语文课堂教学的十大关系》。

41. 2017年第9期《中学语文教学参考》发表论文《语文教学须要追求原创!》。

42. 2017年第12期《中学语文教学参考》发表论文《“课文主旨”与“课堂主旨”之辨》。

三、获奖论文（共11篇）

1. 1987年10月论文《论幽默在语文教学中的功用》荣获“中学语文教育理论研讨会”论文奖。

2. 1988年4月论文《关于“立体教学”的思考》荣获“陕甘晋川冀中学语文研讨会”优秀论文奖。

3. 1988年论文《“立体教学”与思维》被选参加山西省中小学教学改革与实验研讨会。

4. 1988年论文《指导学生批改作文的理论与实践》荣获全国青年教改新秀论文评选一等奖。

5. 1989年论文《一堂课就是一篇文章》荣获山西省中学语文教学研究论文

优秀奖。

6. 1989 年论文《知识积累与能力培养》荣获全国青年教改新秀论文评选一等奖。

7. 1995 年论文《于无疑处生疑》荣获第二届中华圣陶杯中青年教师论文大赛一等奖。

8. 1995 年论文《明确主攻方向，加强作文教学》在“全国青年语文教师联谊会”成立大会上被评为一等奖。

9. 1996 年论文《关于中学语文教学现状的反思》在“当前语文教学突破性改革”征文中荣获优秀奖。

10. 1998 年论文《论提高青年教师素质》编入《如何实施素质教育》学术文库。

11. 2000 年论文《贵在发现》荣获《中国教育报》“教学漫议”征文二等奖。

四、科研课题与兼职

1. 1990 年被《语文周报》聘为“兼职编辑”。

2. 1993 年被《山西电教》聘为“特邀编辑”。

3. 1995 年在山东泰安发起成立“全国青年语文教师联谊会”，任常务理事。

4. 1997 年被聘为“全国教学艺术研究中心”副理事长。

5. 1997 年《立体教学论》列为山西省教育科学“九五”规划课题。

6. 1997 年成立“运城地区立体教学研究会”（孙春成任法人代表），拥有 200 余名会员（即“立体教学”实验教师），设立试点达 42 所学校，辐射运城地区 13 个县市。

7. 1999 年被聘为全国中语会青年语文教师研究中心第二届理事会常务理事。

8. 2003 年《立体教育》列为中国教育学会“十五”科研规划课题。

9. 2005 年 9 月中国教育学会“十五”科研规划课题《立体教育》经专家鉴定结题（鉴定专家：魏书生、钱梦龙、陈金明、靳家彦、程翔）。

10. 2006 年《立体教育系统工程理论》列为中国教育学会“十一五”科研规划课题。

11．2013 年被运城学院中文系聘为兼职教授。

12．2014 年被运城幼儿师范高等专科学校聘为兼职教授。

13．2014 年被陕西学前师范学院师资培训学院聘为授课专家。

14．2016 年被山西省忻州师范学院聘为客座教授。

15．2016 年被陕西师范大学文学院聘为教育硕士合作导师。

16．2016 年被深圳大学聘为教育硕士导师。

17．2016 年被深圳市龙岗区教育质量监测中心聘为兼职研修员。

18．2016 年被聘为深圳市“尹庆华名师工作室”专家顾问。

19．2017 年被陕西师范大学特聘为授课专家。

五、成果获奖

1．1990 年在福建厦门集美中学“全国第二届青年教师中学语文教学研讨会”上做公开课被评为优秀奖（本次会议两大收获：一是和魏书生老师同台上课；二是将书稿《立体教学初论》交给魏书生老师，请他写序）。

2．1999 年专著《语文课堂教学艺术漫谈》荣获“语通杯”全国语文教研成果大赛一等奖。

3．2005 年 12 月“立体教育”系列成果参加“首届全国基础教育课程资源博览会优秀成果展”。

4．2005 年《语文课堂立体教学模式》荣获“中国教育学会奖”一等奖。

5．2006 年 11 月“立体教学”被评为深圳市继续教育课程。

6．2008 年《语文课堂立体教学模式策略体系》系列科研成果荣获深圳市龙岗区基础教育教学成果一等奖。

7．2009 年《语文课堂立体教学模式》被评为深圳市龙岗区继续教育培训优质课程。

8．2009 年《语文立体化教学艺术》荣获“第五届中国教育学会科研成果”三等奖。

9．2010 年在上海执教《外婆的掌纹》一课荣获《中国教育报》主办的“全国第三届两岸同课异教中学语文课堂教学研讨会”一等奖。

10．2010 年指导刘洋参加“文言文课堂教学大赛”，荣获深圳市和广东省双料冠军。

11. 2012 年指导刘洋参加“全国第二届初中语文教师教学基本功展评活动”，荣获一等奖。

12. 2012 年指导赵查参加“古典诗词课堂教学大赛”，荣获深圳市和广东省双料冠军。

13. 2014 年指导赵查参加“全国第三届初中语文教师教学基本功展评活动”，荣获二等奖。

14. 2014 年指导刘毅参加“童话寓言课堂教学大赛”，荣获深圳市和广东省双料冠军。

15. 2016 年指导刘毅参加“全国第三届初中语文教师教学基本功展评活动”，荣获二等奖。

16. 2016 年《语文教学十大创新课型》被龙岗区教学研究室审定为中小学校本教材。

17. 2016 年《语文教学十大创新课型》评为深圳市中小学“好课程”。

18. 2016 年在苏州“全国初中语文名师精品课堂展示活动”中执教《秋天的怀念》，荣获一等奖。

19. 2017 年《语文课堂立体教学课型》评为深圳市中小学“好课程”。

20. 2017 年“语文课堂立体教学策略体系”（系列成果）荣获广东省第九届教育教学成果（基础教育）奖一等奖。

六、成果推广

1. 1992 年创办山西省运城地区教育专业杂志《教研向导》。

2. 1995 年 8 月在“全国青年语文教师联谊会首届年会”上作学术报告，并向与会代表赠书《立体教学再论》《立体教学三论》。

3. 1997 年“运城地区立体教学研究会”召开首届年会，魏书生、钱梦龙、程翔、肖家云为千名与会代表上示范课，运城行署副专员闫存来和运城行署教育局局长梁增华与会讲话，景克宁教授演讲，向与会代表赠送专著《立体教学论》800 余本。

4. 1997 年 11 月 21 日山西省交口县教委决定在全县中小学推广立体教学，并邀请孙春成上示范课和作学术报告。

5. 1998 年在山西省运城地区夏县中学召开运城地区立体教学研讨会，皇甫彩虹老师作公开课并演讲。

6. 2000年在深圳市龙岗区龙城小学设立立体教学试验点。

7. 2001年在求水山庄召开深圳市龙岗区立体教学推广大会，给10所学校颁发“立体教学实验基地”牌匾，给实验老师颁发优秀论文证书，赠送与会代表每人一张2000年5月19日的《中国教育报》（上有专版介绍“立体教学”在龙岗的实践经验），深圳市小学语文教研员肖桂林老师作《小学语文与多媒体》报告。

8. 2003年3月23日浙江省青田县教育局教研室组织举办了立体教学推广大会，并邀请孙春成上示范课和作学术报告。

9. 2004年4月10～11日“辽宁省中等职业学校语文教师培训暨经验交流会”邀请孙春成上示范课、作学术报告、评课。

10. 2004年4月21日“立体教育”课题首届年会在深圳市龙岗区实验学校召开，魏书生作题为《新课改的语文教育发展趋势》的报告；孙春成上示范课《事物的正确答案不止一个》，并作报告《立体教学与新课程改革》。

11. 2004年首届“立体教学杯”课堂教学大赛在深圳东方半岛学校举行，龙城小学语文教师尹佳俊荣获冠军。

12. 2005年4月9～10日立体教育课题第二届年会在深圳市布吉高级中学召开，魏书生上示范课并作学术报告。

13. 2005年11月24～25日第二届“立体教学杯”课堂教学大赛在深圳市龙岗区实验学校举行，龙岗区实验学校初中语文教师陈理荣获冠军，靳家彦上示范课并作学术报告。

14. 2006年5月20日立体教育课题第三届年会在深圳市龙岗中专召开，钱梦龙作学术报告《新课程关键词解读》。

15. 2006年11月10日第三届“立体教学杯”课堂教学大赛在深圳市龙岗会堂举行，四川师范大学附属实验学校语文老师柳舒荣获冠军，于永正上示范课并作学术报告，深圳市教育局副局长唐海海到会致词。

16. 2009年在深圳大学教授继续教育课程《语文课堂立体教学模式》。

17. 2010年在深圳大学教授继续教育课程《语文课堂立体教学模式》。

18. 2010年12月4日参加《中国教师报》主办的“全国第三届两岸同课异教中学语文课堂教学研讨会”执教《外婆的掌纹》一课荣获一等奖。

19. 2013年3月2～5日到广东省清远市连南、阳山两县支教。

20．2014 年 9 月为山西大学图书馆捐赠个人专著。

21．2014 年 11 月为陕西省市级教学能手国培计划高级研修班上示范课《秋天的怀念》和《孤独之旅》，并作学术讲座《语文教学艺术》。

22．2014 年 12 月到广东省茂名市茂南和电白两县支教。

23．2014 年在深圳市“名师课堂”活动中上示范课《孤独之旅》。

24．2015 年在深圳市“名师课堂”活动中上示范课《秋天的怀念》。

25．2016 年 3 月 25 日为陕西师范大学 2016 届教育硕士授课。

26．2016 年 11 月 25 日在《中学语文教学参考》杂志社举办的“全国初中语文名师精品课堂展示活动”中执教《秋天的怀念》一课荣获一等奖。

27．2016 年 11 月 26 日在“苏浙中学语文教学论坛第二届年会”作学术讲座《怎样提高语文课堂教学效率》。

28．2016 年 12 月 12 日应邀在广东省初中语文“名著导读”课堂教学大赛上评课《骆驼祥子》。

29．2017 年 3 月在《新作文》杂志社举办的全国“三新”作文教学研讨会上执教《指导学生互相评改作文》一课荣获一等奖。

30．2017 年 3 月 18 日为深圳大学 2016 级硕士研究生授课 4 学时，并向每位学生赠书《语文教学十大创新课型》26 本。

31．2017 年 3 月深圳市龙岗区教育局教学研究室给龙岗区各个初中免费发放《语文教学十大创新课型》365 本。

32．2017 年 3 月 30 日在深圳市盐田区“深圳市初中语文教学十大创新课型推广活动”中执教示范课《湖心亭看雪》并做学术讲座《怎样提高语文课堂教学效率》。并赠送盐田区初中语文教师专著《语文教学十大创新课型》64 本。

33．2017 年 4 月 12 日为陕西省高中骨干教师研修班上示范课《雨霖铃·寒蝉凄切》并作学术讲座《怎样提高语文课堂教学效率》。

34．2017 年 5 月 11 日在深圳市坪山区“孙春成语文教学课型推广大会暨坪山区初中语文名家讲学活动”中执教示范课《简·爱》并做学术讲座《语文教学十大创新课型》。

35．2017 年 5 月 17 日在深圳市直属学校初中语文“同课异构”教学研讨活动中执教示范课《爱莲说》并做学术讲座《语文教学十大创新课型》。并向与会教师赠书《语文教学十大创新课型》96 本。

36．2017 年 5 月 27 日在《中学语文教学参考》杂志社举办的“全国初中语文名家精品课堂展示活动”中执教《骆驼祥子》一课荣获一等奖。并向与会教师赠书《语文教学十大创新课型》1080本。

37. 2017年5月28日在《中学语文教学参考》杂志社举办的全国初中语文“年轻教师成长”论坛活动中作学术讲座《学会构建语文教学课型》。

38. 2017年7月9日在深圳市光明新区为初中语文教师暑假培训会作《语文教学十大创新课型》讲座，并向与会教师赠书《语文教学十大创新课型》120本。

七、获得的荣誉

1. 1987年荣获北方七省中学生作文竞赛优秀指导教师奖。

2. 1988年9月被评为中共临猗县“先进教育工作者”。

3. 1999年5月荣获山西省“运城地区首批青年学术技术带头人”称号。

4. 2001年4月荣获第七届中华圣陶杯中学生作文大赛指导优秀奖。

八、媒体宣传与推广

1. 1990年4月14日《山西日报》报道《孙春成任教五年，写论文三十多篇》。

2. 1994年11月25日《山西日报》报道《举前贤之未及，启后学于成规——记教育名人孙春成》。

3. 1994年第11期《青少年日记》封二人物。

4. 1995年《中学语文教学》第1期专题报道《梅花香自苦寒来——记立体教学理论的开创者孙春成》。

5. 1998年1月2日《中国教育报》报道《建树“立体教学”的人》。

6. 1998年《语文教学通讯》第5期封面人物。

7. 2000年5月19日《中国教育报》加“编者按”整版介绍、推广了“立体教学”在深圳市龙岗区小学语文的实践经验《发展思维培养创新型人才》。

8. 2002年第3期《中学语文教学》封二人物“艺术人生”。

9. 2002年12月4日《龙岗日报》专题报道《“立体教学”研究者孙春成速写》。

10. 2003年4月12日《深圳特区报》专题报道《孙春成：高声喊出“立体

教学”》。

11．2003 年第 4 期《记者观察》报道《孙春成与“立体教学”》。

12．2003 年在《中国教育电视台》《学术报告厅》栏目作“立体教学”学术报告。

13．2003 年第 6 期《中国小学语文教学论坛》封面人物。

14．2003 年第 6 期《中国小学语文教学论坛》辟“立体教学观”专栏。

15．2003 年第 7 期《中学语文教学》辟“立体教学课例研讨”专栏，钱梦龙发文点评《启而不发，跃如也》。

16．2003 年 1 月 10 日《中国教育报》整版介绍、推广了“立体教学”的系列成果，肩题为“18 年教研实践执着追求，13 部教学专著心血凝成”，主标题是“他挑战语文课堂教学”，副标题是“记‘立体教学’的创立者孙春成”。

17．2004 年中国教育电视台播《中国教师》栏目专题报道《孙春成和他的“立体教学”》。

18．2004 年在深圳卫视《论道》栏目作学术报告《创新教育呼唤创新型人才》。

19．2004 年深圳卫视播专题节目《“立体教学”的创立者——孙春成》。

20．2004 年 5 月 29 日《晶报》专版报道《经历了风雨才能见彩虹》。

21．2017 年第 1、2 期《中学语文教学参考》刊登魏书生老师为《语文教学十大创新课型》所写序言，题为《我与孙春成的师徒情缘》。

22．《深圳侨报》2017 年 5 月 10 日发表《语文教学十大创新课型》书评《课堂教学的升华，科学思辨的结晶》（潘希武）。

23．《中学语文教学》2017 年第 6 期发表《语文教学十大创新课型》书评《艺术活动的写真，科学思辨的结晶》（潘希武）。

后记　从“单一课型”到“立体课型”的创建

众所周知，课堂教学是教育教学的主阵地和主渠道。那么，如何打造高效的语文课堂，追求语文课堂教学的最优化？这是每一位语文教师每天每一节课都面对的课题，也是每一位语文教师梦寐以求的最高境界。笔者认为，要打造高效语文课堂，追求语文教学最优化，关键是要把握语文课堂教学的本质和规律，按规律教书，方可收到事半功倍之效。

自16世纪末捷克教育家夸美纽斯在其《大教学论》里提出“班级授课制”以来，人们对课堂教学规律的探索一直就未停止。所谓理论，无非就是对实践的一种解释。教学论研究者因其对教学规律解释的角度不同，而导致其得出的结论各异。一块正方体，倘若我们平视它，只不过是一个正方形而已；倘若我们改变了观察的角度和思维的方式，用立体的影像去再现它的形状时，就是一个正方体了。很显然，一个人一旦形成了立体的思维方式，他就能较完整地把握一个知识领域。所谓“立体教学”，正是以立体思考的方式，借鉴和移植信息论、控制论、系统论、几何学、思维科学、优化论、艺术论、教育学、心理学、美学和哲学等多种科学理论，多角度、全方位地审视、理解和解释语文课堂教学的本质与规律的。

其实，课堂教学本身就是立体的，因为它是师生在时空领域进行的一种实践活动。语文课堂立体教学系统包含教学艺术和教学科学两大系统。美国学者詹姆斯认为，心理学是一门科学，教学则是一门艺术。吕叔湘先生也认为："教学不仅是一门科学，而且是一门艺术。"那么，为什么说教学是一门艺术？为什么说教学是一门科学？教学艺术与教学科学在教学过程中起何作用？它们各自的运动规律是什么？二者之间有何必然的联系？诸如此类的问题，都需要我们通过实验进行科学的探究，才能得出令人信服的结论，从而开阔我们的眼界，引导我们由语文教学的必然王国跨进自由王国。

教学艺术与教学科学的关系是辩证统一、相辅相成的关系。教学艺术和教学科学是互为条件的，艺术本身就需要科学；另一方面，科学更需要在艺术的土壤上生存。没有艺术，我们常常找不到科学的教学方法，即使找到了，也常因缺乏艺术而难以实行；而没有科学的艺术，永远是一种自生自灭的野花，难以大面积培植和推广。因此，教学科学和教学艺术是不可分的，二者的完美融合才是教学的最佳境界。就教学的艺术和科学两种属性而言，反映的正是高境界的教学时空特征，即立体教学特征：教学艺术在于营造氛围，创造共振，激励乐学，做空间的文章；教学科学在于发展思维，鼓励创新，追求效率，做时间的文章。纵观教学艺术高超的教师，无一例外，都做到了科学再现与艺术表现的辩证统一，熔教学艺术性、科学性于一炉，才能达到炉火纯青的教学佳境。俗话说，"教学有法，教无定法，"此语既言简意赅又恰如其分地揭示了教学艺术与教学科学之间辩证统一的关系。"教学有法"就是指教学是科学的、有规律的，具有相对稳定的课型；"教无定法"则是指教学是艺术的，富于变化的，孕育着许多机智与创新的良机。教学艺术可以解决学生"乐学"（激发兴趣）的问题，教学科学可以解决学生"会学"（善于思考）的问题，二者结合则可收获到学生"学会"的果实。

课型是指课堂教学具有操作性的教学结构和程序。现代教学理论认为，教学过程结构是课型分类的主要依据之一，特定的课型必然有特定的教学过程结构。对课型的研究与创建，有助于教师更好地掌握各种类型课的教学目的、教学结构、教学方法等方面的规律，提高教学设计、实施和评价的能力，提高课堂教学效率。本书从艺术与科学的视角系统论证了立体教学理论，并以之构建了复合性的语文课堂立体教学课型，符合语文课堂教学规律与新课改精神，有助于语文教师驾驭语文课堂教学规律，有利于激发学生学习兴趣与发展学生智力，有利于培养学生的创新精神与能力，有助于实现语文课堂教学最优化、提高语文教师的教学水平和质量。

本书与《语文教学十大创新课型》珠联璧合，从以文体为基点创建的单一课型到以立体教学理论为指导思想创建的复合型课型，构建了语文课堂教学课型体系。可以说，从语文课堂立体教学理论的创立到语文课堂立体教学课型的创建，从“单一课型”到“立体课型”的创建，实现了我们对语文课堂教学本质与规律认识的第二次飞跃。

春华秋实。从教以来，我一如既往地专注于语文课堂教学本质与规律的研究，从1986年发表第一篇论文《立体教学初探》到一篇又一篇论文的发表或获奖至今已有50余篇，每一篇论文都凝结着我对语文教学真理的思考与追求。

从1993年出版第一部专著《立体教学初论》到一部又一部专著的出版至今已达18部，每一部著作都像我的孩子一样，是在阵痛中诞生的、用心血浇灌而成的，都是我从事教育教学教研道路上的里程碑。

从1997年“立体教学论”列为山西省教育科学“九五”科研规划课题，到2005年中国教育学会“十五”科研规划课题“立体教育”的完满结题，再到2006年“立体教学”被评为深圳市继续教育课程，再到拙著《语文教学十大创新课型》被评为2016年深圳市中小学好课程，再到2017年“语文课堂立体教学策略体系”荣获广东省第九届教育教学（基础教育）教学成果奖一等奖，课题意识、课题思维和课题研究，就是我语文教研的法宝。

从个人孤军探索到凭借立项课题平台的集思广益的群体性研究，从第一所“立体教学”实验学校的确立到上百所实验学校的确立，从“运城地区立体教学研究会”的成立到“立体教育”课题在中国教育学会立项为“十五”教育科研规划课题，课题实验就是我们从事教学研究取之不尽、用之不竭的丰厚土壤。

从第1本教育笔记到第30本教育教学笔记的积累，我和凯洛夫、苏霍姆林斯基、乌申斯基、巴班斯基、赞可夫、布鲁纳、杜威、卢梭、洛克、魏书生、钱梦龙、于漪、宁鸿彬、李吉林、于永正、窦桂梅等许多中外著名教育家的对话就没有停歇，我从大师的著作里聆听他们对于教育教学的理解和阐释。

从1990年在厦门全国青年教改新秀第二届座谈会上荣获课堂教学优秀奖到

2010 年、2016 年和 2017 年四次荣获全国课堂教学展示活动一等奖，追求高水平的课堂教学一直就是我的梦想。我梦想成为像魏书生一样的教育家，既有理论又有实践，达到让人不得不佩服的境地。

这里面有教学实践中的困惑，有从实践到理论的提炼，也有从理论再回到实践的反刍，还有从实践第三次回到理论的升华，无不充满着前进的曲折，成长的足迹，科研的艰辛，进步的喜悦！

每一个人的成长与进步，都和造就他的时代，支持他的领导，关心他的同志，培育他的师长分不开的。

我必须要特别感谢我尊敬的师长、全国著名教育家、特级教师于漪老师，感谢她一直以来对我的教研工作的鼓励、支持和帮助！于漪老师是当代名副其实的语文教育泰斗，是语文教育教学的集大成者，其教育思想博大精深。教学语文必学于漪，否则不知会在黑暗中摸索多久才能品尝到语文教学的一点点味道。庆幸的是，于漪老师也非常认同语文教学的立体性。2003 年广西教育出版社出版我的拙著《语文课堂问题教学策略》，于漪老师就为之写了序言，给了我莫大的鼓励和支持。众所周知，写序是极其艰苦的工作，要对书稿仔细研读后才能写出序言来。2017 年于漪老师 88 岁高龄了，我完成了《语文课堂立体教学课型》这本书的书稿，我打电话虚心征求于老的意见，请她作序，没想到她特别痛快地就答应了。于老说："你的书稿写完了吗？没有写完，可以先给我寄来部分书稿。"于漪老师年事已高，还热情为拙著写序，令人感动之至！能得到于漪老师的赏识和肯定，是我莫大的荣誉！

我要特别感谢我尊敬的师长、全国著名特级教师钱梦龙老师，感谢他一直以来对我的教研工作的鼓励、支持和帮助！88 岁的钱老还热情为拙著题写书名，可谓师恩浩荡，令人感动之至！难忘 1998 年语文出版社出版我的专著《语文课堂教学艺术漫谈》，钱老为之写序，给我充分的肯定与鼓励。难忘 2003 年《中学语文教学》开辟"立体教学课例研讨"专栏，钱老发文点评我的课例，充分肯定了我的立体教学。难忘钱老的每一本大作问世，他都亲笔题字签名寄赠与我。难忘 2006 年我的"立体教育"课题第三届年会召开，钱老竟然顶着台风如期而至，为实验教师作学术报告。难忘钱老鼓励我："孙春成的舞台在全国！"2017 年我告诉钱老这本书将是我的封笔之作，完后就可退休欢度余生了，他马上批评我："你说的'欢度余生'不妥，你才50多岁，怎么能说这样老气横秋、暮气沉沉的话？60岁退休后正是时间充裕、另一个人生开始的时候。"钱老这哪是批评呀，这分明是给我的指点和爱护呀！联想快70岁的魏书生老师还夜以继日地奔波全国各地传经送宝，88岁的于漪老师还执着于"一辈子学做语文教师"，我真的自惭形秽！这当代语文三大家无不是我们学习的楷模！

最后，我必须要特别感谢我尊敬的师长、全国著名教育改革家、特级教师魏书生老师，感谢他一直以来对我的教研工作的鼓励、支持和帮助！我要感谢魏书生老师多次为我的著作题词写序。魏书生老师先后给我的专著题过3次词，写过5次序，都是义务劳动，真是师恩浩荡，无以回报！1990年在厦门集美中学，我拿着我的第一本专著《立体教学初论》请求魏老师写序时，我诚惶诚恐，怕他否定我；我胆战心惊，怕他拒绝我，可魏老师却鼓励我说："这本书还不成熟……但这并不妨碍'她'的出版诞生。出版了，诞生了，'她'才能成长，在成长中，'她'才能成熟。"魏老师，你可知道当时你给了我多大的鼓励和帮助呀！从此我心中有了偶像，人生有了追求，生活有了方向！毫不夸张地说，你的鼓励改变了我的一生！1997年，魏书生老师为拙著《立体教学再论》题词："立体思维沐春风春雨，教学硕果渐成长成熟。"细心者就会发现，魏老师在题词里嵌了我的名字，真是用心良苦，令人感动之至！我要感谢魏书生老师多次为我的教研活动站台助威。2004年我的"立体教学"课题结题大会，来了1400余人，其实许多教师都是慕魏书生老师之名而来的，谁也没有料到魏老师一开口竟然说："我今天来这里，是诚心诚意向孙春成老师学习来了，学习他的立体教学经验，学习他刻苦钻研的精神！……"一口气讲了好久好久，把我表扬得无比汗颜，听会的老师听得目瞪口呆。

我想起了一个细节，为了参加我的课题结题大会，魏书生老师是从马来西亚讲学后赶过深圳这边来的，随同他的还有两位同志。我到机场迎接他们，一见面，魏老师就指着我跟那两位同志说："我这次来就是给他捧场的！"顿时让我热血沸腾，知遇之恩，感天动地！后来才知道，那两位同志一位是魏老师曾经工作过的盘锦电机厂的老厂长耿春林，另一位是时任盘锦市实验学校校长李建阁。我真诚地感谢魏书生老师为我所做的一切！无论是做人，还是做学问，魏书生老师永远都是我的楷模！几乎我的每一步成长和进步，都离不开魏书生老师对我的教诲、鼓励、支持和帮助，魏书生老师是我永远的良师益友！

在出版本书的过程中，我增长了许多的见识，收获了许多的感动。其实，魏书生老师的序言早就写给我了，但是，有一天晚上10点许，魏老师忽然给我打来电话说："改一个字，把'树千年丰碑'改为'树百年丰碑'吧！"魏书生老师治学之严谨，令人钦佩！于漪老师在审阅书稿准备下笔作序的时刻，还两次打电话给我，和我探讨了"立体教学"的概念以及"语言与思维的关系"等关键词，让我深受教益。于老师质疑："立体必须是三维的，而你所构建的这个课型是以'教学艺术'和'教学科学'为依据的，这是二维，不是三维，所以，'语文课堂立体教学课型'的界定是否恰当？"于老师还质疑："语言是思维的外壳，论'师生立体思维的形成与发展'，那'语言'到哪里去了？强调发展学生思维，这是不是语文教学的根本任务？语文教学是不是更应该发展和提高学生的语言表达能力？"于老师的质疑，让我领略了大师的深邃，也感到了自己的浅薄。4月29日，于老给我来电话了，她说："孙老师，序我写好了，明天给你寄去。哪里不妥你可以修改。"我马上回道："谢谢于老师，老师辛苦了！"于老在电话那头再次铿锵有力地说："不辛苦！"我急忙补充说："于老师的话，字字千金，我怎么可以随便改动？您能给我写序，本身就是对我的大力支持或肯定了呀！"两位老师谦逊、严谨的治学精神和风格，令人钦佩！能够得到两位大师的指导和教诲，真是三生有幸！我必须再次对魏书生老师和于漪老师给予我无私而真诚的帮助表示诚挚的感谢！

本书荣获2017年广东省教育教学成果奖（基础教育）一等奖，这是对我34年来语文课堂立体教学研究的巨大肯定，我感到十分欣慰。将近花甲之年的我，面对成绩，心潮澎湃，展望未来，倍感任重道远。正如我的教育教学格言："教学教人智慧，教育教人高尚。"我愿努力成为一个智慧和高尚的人！

孙春成

2018年元旦于深圳龙岗

潘懋元文集

卷四 · 历史与比较研究

潘懋元◎著

广东高等教育出版社
Guangdong Higher Education Press
·广州·

图书在版编目（CIP）数据

潘懋元文集．卷四，历史与比较研究／潘懋元著．—2版．—广州：广东高等教育出版社，2020.6

ISBN 978－7－5361－6769－8

Ⅰ．①潘…　Ⅱ．①潘…　Ⅲ．①潘懋元－文集 ②高等教育－教育史－研究－中国　Ⅳ．① C53 ② G649.29

中国版本图书馆 CIP 数据核字（2020）第 086185 号

PANMAOYUAN WENJI JUANSI LISHI YU BIJIAO YANJIU

出版发行	广东高等教育出版社 地址：广州市天河区林和西横路/510500 营销电话：（020）87554153 http://www.gdgjs.com.cn
印　　刷	佛山市浩文彩色印刷有限公司
开　　本	787 毫米 ×1092 毫米　1/16
插　　页	2
印　　张	33
字　　数	527 千
版　　次	2010 年 9 月第 1 版　2020 年 6 月第 2 版
印　　次	2020 年 6 月第 2 次印刷
定　　价	148.00 元（全套定价：1388.00 元）